Hermann Weber (Hrsg.)
Das Recht als Rahmen für Literatur und Kunst

Juristische Zeitgeschichte
Abteilung 6, Band 46

Juristische Zeitgeschichte
Hrsg. von Prof. Dr. Dr. Thomas Vormbaum
(FernUniversität in Hagen, Institut für Juristische Zeitgeschichte)

Abteilung 6:
Recht in der Kunst – Kunst im Recht
Mithrsg. Prof. Dr. Gunter Reiß
(Universität Münster)

Band 46

Redaktion: Anne Gipperich

De Gruyter

Hermann Weber (Hrsg.)

Das Recht als Rahmen für Literatur und Kunst

Tagung im Nordkolleg Rendsburg vom 4. bis 6. September 2015

De Gruyter

ISBN 978-3-11-053969-1
e-ISBN (PDF) 978-3-11-054083-3
e-ISBN (EPUB) 978-3-11-053983-7

Library of Congress Cataloging-in-Publication Data

A CIP catalog record for this book has been applied for at the Library of Congress.

Bibliografische Information der Deutschen Nationalbibliothek

Die Deutsche Nationalbibliothek verzeichnet diese Publikation in der Deutschen Nationalbibliografie; detaillierte bibliografische Daten sind im Internet über http://dnb.dnb.de abrufbar.

Abbildung auf dem Schutzumschlag: Die Abbildung zeigt (von links) Peter Suhrkamp, Rudolf-Alexander Schröder und Siegfried Unseld im Gespräch, 1957 in Bergen im Chiemgau. Der Abdruck erfolgt mit freundlicher Genehmigung des Suhrkamp-Verlags.
Druck und Bindung: Hubert & Co. GmbH & Co. KG, Göttingen
♾ Gedruckt auf säurefreiem Papier

Printed in Germany

MIX
Papier aus verantwortungsvollen Quellen
FSC® C016439
FSC
www.fsc.org

www.degruyter.com

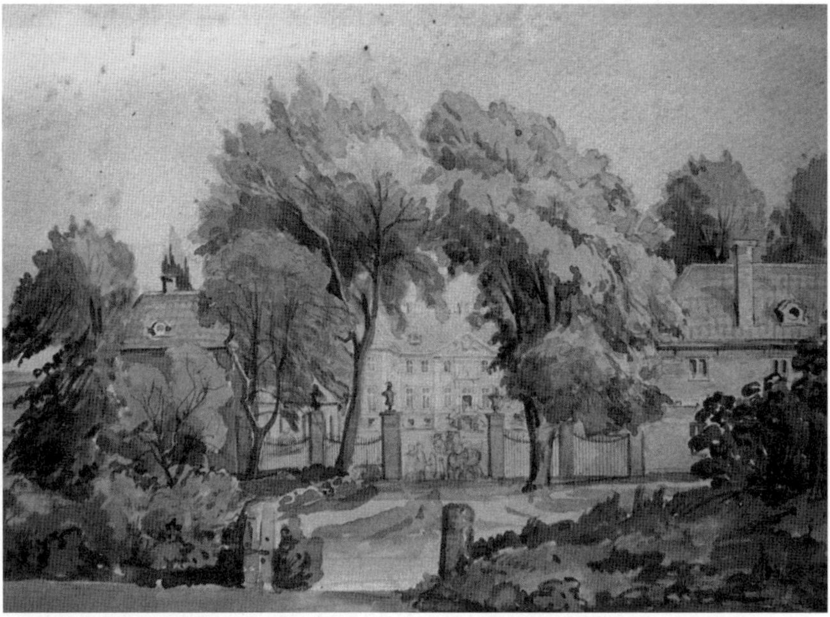

Abb. 1
Gut Schierensee
(Aquarell: Friedrich Adolph Hornemann [1812–1890], 1840)

Inhaltsverzeichnis

Vorwort

Im Oktober 2001 hat im Nordkolleg in Rendsburg die erste Herbsttagung zum Thema „Literatur und Recht“ stattgefunden. Ihren besonderen Charakter erhielt die – vom Nordkolleg in Zusammenarbeit mit der Redaktion der Neuen Juristischen Wochenschrift gestaltete – Tagung durch die Kombination einer Vielfalt thematisch einschlägiger Vorträge überwiegend von Juristen mit Schriftstellergesprächen und Autorenlesungen, für die zugleich als Juristen tätige Literaten („Dichterjuristen“), bei der ersten Tagung Bernhard Schlink und Georg M. Oswald, gewonnen werden konnten, und durch ein – ebenfalls thematisch einschlägiges – abendliches Konzert. Die Tagung fand auf Anhieb so viel Zuspruch, dass ihr schon zwei Jahre später eine zweite Tagung zum selben Thema, veranstaltet diesmal vom Nordkolleg in Zusammenarbeit mit dem Unterzeichner, folgen konnte. Von da an sind die im Abstand von zwei Jahren stattfindenden Herbsttagungen zu einer festen Tradition geworden. Das abendliche Konzert freilich ist auf späteren Tagungen durch eine Exkursion zu literarischen, meist sogar literarisch-juristischen Schauplätzen ersetzt worden.

Einen Rückblick auf das Programm der ersten sechs Tagungen gibt das Vorwort zu dem 2014 publizierten Tagungsband zur 7. Tagung, die vom 6. bis 8. September 2013 im Nordkolleg in Rendsburg stattgefunden hat[1]. Dieser Rückblick soll hier nicht noch einmal wiederholt werden. Erwähnt sei nur, dass die 7. Tagung dem Thema „Recht und Juristen im Spiegel von Literatur und Kunst“ gewidmet war. Die 8. Tagung vom 4. bis 6. September 2015 hat noch einmal die Perspektive gewechselt: Anders als 2013 ging es unter dem Leitthema „Das Recht als Rahmen für Literatur und Kunst“ nicht um die Spiegelung des Rechts und der Juristen in den unterschiedlichsten Werken von Literatur und Kunst, sondern um die Entfaltungsräume (und Grenzen), die das Recht und die Juristen ihrerseits der Kunst und Literatur eröffnen (oder ziehen) – Fragen, deren immer währende Aktualität soeben wieder an dem Eklat um das Schmähgedicht des Fernsehsatirikers Jan Böhmermann gegen den türkischen Staatspräsidenten Recep Tayyib Erdoğan deutlich geworden ist. Der Tradition entsprechend wurde die 8. Tagung nach dem – diesmal vom Präsidenten des Schleswig-Holsteinischen Landesverfassungsgerichts (und zugleich des Landgerichts Itzehoe) Dr. Bernhard Flor gesprochenen – Grußwort mit einem Überblick über die unterschiedlichen Facetten des Themas eingeleitet. Im ersten Sachvortrag

1 Vorwort, in: *Hermann Weber* (Hrsg.), Recht und Juristen im Spiegel von Literatur und Kunst. Tagung im Nordkolleg Rendsburg vom 6. bis 8. September 2013 (Rechtsgeschichte und Rechtsgeschehen. 19), S. VII ff.

behandelte Karsten Schmidt die juristischen Aspekte der jahrelangen, zum Zeitpunkt der Tagung gerade zu Ende gegangenen Auseinandersetzungen um die Führung des Verlags Suhrkamp. Es folgten Vorträge zu Gustave Flaubert und dem Prozess um Madame Bovary (Joachim Gruber), zur Zukunft von Literatur und Recht im Zeitalter des Internet (Thomas Hoeren), zu Lehren aus dem Fall Gurlitt (Ulf Bischof), zu berühmten Literaturprozessen (Christoph Schmitz-Scholemann) sowie – als spezifisch schleswig-holsteinisches Thema und gleichzeitig als Einführung zur Exkursion – zu dem bedeutenden holsteinischen Juristen und Politiker Caspar von Saldern und seinem Wirken im Dienste Katharinas der Großen (Antje Erdmann-Degenhardt).

Umrahmt wurde die Tagung durch die bereits angesprochene Exkursion, die diesmal zu Caspar von Salderns Gut Schierensee und seiner Begräbnisstätte in Bordesholm führte, und durch das traditionelle Schriftstellergespräch, diesmal mit Janko Ferk und Bernd Schroeder; beide lasen außerdem in einer die Tagung abschließenden Matinee aus ihren Büchern.

Mit dem vorliegenden Band wird nunmehr schon zum sechsten Mal ein zusammenfassender Tagungsbericht vorgelegt. Er enthält die Vorträge der Tagung in noch einmal überarbeiteter und zum Teil erweiterter Fassung. Nicht abgedruckt werden kann leider das Referat von Ulf Bischof, da der Autor – viel beschäftigter Anwalt vor allem im Kunst- und Urheberrecht – nicht die Zeit zur Erstellung einer Druckfassung bis zum Termin des Redaktionsschlusses gefunden hat. Ergänzt werden die Vorträge auch diesmal durch die – sprachlich geringfügig überarbeitete – Wiedergabe der Mitschrift des Gesprächs über Literatur und Recht mit den genannten Autoren, moderiert von der für die Tagung verantwortlichen Fachbereichsleiterin für Literatur und Medien des Nordkollegs Britta Lange und dem Unterzeichner.

Berlin, im Oktober 2016 *Hermann Weber*

1.

Bernhard Flor

Grußwort

Sehr geehrter Herr Professor Weber,
sehr geehrte Frau Lange,
sehr geehrte Damen und Herren,

ich danke für die Gelegenheit, als Vertreter der im Urlaub befindlichen Frau Fölster ein Grußwort zu halten. Frau Fölster, die heute gerne hier gewesen wäre, lässt Sie herzlich grüßen. Ich habe das Tagungsthema – „Das Recht als Rahmen für Literatur und Kunst" – und die beeindruckenden Themen der einzelnen Vorträge gelesen und sogleich drei Assoziationen gehabt. Erlauben Sie mir, diese Gedanken kurz mit Ihnen zu teilen:

Der *erste Aspekt* betrifft die Verknüpfung von Justiz und Kultur: Sie wissen, dass wir an vielen Standorten in Schleswig Holstein und nach einer längeren Pause nun auch wieder seit zehn Jahren in Itzehoe die Gerichte, also die Stätten des Rechs, für Literatur und Kunst öffnen. In Itzehoe hatten wir vorgestern als 85. Veranstaltung dieser Reihe die Vernissage einer bislang unbekannten Künstlerin aus Brunsbüttel. Literatur und Kunst sind hier in einem ganz anderen Sinn der Rahmen für unseren stetigen Versuch, die Türen des Gerichts weit zu öffnen, Schwellenängste zu nehmen und daran zu arbeiten, dass Gerichte als Teil des gesellschaftlichen Lebens wahrgenommen werden. Wir haben da einen richtigen Verein gegründet – damit kann man zumindest Spenden generieren – und mühen uns gemeinsam mit der letzten inhabergeführten Buchhandlung der Stadt, ein anständiges Angebot zu ermöglichen.

Zum *zweiten Gedanken*: Die durch die „causa Suhrkamp" geschriebene Insolvenzrechtsgeschichte – ich freue mich sehr auf ihren Vortrag, Herr Professor Schmidt – ließ mich an ein hochkomplexes Insolvenzverfahren denken, das in den letzten zwei Jahren durch das Amtsgericht Itzehoe bearbeitet wurde. Ich meine die Insolvenz des Windparkbetreibers Prokon mit etwa 75.000 betroffenen Anlegern, die über Genussrechte etwa 1,4 Milliarden in die Firma investiert hatten. Das gesamte Verfahren wurde aus meiner Sicht vom Amtsgericht Itzehoe gemeinsam mit dem Insolvenzverwalter hervorragend abgewickelt. Das Amtsgericht hat zwei Gläubigerversammlungen in den Messehallen in Hamburg durchgeführt und sich dabei auf bis zu 10.000 teilnehmende Gläubiger eingestellt; etwa 5.000 waren bei der ersten Veranstaltung dann tatsächlich dabei. Bei der zweiten ebenfalls in den Messehallen durchgeführten Versammlung wurde dann beschlossen, dass Prokon in eine Genossenschaft umgewandelt wird und die Anleger auf etwa 40% ihrer Forderungen verzichten. Justiz war da richtig gut. Was wäre wohl los gewesen, wenn das Verfahren irgendwo gegen eine der vielen bereit stehenden Wände gelaufen wäre. Ich kann mir die Kommentare vorstellen. Nun ist es toll gelaufen, es gelang aber nur sehr begrenzt, dies öffentlich zu kommunizieren. Die Medien – und das liegt auch und gerade auch an uns Lesern – interessiert aus vielen Gründen in erster Linie der Skandal und nicht das geschmeidige Gelingen. Das gehört zum immer wieder neu zu denkenden Komplex Justiz und Öffentlichkeitsarbeit.

Der *dritte Gedanke* folgt aus der Sicht des Landesverfassungsgerichts: Die Themenstellung – „Recht als Rahmen für Literatur und Kunst“ – ist fraglos ein Leckerbissen für Verfassungsrechtler. Sie wissen, dass sich das Bundesverfassungsgericht beginnend mit der Mephisto Entscheidung vielfältig mit dem Spannungsverhältnis zwischen der Kunstfreiheit auf der einen und dem Persönlichkeitsrecht betroffener Personen auf der anderen Seite befasst hat. In diesem Rahmen werden wir als Landesverfassungsgericht leider nicht tätig werden können. Fast alle Entscheidungen des Bundesverfassungsgerichts basierten prozessual auf Verfassungsbeschwerden betroffener Personen oder Verlage gegen Entscheidungen oberster Fachgerichte. Da zumindest nach aktuellem Rechtszustand die Möglichkeit der Erhebung einer Verfassungsbeschwerde zum Landesverfassungsgericht in Schleswig nicht eröffnet ist, werden wir da keine Pointe hinzufügen können.

Sie haben ein wunderbares Programm vor sich und ich versuche, Zeitvorgaben einzuhalten – ich wünsche Ihnen eine tolle Tagung und freue mich, dass ich an diesem Abend dabei bleiben darf.

2.

Hermann Weber

Das Recht als Rahmen für Literatur und Kunst

I.

Vierzehn Jahre sind vergangen, seit wir uns 2001 zum ersten Mal im Nordkolleg in Rendsburg zu einer Tagung zu Literatur und Recht getroffen haben. Seither ist viel geschehen, ohne dass die – später ein wenig auf „Literatur, Kunst und Recht" erweiterte – Thematik der Tagungen und die auf ihnen behandelten Probleme an Aktualität oder Interesse eingebüßt hätten. Das zeigt schon die tägliche Zeitungslektüre:

Viele der früher behandelten Themen sind dort so gegenwärtig wie eh und je. Einige Beispiele mögen das belegen: In Kunst, Literatur und Wissenschaft wimmelt es nach wie vor von Plagiaten und von – nicht immer berechtigten – Plagiatsvorwürfen. Der Schwerpunkt der Vorwürfe hat sich freilich von Politikern und ins Zwielicht geratenen Nachwuchswissenschaftlern[1] zunehmend auf Literaten und Künstler (vom Rapper Bushido[2] über das Musical „Hinterm Horizont"[3] bis hin zum Bachmann-Preisträger Dirk Wesenberg – genannt Tex Rubinowitz[4]) verlagert. Kunstfälschungen sind – wie etwa die von Detlef Gosselck gefälschten Bilder Lou Albert-Lasards[5] zeigen – auch in der

1 Nicht ganz unerwähnt bleiben darf hier freilich der Plagiatsvorwurf gegenüber dem Aufsatz einer veritablen Professorin für Rechtsgeschichte in der altehrwürdigen Juristenzeitung, vgl. dazu den Artikel „Ein Knauf als Falltür. Plagiat in der 'Juristenzeitung'", FAZ vom 16. September 2015; zu Wissenschaftsplagiaten zusammenfassend zuletzt *Christian Lahusen / Christoph Markschies* (Hrsg.), Zitat, Paraphrase, Plagiat – Wissenschaft zwischen guter Praxis und Fehlverhalten, 2015.

2 BGH, Urteil vom 16. April 2015, Az. I ZR 225/12, GRUR 2015, 1189, und dazu den Artikel „Sekundenklau. Rapper Bushido erzielt Teilerfolg im Plagiatsprozess", FAZ vom 18. April 2015.

3 Vgl. KG, Urteil vom 20. April 2015, 24 U 3/14, ZUM 2015, 696, und dazu den Artikel „'Hinterm Horizont' ist kein Plagiat". Hamburger Abendblatt vom 21. April 2015.

4 Vgl. dazu *Frank Fischer / Joseph Wälzholz*, „Plagiarismus, getarnt als Recherche", FAZ vom 18. August 2015.

5 Vgl. dazu *Stefan Koldehoff*, „Die Kunst des Studienrats. Er fälschte Werke von Lou Albert-Lasard: Nun wurde Detlef G. tot aufgefunden", FAZ vom 21. November 2013; *Jörn Hasselmann / Moritz Herrmann / Claudia Keller*, „Fehlfarben. Ein beliebter Auk-

Zeit nach Wolfgang Beltracchi an der Tagesordnung. Manche zum Gegenstand früherer Vorträge gewordenen Klassiker füllen noch heute die Zeilen aktueller Gazetten: Ich erinnere nur an einige spektakuläre Fälle: Die in Max Brods Nachlass enthaltenen Briefe Franz Kafkas – so ein aktueller Gerichtsentscheid aus Tel Aviv – bleiben endgültig in der israelischen Nationalbibliothek[6]. Die Rolle des Malers Emil Nolde in den Jahren von 1933 bis 1945 (und ihre Verarbeitung in der „Deutschstunde" von Siegfried Lenz) werden nach wie vor diskutiert. Anlass zu solchen Diskussionen gab zuletzt 2014 die große Nolde-Ausstellung im Frankfurter Städel-Museum[7]. Und selbst der ständige Genius loci unserer Tagungen, der Husumer Jurist und Dichter Theodor Storm, wird nicht nur – seiner in der historischen Wirklichkeit oft wahrgenommenen Aufgabe als Untersuchungsrichter entsprechend – in Tilman Spreckelsens literarhistorischem, schon vor Erscheinen mit dem Theodor-Storm-Preis der Stadt Husum ausgezeichneten Krimi „Das Nordseegrab" als Ermittler in einem Kriminalfall tätig; er macht darüber hinaus auch noch in eigener Person Schlagzeilen. Ich zitiere aus der FAZ vom 23. Oktober 2014:

> „Storm-Gruft in Husum geöffnet. Husum, 22. Oktober (dpa). Nach einem halben Jahrhundert ist am Mittwoch zum ersten Mal wieder die Gruft geöffnet worden, in welcher der Schriftsteller Theodor Storm (1817 bis 1888) bestattet ist. Auf dem Friedhof in St. Jürgen im nordfriesischen Husum wurden die oberen Steinplatten der Grabstelle angehoben. Die Stadt wolle den Bauzustand überprüfen lassen, teilte das Husumer Gebäudemanagement mit. Seit einigen Jahren wisse man von Absackungen an der Gruft. Für die Untersuchung kamen ein Statiker aus Bad Oldesloe, ein Sarg-Dokumentator aus Lübeck und ein Baumsachverständiger aus Pinneberg nach Husum. In der Gruft haben neben dem Autor des 'Schimmelreiters' noch 35 Angehörige seiner Familie ihre letzte Ruhestätte gefunden."[8]

II.

Weit über solche, eher doch abgelegene Rechtsprobleme des Bausicherheitsrechts auf Friedhöfen hinaus machen Literaten und bildende Künstler nach wie vor das Recht und die Juristen zum Gegenstand ihrer Produkte. Auf der Gegenseite beschäftigen sich auch das Recht und die Juristen unvermindert mit den

---

tionator hat Bilder gefälscht. Als das auffliegt, nimmt er sich das Leben. Nun sucht die Polizei mögliche Käufer", Tagesspiegel vom 21. November 2013; *David Ensikat*, „Der Anschein", Tagesspiegel vom 30. März 2014.

6 Vgl. dazu den Artikel „Kafka bleibt in Israel, Gerichtsentscheid in Tel Aviv", FAZ vom 1. Juli 2015.

7 Vgl. dazu *Christiane Meixner*, „Die Geister, die er rief. Maler, Freigeist - und von den Nazis verfemter Antisemit: Emil Nolde in Frankfurter Städel", Tagesspiegel vom 30. Mai 2015.

8 Artikel „Storm-Gruft in Husum geöffnet", FAZ vom 23. Oktober 2014.

unterschiedlichsten Facetten von Literatur und Kunst und mit deren Medien (von den Fernsehanstalten über die Theater und Museen bis hin zum Kunsthandel und den Verlagen).

All das legt es nahe, dass wir nach der letzten Tagung, die dem Bild der Juristen in Literatur und Kunst gewidmet war, den Blickwinkel noch einmal wechseln. Thema in diesem Jahr ist „Das Recht als Rahmen für Literatur und Kunst". Anders als vor zwei Jahren geht es also nicht um die Spiegelung des Rechts und der Juristen in den unterschiedlichsten Werken von Literatur und Kunst, sondern um die Entfaltungsräume (und Grenzen), die das Recht und die Juristen ihrerseits der Kunst und der Literatur eröffnen (oder ziehen). Unser Thema ist damit auch anders akzentuiert als das der 6. Tagung im Jahre 2011, auf der unter dem Titel „Juristen hinter Literatur und Kunst" die vielfältigen Rollen erörtert worden sind, die Juristen als Mäzene, als Organisatoren, als Nachlass- und Nachruhmverwalter, aber auch als juristische Geburtshelfer für künstlerische und literarische Werke spielen können (und immer wieder gespielt haben).

Zurück aber zum diesjährigen Thema: Wie schon angedeutet, liefert bereits die Zeitungslektüre der letzten beiden Jahre eine nahezu unübersehbare Fülle einschlägigen Anschauungsmaterials. Auch hier sei nur eine Reihe unsystematisch herausgegriffener Beispiele genannt: Sie beginnt mit Fällen, in denen das Recht Kunst und Künstler nicht anders erfasst als jeden anderen Bürger. Zu nennen sind hier etwa die Streitigkeiten um Bilder aus den Nachlässen von Sigmar Polke[9] und Jörg Immendorff[10] sowie die Prozesse und Betrugsvorwürfe gegen den Kunsthändler Helge Achenbach[11]. Kunstspezifische Fragen betreffen dagegen bereits die Fälle, in denen es um den Konflikt von Kunst- (bzw. Meinungs-)freiheit einerseits und Persönlichkeitsrecht andererseits geht: Monika Marons Klage gegen Darstellungen aus ihrem „privaten und privatesten Leben" in Chaim Nolls Buch „Der Schmuggel über die Zeitgrenze"[12], der Prozess einer auf der Fotografie einer Straßenszene vor dem Bahnhof Zoo im Leopardenmantel abgebildeten Frau gegen die Ausstellung des Bilds durch den

9 OLG Köln, Urteil vom 6. August 2015, Az. 8 U 69/14, und dazu den Artikel „Schnäppchen frei Atelier? Ein Kölner Urteil wirft Licht auf das Erbe Sigmar Polkes", FAZ vom 22. August 2015.

10 Vgl. dazu den Artikel „Wem gehört was. Klage zum Immendorf-Nachlass", FAZ vom 8. August 2015.

11 Vgl. zu den verschiedenen Verfahren das Internet-Lexikon Wikipedia unter „Helge Achenbach" sowie den Artikel „Haftstrafe für Kunstberater Achenbach", FAZ vom 16. März 2015.

12 Vgl. dazu den Artikel „'In einer misslichen Lage'. Monika Maron erklärt den Stopp von Chaim Nolls Buch", Berliner Zeitung vom 14./15. März 2015.

Fotografen Espen Eichhöfer in einer Berliner Galerie[13] und schließlich der Streit des ehemaligen Bundeskanzlers Helmut Kohl mit seinem früheren Ghostwriter Heribert Schwan um die Tonbänder der Gespräche, die beide im Partykeller Kohls in Ludwigshafen geführt haben, und deren Verwendung in Schwans Bestseller „Vermächtnis – Die Kohl-Protokolle"[14].

Es fällt auf, dass einschlägige Fälle ihren Schwerpunkt diesmal vor allem im Urheberrecht gehabt haben: Ein besonders schönes Beispiel liefert der Streit zwischen den Brecht-Erben und dem Suhrkamp-Verlag auf der einen, dem Münchener Residenz-Theater auf der anderen Seite um Frank Castorfs Inszenierung von Bert Brechts Schauspiel „Baal" – ein Streit, der mit einem Vergleich und mit der in ihm vereinbarten Beerdigung der Inszenierung nach dem Berliner Theatertreffen geendet hat[15]. Zu erwähnen sind weiter der zugunsten des Verlags Voland & Quast in Leipzig entschiedene Streit mit dem Droemer Verlag in München um die Verwendung des Titels „Die Wanderhure" für bestimmte Verlagsprodukte[16], die Klage der Nachlassverwalterin von Hitlers Propagandaminister Joseph Goebbels gegen die Verlagsgruppe Random House auf Zahlung von Tantiemen für die Verwendung von Teilen der Goeb-

---

13 Vgl. dazu den Artikel „Fotografierte verklagt Fotografen. Künstler Eichhöfer wehrt sich und strebt Grundsatzurteil an", Berliner Zeitung vom 27. Januar 2015.

14 Vgl. dazu die Urteile des BGH vom 10. Juli 2015, Az. V ZR 206/14, NJW 2016, 317 m. Anm. *Horst-Peter Götting* (Klage Kohls auf Herausgabe der Tonbänder) sowie des OLG Köln vom 5. Mai 2015, Az. 15 U 193/14 (Klage Kohls auf Unterlassung bestimmter Zitate aus den auf den Tonbändern enthaltenen Gesprächen).

15 Vgl. dazu den Artikel „Das Hämmerchen fällt", FAZ vom 20. April 2015, und die Beobachtungen von *Rupprecht Podszun* zu dem Verfahren vor dem LG München I in seinem Artikel, „Bitte nix mixen!" auf der Website Nachtkritik.de (http://www. nacht kritik.de/index.php?option=com_content&view=article&id=10584. Streit-ums-Urheber recht-beobachtungen) – Zugriff am 11. Februar 2016 – einen Artikel, für den Podszun den Michael-Althen-Preis für Kritik erhalten hat (vgl. den Artikel „Ach Brecht. Ach, Recht", FAZ vom 17. Oktober 2015). Ein weiteres Beispiel bietet der Streit um die Aufführung der Oper „Dialog der Karmeliterinnen" von François Poulenc (nach einem Text von Georges Bernanos) an der Staatsoper München (vgl. dazu den Artikel „Staatsoper München. Streit um Aufführung, Neues Deutschland vom 9./10. Januar 2016). Dass auch der alte Gegensatz Persönlichkeitsschutz versus Kunstfreiheit nicht ausgestorben ist, zeigt schließlich die Klage zweier Betroffener, unter ihnen die AfD-Politikerin Beatrix von Storch, gegen ihre Darstellung in dem Schauspiel „Fear" von Falk Richter an der Schaubühne Berlin, vgl. dazu den Artikel „Das ist falsch! Turbulente Verhandlung vor dem Landgericht Berlin im Streit um das Schauspiel-Stück 'Fear'", Berliner Zeitung vom 16. Dezember 2015. Das Landgericht hat die Klagen im Ergebnis mit einem rechtskräftig gewordenen Urteil vom 15. Dezember 2015 (Az. 27 O 638, 639/15) abgewiesen.

16 Vgl. dazu OLG Düsseldorf, Urteil vom 5. August 2014, Az. I-20 U 63/14, GRUR-RR 2015,10; zur gegenteiligen Entscheidung des LG Düsseldorf als Vorinstanz vgl. den Artikel „Hausarrest. 'Wanderhuren'-Streit entschieden" (FAZ vom 28. März 2014).

bels-Tagebücher in der im Siedler-Verlag erschienenen Goebbelsbiographie von Peter Longerich[17] und schließlich – diesmal aus den USA – die Klage der Inhaber der Urheberrechte gegen die Verwendung von Arthur Conan Doyles Romanfigur Sherlock Holmes in einer Reihe neuer Kriminalgeschichten von Leslie Klinger, einem Anwalt aus Malibu an der Westküste Kaliforniens – ein Fall, glaubt man dem Bericht von Patrick Bahners in der FAZ vom 4. Januar 2014, „so spannend wie die Fälle des Meisterdetektivs“[18].

Gewissermaßen als Satyrspiel mögen zwei Urteile, eines vom Amtsgericht Lübeck, das andere vom Oberlandesgericht Frankfurt, die Reihe abschließen. Der Amtsrichter in Lübeck hat entschieden, dass Tortendesign in den Bereich der Kunst – und nicht in den des Handwerks – fällt (mit der Folge, dass eine Tortendesignerin sich nicht in die Handwerksrolle eintragen lassen und die dafür anfallenden Gebühren zahlen muss)[19]. In dem bemerkenswerten Judikat aus Frankfurt[20] ging es um die Klage einer US-amerikanischen Stiftung gegen eine ihrer Auffassung nach urheberrechtswidrige Wiedergabe von Texten aus dem Buch „A Course in Miracles“ durch einen deutschen Verein. Autorin des Buchs war eine amerikanische Professorin für Psychiatrie, deren Urheberrechte die Klägerin kraft auf sie übergegangenen Rechts geltend macht. Die Autorin hatte zu ihren Lebzeiten behauptet, der Text sei ihr in Wachträumen von Jesus eingegeben und von ihr lediglich aufgezeichnet worden. Der beklagte Verein hat auf die „spirituelle Übermittlung“ des Textes verwiesen, die einen Urheberrechtsschutz für die Klägerin ausschließe. Das OLG hat den Urheberrechtsschutz freilich bestätigt und die Berufung gegen das der Klage stattgebende Urteil des Landgerichts zurückgewiesen. Ich zitiere aus einer Kurzwiedergabe[21] des Urteils:

> „Der Ansicht des Beklagten, S. [der Autorin] sei bei der Entstehung der Schrift lediglich die Rolle einer Gehilfin oder Schreibkraft ohne jeden persönlichen Gestaltungsfreiraum zugekommen, weshalb sie nicht als Urheberin anzusehen sei, könne nicht gefolgt werden. Nach allgemein vertretener Anschauung seien jenseitige Inspirationen rechtlich uneingeschränkt ihrem menschlichen Empfänger zuzurechnen. Für diese Auffassung spreche, dass es für die Begründung von Urheberschutz auf den tatsächlichen Schaffensvorgang – den schöpferischen Realakt – ankomme und

---

17 Vgl. dazu den Artikel „Goebbels-Tantiemen. Random House gegen Nachlasserben“, FAZ vom 19. September 2014.

18 *Patrick Bahners*, „Sherlock Holmes gegen Superman“, FAZ vom 4. Januar 2014.

19 Vgl. dazu den Artikel „Tortendesign ist Kunst“, FAZ vom 18. Juni 2015.

20 Urteil vom 13. März 2014, Az. 11 U 62/13.

21 Kurzwiedergabe des Urteils auf der Website kostenlose-urteile.de, http://www.kostenlose-urteile.de/OLG-Frankfurt-am-Main_11-U-6213-Urheberschutz-fuer-spirituelle-Texte-aus-uebersinnlichen-Inspirationen (Zugriff am 11. Februar 2011).

der geistige Zustand des Werkschaffenden unerheblich sei, weshalb auch Geistesgestörte, Hypnotisierte und in Trance befindliche Personen Urheber sein könnten. Die Behauptung, das von einem menschlichen Schöpfer hervorgebrachte Werk verdanke seine Entstehung ausschließlich metaphysischen Einflüssen, stehe einer Zuordnung des Werks zu seinem menschlichen Schöpfer und der Zubilligung von Urheberrechtsschutz nicht entgegen."

Nach diesem Ausflug ins Esoterische sei immerhin noch vermerkt, dass auch der Gesetzgeber sich immer wieder mit einschlägigen Fragen von Literatur, Kunst und Recht zu befassen hat. Wir werden darauf bei den noch folgenden Anmerkungen zum Programm der diesjährigen Tagung noch einmal zurückkommen.

III.

Noch nicht erwähnt habe ich die zwei sicher spektakulärsten Fälle der letzten beiden Jahre – den jetzt abgeschlossenen Streit um die Führung des Suhrkamp Verlags und den Fall Gurlitt, dessen Folgen immer noch nicht genau abzusehen sind. Das hat seinen guten Grund: Beide Fälle sind Gegenstand von Referaten dieser Tagung, denen ich hier nicht vorgreifen will. Noch heute spricht Karsten Schmidt, Professor in Hamburg und einer der am besten ausgewiesenen Insolvenzrechtsexperten in Deutschland, zum Thema „Die causa Suhrkamp – Ein Traditionsverlag schreibt Insolvenzrechtsgeschichte". Morgen folgt Ulf Bischof, erfahrener Kunstrechtsanwalt in Berlin und Redakteur der Zeitschrift „Kunst und Recht", über „Lehren aus dem Fall Gurlitt?"[22]

Lehren aus dem genannten Fall könnten sich zumindest auch für den Gesetzgeber ergeben. Wir sind gespannt, was Ulf Bischof uns hierzu morgen zu sagen hat. Eine zweite spektakuläre Diskussion zu Gesetzesvorhaben – die über den Referentenentwurf für ein neues Gesetz zum Kulturgüterschutz[23] – ist leider für

22 Leider kann der Vortrag in vorliegendem Band nicht abgedruckt werden, weil der Autor sich wegen Arbeitsüberlastung nicht in der Lage gesehen hat, bis zum Redaktionsschluss eine schriftliche Fassung zu erstellen.

23 Vgl. den Entwurf eines Gesetzes zur Neuregelung des Kulturgutschutzrechts, BT-Dr. Nr. 18/7456 vom 3. Februar 2016, und schon zuvor den von der Kulturstaatsministerin vorgelegten offiziellen Referentenentwurf nach der ersten Runde der Ressortabstimmung (Bearbeitungsstand 14. September 2015) auf der Website der Bundesregierung, https://www.bundesregierung.de/Content/EN/_Anlagen/2015-09-15-bkm-link-referenten entwurf-kulturgutschutzgesetz.pdf (Zugriff am 11. Februar 2016). Zwischenzeitlich ist das Gesetz von Bundestag und Bundesrat verabschiedet worden und in Kraft getreten (Gesetz zum Schutz von Kulturgut [Kulturgutschutzgesetz – KGSG] in der Fassung des Gesetzes zur Neuregelung des Kulturschutzgutrechts vom 31. Juli 2016, BGBl. I, 1946). Die intensive Debatte, die der Verabschiedung des Gesetzes vorausgegangen ist, kann hier nicht dokumentiert werden; knapp resümierend der Artikel von *Rose-Maria Gropp*,

die jetzige Tagung zu spät gekommen. Die Frage, ob die in dem Entwurf vorgesehenen Regelungen zum Ausfuhrverbot national wertvollen Kulturguts angemessen (oder aber überzogen und eine Gefährdung für Kunst und Kunsthandel in Deutschland) sind, muss daher ein Thema für kommende Tagungen bleiben – falls sich bis dahin der ganze Streit nicht doch, wie manche es sehen, als ein Sturm im Wasserglas erwiesen haben sollte. Vielleicht lohnt es, in diesem Zusammenhang an eine andere, noch nicht lange zurückliegende Aufregung im Blätterwald – den heute schon fast wieder vergessenen Streit über den Verkauf der beiden Warhol-Bilder aus dem Besitz der landeseigenen West-LB in Nordrhein-Westfalen – zu erinnern, in dem ebenso lautstark wie jetzt von den einen die Freiheit des Kunsthandels, von den anderen eine Verstärkung des Schutzes nationalen Kunstguts vor einem Verkauf ins Ausland gefordert worden ist[24]. Einem anderen, über viele Jahre unerfüllten Desiderat unserer Tagungsprogramme wird diesmal endlich Rechnung getragen: Thomas Hoeren, Professor in Münster in Westfalen und einer der ersten, die sich intensiv mit den einschlägigen Problemen auseinandergesetzt haben, spricht morgen über die Auswirkungen des Internet auf die Rechtsentwicklung im Bereich von Literatur und Recht („Zur Zukunft von Literatur und Recht im Zeitalter des Internet"). Einen Schwerpunkt wird dabei wohl der Problemkomplex „Internet und Urheberrecht" bilden – womit zugleich ein weiteres wichtiges aktuelles Gesetzgebungsvorhaben, die Urheberrechtsreform[25], angesprochen ist.

Der Anteil von Vorträgen zu spezifisch juristischen Themen ist diesmal – wie Sie sehen – ziemlich hoch. Hinzu kommen zwei Referate zu Literatur- und Kunstprozessen: Die neue Übersetzung der „Madame Bovary" von Gustave

---

„Stunde der Spediteure. Der Bundesrat stimmt dem Kulturschutzgesetz zu", FAZ vom 9. Juli 2016.

24 Vgl. zum Gesamtkomplex etwa *Jürgen Kaube*, „Fort mit Nutzen. Zur politischen Ökonomie öffentlichen Kunsteigentums: Warum gibt es überhaupt staatlich finanzierte Kultur und nicht nur den Kunstmarkt"; *Rose-Maria Gropp*, „Wo sollen all die Millionen hin? Warhol ist erst der Anfang: Die nordrhein-westfälische Landesregierung gibt deutliche Zeichen, dass ihr der Kunstbesitz des Landes eine Spielmasse ist"; *Andreas Rossmann*, „Aufbruch und Neugierde von damals. Die Pop-Art hat ihre Heimat in Aachen und Köln; Warum die beiden Bilder von Andy Warhol zur Kunstgeschichte des Rheinlands gehören", alle in FAZ vom 12. November 2014.

25 Vgl. dazu jetzt den vom Bundeskabinett am 16. März 2016 beschlossenen Gesetzentwurf der Bundesregierung für ein Gesetz zur verbesserten Durchsetzung des Anspruchs der Urheber und ausübenden Künstler auf angemessene Vergütung, BT-Dr 18/8625, und schon früher den Entwurf eines Gesetzes zur Umsetzung der Richtlinie 2014/26/EU über die kollektive Wahrnehmung von Urheber- und verwandten Schutzrechten und die Vergabe von Mehrgebietslizenzen für die Online-Nutzung im Binnenmarkt sowie zur Änderung des Verfahrens betreffend die Geräte- und Speichermedienvergütung (VG-Richtlinie-Umsetzungsgesetz), BT-Dr 18/7453.

Flaubert durch Elisabeth Edl und der Abdruck der vollständigen Prozessdokumente zu dem gegen Flaubert und sein Buch unmittelbar nach dessen Erscheinen geführten Gerichtsverfahren im Anhang der Übersetzung[26] haben die Aufmerksamkeit in Deutschland erneut auf dieses Verfahren gelenkt. Ihm widmet sich im zweiten Vortrag des heutigen Abends Joachim Gruber, Professor in Zwickau und Verfasser eines kürzlich erschienenen kenntnisreichen Aufsatzes zu Flaubert und zum Bovary-Prozess. Christoph Schmitz-Scholemann schließlich, Richter am Bundesarbeitsgericht im Ruhestand und seit langem ein unersetzlicher Schlusshöhepunkt unserer Tagungen, folgt am Sonntag mit einem weiten Panorama: „Blumen vor Gericht – Berühmte Literaturprozesse". Wir dürfen auf das gewohnte Feuerwerk hoffen.

Natürlich haben wir auch diesmal zwei Literaten eingeladen – den Richter und Schriftsteller Janko Ferk aus Klagenfurt und Bernd Schroeder, seinerseits zwar kein Jurist, wohl aber Verfasser des 2006 erschienenen Roman „Hau", der Darstellung eines berühmten, schon früher mehrfach als literarische Vorlage genutzten und bis heute diskutierten Baden-Badener Kriminalfalls aus der Zeit des ausgehenden Kaiserreichs, die naturgemäß besondere Aufmerksamkeit gerade bei Juristen gefunden hat. Näheres zu beider Person und ihrem Werk dann morgen.

Zu den Rendsburger Tagungen gehört – wie die meisten von Ihnen wissen – immer ein Höhepunkt mit regionalem Bezug. In den letzten Jahren waren das die Wirkungsstätten der Dichterjuristen Friedrich Hebbel und Theodor Storm in Wesselburen und Husum. In diesem Jahr planen wir eine Exkursion zu dem Herrenhaus und dem Grab von Caspar von Saldern – Jurist aus Holstein und Staatsmann in Diensten der Zarin Katharina der Großen – in Gut Schierensee und der Klosterkirche Bordesholm. Über Person und Wirken von Salderns informiert uns zuvor der Vortrag von Antje Erdmann Degenhardt, ehemals Amtsrichterin in Neumünster und seit vielen Jahren ausgewiesene Expertin für schleswig-holsteinische Landesgeschichte.

Wir dürfen also auf eine wie immer spannende Tagung hoffen, und mir bleibt nur, Ihnen allen auch diesmal schöne Tage in Rendsburg und am Nord-Ostsee-Kanal zu wünschen.

26 *Gustave Flaubert*, Madame Bovary. Sitten in der Provinz, herausgegeben und aus dem Französischen übersetzt von *Elisabeth Edl*, 2012, mit Abdruck der Prozessdokumente auf S. 604 ff.

3.

Karsten Schmidt

Die Causa Suhrkamp: Ein Traditionsverlag schreibt Insolvenzrechtsgeschichte[1]

I. Der Hintergrund

1. Gesellschaftsrecht und Storytelling

Im Jahrgang 2015 der NZG (Neue Zeitschrift für Gesellschaftsrecht) war aus der Feder von Holger Fleischer ein Aufsatz über „Gesellschaftsrechts-Geschichten" zu lesen[2]: ein Plädoyer für narratives Gesellschaftsrecht, oder, wie es bei Fleischer heißt: „Normvermittlung durch Storytelling". In diese Kategorie passt wohl, womit wir uns heute befassen werden, dies, wohlgemerkt, ohne Anspruch auf wissenschaftlich-historische Forschungsqualität und in absichtlicher – hoffentlich die Seriosität nicht berührender – Skizzenhaftigkeit.

Im Berliner Handelsregister, Abteilung B, steht eine Aktiengesellschaft mit der Firma Suhrkamp Verlag AG. Der Vorstand besteht aus Ulla Unseld-Berkéwicz und Dr. Jonathan Landgrebe. Aufsichtsratsvorsitzender ist Gerhart Baum. Mit gleicher Adresse eingetragen und mit fast identischem Management besetzt sind neben den GmbH-Gesellschaften „Jüdischer Verlag" und „Deutscher Klassiker Verlag" noch zwei Gesellschaften, deren enge Verbindung mit Suhrkamp vielen bekannt sein wird: Die „Insel Verlag Anton Kippenberg GmbH & Co. KG" und ihre Komplementärin, die „Insel Verlagsleitung GmbH" mit den Geschäftsführern Ulla Unseld-Berkéwicz, Dr. Johathan Landgrebe und Dr. Thomas Sparr. Wenn man die Geschichte des Hauses Suhrkamp betrachtet, ist das nur ein Teil des Verlagsgeflechts, dem einmal sogar ein juristischer Verlag nämlich NOMOS, angehört hat[3]. Aber für uns und für heute soll das genügen.

---

1 Vortrag am 4.9.2015 bei der Tagung „Das Recht als Rahmen für Literatur und Kunst" beim Nordkolleg Rendsburg; der Vertragsstil wurde auch in dieser Druckfassung belassen, ebenso die zeitliche Perspektive; die Weiterentwicklung wurde in einem Nachtrag ergänzt, die Druckfassung verzichtet auf erschöpfende Nachweise.

2 *Fleischer*, NZG 2015, 769 ff.

3 Vgl. bei Wikipedia unter „Suhrkamp Verlag".

Sie werden einen ziemlich juristischen Vortrag hören, und die mit der Gliederung ausgeteilten Vorschriften lassen vielleicht Schlimmes ahnen. Da ich mich unter Bücherfreunden und Literaturfreaks bewege, möchte ich nicht verschweigen, dass auch mich mit den Verlagen Insel, Suhrkamp und S. Fischer in erster Linie nicht juristische Assoziationen verbinden. Was unser Herz aufgehen lässt, sind die großen Namen ihrer Autoren und der von ihnen publizierten Werke, dazu auch die Verlegerpersönlichkeiten. Als Hintergrund meiner Schlachtbeschreibung werden diese uns allen vor Augen stehen. Aber Verlage sind nun einmal auch kommerzielle Unternehmen, und Unternehmensgeschichten handeln nicht selten von Recht und Kommerz. Konflikte, wie sie unter Menschen unvermeidlich dann und wann vorkommen, sind also nicht bloß auf der für Bücherleser im Vordergrund stehenden Autorenebene, sondern auch auf der Unternehmensebene möglich. Die jüngere Suhrkamp-Geschichte hat dies Abertausenden von Feuilleton-Lesern plastisch vor Augen geführt.

2. *Suhrkamp und Samuel Fischer*

Schon die Vorgeschichte des Suhrkamp Verlags ist nicht ohne juristische Delikatesse. Peter Suhrkamp, der eigentlich Heinrich Suhrkamp hieß, trat im Jahr 1932 als Mitarbeiter in den längst schon berühmten, 1886 gegründeten S. Fischer Verlag ein[4], ausgerechnet im Jahr 1933 sogar in den Vorstand (der Verlag war eine AG)[5]. Wir wissen, dass „S“ für den Namen des hochangesehenen Gründers, Samuel, steht[6] und dass diesem Verlag – über Personen sei hier geschwiegen – mit dem Aufkommen des „Dritten Reichs“ keine guten Jahre bevorstehen konnten. Der jüdische Verleger, die Zusammensetzung des heute wie damals klangvollen Autorenkreises und die nun wirklich nicht völkische Ausrichtung des Verlagsprogramms sprachen für sich, sprachen aus der Sicht der neuen Machthaber also gegen den Verlag. Samuel Fischer verstarb 1934[7]. Sein Schwiegersohn und Nachfolger Gottfried Bermann Fischer und die ganze Familie wurden in den folgenden Jahren aus dem Reich gedrängt[8]. Auch das Schicksal des Verlags wurde kompliziert. Was insofern geschah, wird in den biographischen Werken um Bermann Fischer und Suhrkamp in etwas unter-

4 *Siegfried Unseld*, Peter Suhrkamp, Zur Biographie eines Verlegers, Frankfurt 1991, S. 76 ff.

5 Ebd., S. 82.

6 Dazu *Barbara Hoffmeister*, S. Fischer, der Verleger, 2009, passim.

7 Ebd. S. 412.

8 Vgl. Suhrkamp-Verlag (Hrsg.), Die Geschichte des Suhrkamp Verlags, 2000, S. 14.

schiedlichem Licht dargestellt[9]. Sicher ist, dass Bermann Fischer Auslandsverlage – zunächst in Wien (ein schlechter Ort!), dann in Stockholm und New York – gründete. Bekannt ist auch, dass durch den Ankauf der Verlagsaktien und durch geschickte Verhandlungen mit der Reichsschrifttumskammer eine an den obwaltenden Umständen gemessen leidlich elegante „Arisierung" des doch kein bisschen „arischen" Verlags gelang[10]: Was im Reich „unerwünscht" war, ging mit Verträgen und Lagerbeständen zu Gottfried Bermann Fischer und damit ins Ausland. Was genehm war, blieb unter Peter Suhrkamps Obhut im Verlag und damit im Land. Bei der Finanzierung der Kompromisslösung halfen Philipp Reemtsma, Christoph Rathjen und Clemens Abs[11]. 1942 wurde der Verlag – offenbar auf politischen Druck – in eine Kommanditgesellschaft mit der Firma „Suhrkamp Verlag vorm. S. Fischer" umbenannt[12]. Inwieweit diese mindestens optische Zueignung Peter Suhrkamp geschäftlich unangenehm war, ist schwer zu sagen. Von einer Anbiederung an die politischen Mächte kann aber bei ihm nicht gesprochen werden. Suhrkamp war 1944/1945 fast ein Jahr lang als Volksfeind inhaftiert und kam – schwer erkrankt – wohl durch Fürsprache von Gerhart Hauptmann, Hans Carossa und Arno Breker erst kurz vor dem Kriegsende frei[13]. Noch 1945 erhielt er als erster Deutscher eine Verlagslizenz von den britischen Militärbehörden[14]. Offenkundig galt er also als würdig für die Fortsetzung des Verlagsgeschäfts in einem re-demokratisierten Land.

So weit, so gut. Aber es konnte nicht ausbleiben, dass Gottfried Bermann Fischer – der die Rolle Suhrkamps naheliegender weise als die eines Treuhänders begriffen hatte – Eigentümerrechte reklamierte. Angenehm kann der sich hieraus ergebende Konflikt nicht gewesen sein. Aber Lebenserfahrung und kaufmännische Klugheit bewog beide Seiten, sich außergerichtlich zu einigen[15]: Suhrkamp durfte einen eigenen Verlag (eine Kommanditgesellschaft) gründen, und die von ihm betreuten 48 Autoren konnten wählen, ob sie im Fischer Verlag bleiben oder mit Suhrkamp zu dessen Verlag überwechseln wollten. Von ihnen entschieden sich 33 – darunter Rudolf Alexander Schröder, Hermann Hesse,

---

9 Schon Samuel Fischer soll Suhrkamp nicht voll vertraut haben; vgl. *Hoffmeister* (Fn. 6), S. 410 f.

10 *Unseld* (Fn. 4), S. 85 ff.

11 Vgl. „Suhrkamp Verlag" bei Wikipedia.

12 *Unseld* (Fn. 4), S. 100.

13 Vorausgegangen war offenbar eine Kontroverse zwischen Arno Breker und der Gestapo; vgl. *Unseld* (Fn. 4), S. 107; vgl. zu den Ereignissen auch *Peter Walther*, Suhrkamps unbekannte Geschichte, FAZ 9.4.2013.

14 Abbildung bei *Unseld* (Fn. 4), S. 113.

15 *Unseld* (Fn. 4), S. 137 ff.

Hermann Kasak und T.S. Eliot – für Suhrkamp, ebenso Bernard Shaw, den zu fragen man zunächst wohl vergessen hatte[16]. Als Kommanditisten – auch diesmal wurde ja Geld gebraucht – traten zwei Brüder mit Namen Reinhart in die neue Verlagsgesellschaft ein[17], was sich in der Fortsetzung der Verlagsgeschichte als folgenreich erweisen sollte. Alleingesellschafter war also schon Peter Suhrkamp nicht.

3. 50 Jahre Suhrkamp-Verlag (1950–2000)

Die Karriere dieses Verlags haben die Älteren unter uns als ein großes Bildungserlebnis in Erinnerung. Nur ein paar Schlagworte will ich nennen: Die Regenbogenreihe „Edition Suhrkamp“, die jährlich erscheinende Theaterreihe „Spectaculum“, die sozialwissenschaftliche Reihe „Theorie“ und Namen wie Marcel Proust, Sigmund Freud, Wittgenstein, Benjamin, Bloch, Adorno, Horkheimer, Frisch, Koeppen, Peter Weiß, Enzensberger, Johnson, Handke, Muschg, Becket, Octavio Paz, Jorge Semprún, Amos Oz und so viele andere haben wir durch Suhrkamp-Produkte kennen gelernt, und dasselbe gilt natürlich für Isabel Allende, Elisabeth Borchers und Friederike Mayröcker. Dann und wann tauchten sogar juristische Kollegen dazwischen auf, darunter Klaus Lüderssen, ein manchen von uns persönlich bekannter Homme de Lettres und Strafrechtsprofessor aus Frankfurt. Neben schöngeistigen Werken[18] hat er sogar seine rechtswissenschaftliche Habilitationsschrift („Erfahrung als Rechtsquelle“) bei Suhrkamp publiziert[19].

Peter Suhrkamp starb 1959[20]. Schon vor seinem Tod war Siegfried Unseld, Verlagsmitarbeiter seit 1952, als designierter Nachfolger zum persönlich haftenden Gesellschafter der Kommanditgesellschaft avanciert[21]. Siegfried Unseld lebte bis 2002. Auch dieser große Verleger ist in „Rechtsgeschichten“ eingegangen, zuletzt posthum durch eine gegen seinen Sohn Joachim Unseld erstrittene Grundsatzentscheidung des BGH über den irreversiblen Schenkungsvollzug durch stille Beteiligungen[22]. Nur am Rande, weil ohne Zusammenhang mit der Suhrkamp-Geschichte, sei hier erwähnt, dass mit diesem von mir lange erwarteten Richterspruch ein seit Jahrzehnten offenes Rechtsproblem

16 Die Geschichte des Suhrkamp Verlags (Fn. 8), S. 25.

17 Ebd., S. 26.

18 Beispiel: *Lüderssen*, Eichendorff und das Recht, 2007.

19 *Lüderssen*, Erfahrung als Rechtsquelle, 1970.

20 *Unseld* (Fn. 4), S. 230 ff.

21 Die Geschichte des Suhrkamp Verlags (Fn. 8), S. 40; über *Unseld* vgl. das Werk von *Fellinger / Reiner* (Hrsg.), Siegfried Unseld, 2014.

22 BGHZ 191, 354.

geklärt wurde[23]. Ohne Prozess war zunächst noch der Nachfolger-Wettstreit zwischen der Unseld-Witwe Ulla Unseld-Berkéwicz und dem Geschäftsführer Günter Berg über die Bühne gegangen (Berg wechselte zu Hoffmann und Campe)[24]. Aber das wirkliche Drama stand noch vor der Tür.

4. Unruhige Zeiten nach Siegfried Unseld

Wie sah der Verlag vor zehn Jahren aus? Mehrheitsgesellschafterin war als Unseld-Nachfolgerin die Siegfried Unseld-Stiftung und daneben für nur noch kurze Zeit Joachim Unseld. Geschäftsführerin war die Unseld-Witwe Ulla Unseld-Berkéwicz. Aber hier müssen wir uns an die Familie Reinhart erinnern, die ein halbes Jahrhundert lang finanziell am Verlag beteiligt war und ihre Anteile in einer schweizerischen Medienholding gebündelt hatte. Diese Struktur wies eine schwache Flanke auf, nicht unähnlich den Stadttoren von Troja oder Konstantinopel. Vermutlich wissen meine Zuhörer alle (oder können sich denken), dass Kommanditanteile vorbehaltlich anderer Anordnung nicht ohne Zustimmung der Mitgesellschafter übertragen werden können[25] und dass auch bei der GmbH und damit der GmbH & Co. KG sog. Vinkulierungsklauseln üblich sind, die eine freie Anteilsveräußerung verhindern[26]. Das Eindringen Fremder scheint so unmöglich. Was nun aber geschah, war folgenreich: Hans Barlach, ein Enkel Ernst Barlachs und in Hamburg bekannter Medieninvestor, kaufte sich – anfangs im Verein mit dem gleichfalls stadtnotorischen Investmentkaufmann Claus Grossner – für acht Mio. Euro in die Gesellschaft ein und wurde hierdurch zu einem Stachel im Fleisch des Verlags.

Man wird fragen, wie denn das ohne Zustimmung der Mehrheitsgesellschafterin gehen konnte. Die Antwort ist einfach und lehrreich: Gekauft und erworben wurde nicht ein Anteil an der Verlags-KG, sondern Hans Barlach erwarb die Anteile an der schweizerischen Medienholding. Der Kommanditanteil blieb, wo er war (nämlich im Holdingvermögen), und nur mittelbar war Hans Barlach Mitgesellschafter neben der Unseld-Stiftung geworden. Hiergegen nützt die Vinkulierung nach der wohl herrschenden Auffassung nichts[27], und eine

---

23 *Karsten Schmidt*, in: Karsten Schmidt (Hrsg.), Münchener Kommentar zum HGB, 3. Aufl. 2012, § 230 Rn. 102 ff.

24 Dazu *Joachim Unseld*, Eine Richtigstellung zur Geschichte von Suhrkamp, FAZ 22.12.2012: „Herr Berg musste den Verlag im Eklat verlassen".

25 *Karsten Schmidt*, Gesellschaftsrecht, 4. Aufl. 2002, S. 1320 ff.

26 *Hannes*, in: Hesselmann / Tillmann / Mueller-Thuns, Handbuch GmbH & Co. KG, 20. Aufl. 2009, § 9 Rn. 13.

27 Näher *Seibt*, in: Scholz, GmbHG, 11. Aufl. 2012, § 15 Rn. 11a.

Change-of-Control-Klausel, wie man sie wohl heute in ihn aufnehmen würde[28], war im Gesellschaftsvertrag der KG offenbar nicht enthalten.

II. Unterm Rad, und: zwischen den Mühlsteinen

1. Ein Zwist im Hause Suhrkamp

Von da an geriet die Causa Suhrkamp in die Schlagzeilen, wobei die Berichterstattung alsbald eine gute und eine böse Partei ausmachte: den guten Traditionsverlag und den bösen Heuschreckeneindringling. Das sei hier vermieden[29]. Sicherlich trafen hier unversöhnbare Charaktere aufeinander und sicherlich schlägt das Herz aller Bücherfreunde, also auch das unsere, eher für das Verlagsmanagement als für den ungebetenen Investor. Leicht nachvollziehbar ist auch, dass die Interessen beider Seiten auseinanderklaffen mussten: die Bewahrung des sehr sensiblen Verlagsgeschäfts auf der einen und das Refinanzierungsinteresse des Erwerbers auf der anderen Seite. Es mag sogar sein, dass sich Barlach für einen geborenen Verleger und tauglichen Unseld-Nachfolger gehalten hatte. Die weiteren Ereignisse jedenfalls schütteten immer mehr Öl in das aufflammende Feuer:

- ein nicht konsentierter Verlagsumzug aus dem Stammhaus Frankfurt in eine Berliner Villa,
- verständliche Unruhe bei Mitarbeitern und Autoren (darunter Adolf Muschg und Marcel Reich-Ranicki),
- mehr und mehr offen ausgetragene Differenzen unter den Gesellschaftern [...].

Wie in solchen Fällen üblich, sah jede Seite die Gründe des Streits bei der anderen. Insbesondere der von der Geschäftsführung betriebene Umzug des Verlags nach Berlin unter Aufgabe des Verlagshauses in Frankfurt führte zu heftigen Auseinandersetzungen im Gesellschafterkreis[30]. Hans Barlach gab seinen Widerstand gegen den Wechsel nur um den Preis einer Einräumung von Sonderrechten bei der Geschäftsführerbestellung, der Unternehmenskontrolle und der Bewilligung von bestimmten Honoraren auf. Dieser Kompromiss stärkte die Position des unbequemen Minderheitsgesellschafters, hielt aber nur vorläufig.

---

28 Im Fall einer GmbH als Einziehungsklausel nach § 34 GmbHG.

29 Der Referent hatte die Beteiligten bei neutralen Gesprächen kennengelernt und deshalb jahrelang auf eine Beteiligung an der juristischen Diskussion über die „causa Suhrkamp“ verzichtet.

30 Bericht u.a. bei *Böcker*, ZInsO 2015, 773, 774.

Das war der Zustand, in dem der Verlag umzog: eine GmbH & Co. KG mit zwei Gesellschaftern[31]:

- der Unseld-Stiftung mit 61 % (dafür stand Ulla Unseld-Berkéwicz) und
- der Medienholding mit 39 %, gestärkt durch Sonderrechte (dafür stand Hans Barlach).

Ab Januar 2010 nahm die Gesellschaft ihre Geschäfte in Berlin auf. Doch die Schwierigkeiten setzten sich fort. Mit dem Ausgang des Geschäftsjahrs 2012 gab der Verlag ein zerrissenes Bild: in den Feuilletons für sein Programm mit langem Beifall gelobt, in der Wirtschaftspresse mit Skepsis beäugt[32].

- Das Geschäftsjahr endete mit einem Verlust.
- Gleichzeitig schwebten mehrere Prozesse in Berlin und in Frankfurt auf Abberufung der Geschäftsführung, auf Schadensersatz aus der Geschäftsführerhaftung, auf Ausschüttung von außerordentlichen Gewinnen aus dem Frankfurter Verlagshausverkauf und auf wechselseitigen Ausschluss aus der Gesellschaft.

Der Verlag gab das Bild eines immer enger und fester geschnürten Netzes aus lauter Prozessen. Das Unternehmen lief weiter, war aber auf der Steuerungsebene paralysiert.

2. Das Insolvenzrecht mischt sich ein

Dann kam etwas, womit wohl niemand – vor allem nicht Hans Barlach – gerechnet hatte: die große Suhrkamp-Rettung durch Insolvenz! Um das zu verstehen, müssen wir etwas Insolvenzrecht trainieren. Seit 1999 gilt statt der alten Konkursordnung die Insolvenzordnung von 1994. Diese stellt – wenigstens theoretisch! – die Sanierung des Schuldners als Verfahrenszweck neben die Gläubigerbefriedigung (§ 1 InsO). Sie enthält hierfür zwei wichtige Instrumente:

- den Insolvenzplan nach §§ 217 ff. (eine nach amerikanischem Vorbild modernisierte Form des althergebrachten Zwangsvergleichs) und
- die Eigenverwaltung nach §§ 270 ff. (im US-Recht: „debtor in prossession“).

Im Insolvenzplan können die Verfahrensbeteiligten gestaltende Mehrheitsbeschlüsse fassen, deren gerichtliche Bestätigung für und gegen alle Beteiligten wirkt (§ 254 Abs. 1 InsO). Die Eigenverwaltung bedeutet, dass das Management nicht durch einen Insolvenzverwalter beiseitegeschoben wird, sondern, begleitet durch einen Sachwalter, weiter agieren kann. Bis 2012 war eine solche Prozedur

---

31 Schaubild bei *Sandra Kegel*, Nichts ist vorbei am Aschermittwoch, FAZ vom 14.2.2013.

32 Auf Zitate aus der Tagespresse wird hier verzichtet.

eine Affäre nur zwischen dem Schuldner (der Gesellschaft) und seinen Gläubigern. Demgemäß stellte man sich einen Insolvenzplan etwa so vor: Die Forderungen der Insolvenzgläubiger werden mit Zustimmung qualifizierter Mehrheiten zu einem Drittel erlassen und zu einem Drittel gestundet. Der darin erhaltene Erlass bereinigt die Bilanz und beseitigt die Überschuldung, die Stundung beseitigt die Zahlungsunfähigkeit. Wenn – wie so häufig! – daneben auch gesellschaftsrechtliche Maßnahmen notwendig sind, kann der zwischen der Gesellschaft und ihren Gläubigern erarbeitete Insolvenzplan unter die aufschiebende Bedingung gestellt werden, dass auch die gesellschaftsrechtlichen Maßnahmen wirksam durchgeführt werden (§ 249 InsO: bedingter Plan). Das hört sich gut an und ist auch systematisch durchdacht, ist aber doch konventionell. Eingriffe in die Gesellschaftsverhältnisse an einer zu sanierenden Gesellschaft blieben ganz den Gesellschaftern vorbehalten. Sie waren also auf der Ebene durchzuführen, auf der der Suhrkamp-Verlag paralysiert war.

Eine Reform geradezu revolutionären Charakters trat dann aber im März 2012 in Kraft[33]. Gemeint ist das Gesetz zur weiteren Erleichterung der Sanierung von Unternehmen (ESUG)[34]. Dieses Gesetz führte nach amerikanischem Muster ein Schutzschirmverfahren ein (§ 270b InsO) und änderte das Konzept der Eigenverwaltung (§ 276a InsO). Aber das sind nur Teile der Neukonzeption des neuen Rechts der Unternehmensinsolvenzen.

Die größte Revolution des deutschen Insolvenzrechts markiert eine einzige durch das ESUG eingeführte Vorschrift: § 225a InsO. Die Bestimmung beginnt etwas verschlagen mit dem harmlos scheinenden Absatz 1: „Die Anteils- oder Mitgliedschaftsrechte der am Schuldner beteiligten Personen bleiben vom Insolvenzplan unberührt, es sei denn, dass der Plan etwas anderes bestimmt." Was dann aber kommt, hat vielen Unternehmensrechtlern buchstäblich die Sprache verschlagen. Die entscheidende Botschaft steht in Absatz 3: „Im Plan kann jede Regelung getroffen werden, die gesellschaftsrechtlich zulässig ist." Ausgewählte Beispiele sind in § 225a Abs. 2 genannt: Die Fortsetzung der Gesellschaft, Kapitalmaßnahmen, insbesondere Debt-Equity-Swaps, Bezugsrechtsausschlüsse und sogar die Übertragung von Anteils- und Mitgliedschaftsrechten. Mit diesen sind unverkennbar nicht bloß Anteils- und Mitgliedschaftsrechte der Schuldnergesellschaft an Drittunternehmen gemeint, sondern Mitgliedschaftsrechte an der Schuldnergesellschaft selbst. Auch eine Umwandlung der Gesellschaft in eine andere Rechtsform ist möglich. Gesellschaftsrechtlich hätte eine solche Umwandlung die Mehrheit von mindestens ¾

33 Vgl. dazu ein Mannheimer Vortrag des *Verfassers*, referiert in FAZ vom 1.7.2015.

34 Gesetz vom 7.12.2011, BGBl. I S. 2582.

der Stimmen – bei einer Personengesellschaft u.U. sogar einen einstimmigen Beschluss – erfordert[35] und wäre im Fall Suhrkamp gewiss am Veto von Barlach gescheitert. Aber ein Insolvenzplan basiert auf der ganz andersartigen Legitimationsbasis der Insolvenzordnung und der zum Insolvenzplanverfahren gehörigen Beschlüsse. Und hier genügt neben der mehrheitlichen Zustimmung der Gläubigergruppen die einfache Gesellschaftermehrheit (§ 244 InsO). Da ist Musik drinnen! Aber auch die hiermit verbundenen Risiken sind groß.

3. Ein staunenswertes Insolvenzszenario

Dieser neue § 225a InsO eröffnete für die Suhrkamp-Sanierung eine ungeahnte Perspektive. Die schärfste Waffe des Minderheitsgesellschafters Barlach waren ja die mühsam erstrittenen Sonderrechte. Nun gibt es eine Gesellschaftsform, in der solche Sonderrechte schlicht unzulässig sind: die Aktiengesellschaft (§ 23 Abs. 5 AktG). Wenn es also gelang, die Kommanditgesellschaft nach § 225a InsO in eine Aktiengesellschaft umzuwandeln, dann wäre Hans Barlach diese Rechte los. Die Rechte wären ex lege entfallen. Für eine solche Strategie musste allerdings viererlei sichergestellt werden:

- Es musste ein Insolvenztatbestand vorliegen, also Zahlungsunfähigkeit (§ 17 InsO), drohende Zahlungsunfähigkeit (§ 18 InsO), oder Überschuldung (§ 19 InsO).
- Ein hierauf gestützter Insolvenzantrag musste zulässig und begründet sein (§ 27 InsO).
- Die Verfahrenseröffnung durch das Gericht musste eine Eigenverwaltung unter dem Schutzschirm sicherstellen (§§ 270, 270a, 270b InsO).
- Das Insolvenzplanverfahren, ein höchstkompliziertes Ritual, musste durch Beschlüsse und durch deren gerichtliche Bestätigung die Umwandlung in eine Aktiengesellschaft herbeiführen (§§ 243–248 InsO).

Dass dies alles gelang, ist dem Sachverstand und sicherlich auch dem Mut zweier Insolvenzrechtsexperten zu verdanken. Dr. Frank Kebekus, Düsseldorf, dem der Verlag Generalvollmacht gab, und Rolf Rattunde, Berlin, der als vorläufiger Sachwalter fungierte. Was diese beiden Sachkenner in Gang setzten, ließ manche juristische Betrachter staunen wie der erste bemannte Mondflug.

Blicken wir zunächst nur auf die Insolvenzgründe (§§ 17–19 InsO): Zahlungsunfähig war der Verlag nicht. Drohende Zahlungsunfähigkeit (§ 18 InsO) mochte vorliegen. Aber dieser nur fakultative Tatbestand liegt in der Hand der

---

35 Vgl. §§ 193, 217 UmwG und dazu *Joost*, in: Lutter (Hrsg.), Umwandlungsgesetz, 5. Aufl. 2014, § 217 Rdnr. 4.

Gesellschaft als Schuldnerin, also mittelbar der Gesellschafter[36], und hier hätte sich Barlach gewiss quergelegt. Aber wenn Überschuldung vorlag (§ 19 InsO), dann war die Geschäftsführung zum Insolvenzantrag nicht nur berechtigt, sondern verpflichtet (§ 15a InsO). Hier nun hat sich Barlach möglicherweise selbst hereingerissen, denn ein Gericht hatte der Medienholding 2,2 Mio. Euro Gewinn zugesprochen, der noch nicht ausgezahlt war, und diese Gesellschaftsschuld belastete die Überschuldungsbilanz. Und siehe: Das Verfahren wurde wegen Überschuldung eröffnet[37]. Mit dem Einwand, das Verfahren sei seinem Ziel nach als Insolvenzverfahren missbräuchlich, konnten die Gerichte offenbar nichts anfangen.

Auch der Insolvenzplan wurde mit den erforderlichen Mehrheiten beschlossen. Das war kein Wunder, denn die Gläubiger hatten außer einem Zinsverlust nichts zu befürchten, und für die erforderliche Gesellschaftermehrheit sorgte die Unseld-Stiftung. Der Beschluss wurde am 15. Januar 2014 durch das LG Berlin bestätigt[38]. Auf Beschwerde und Rechtsbeschwerde wurde dieser Beschluss vom BGH zwar aus formellen Gründen noch einmal aufgehoben[39], alsbald aber wiederholt[40]. Einstweiliger Rechtschutz durch das Bundesverfassungsgericht wurde Hans Barlach gleichfalls versagt[41]. Dieser verstarb überraschend im Sommer 2015[42]. Es laufen noch einige Folgeprozesse, aber mehr als ein Wetterleuchten ist das offenkundig nicht mehr. Auch vom Bundesverfassungsgericht, dessen endgültige Entscheidung noch aussteht[43], ist eine Überraschung nicht mehr zu erwarten. Dem Unternehmen Suhrkamp, das sich in ernster Gefahr befunden hatte, ist die Prozedur offenbar gut bekommen. Die bei ihm erscheinenden Titel deuten auf eine Fortsetzung der Erfolgsgeschichte Suhrkamp hin.

4. Der Vorhang zu und alle Fragen offen

Die öffentliche Aufregung um die Causa Suhrkamp hat sich seither gelegt. Die gesellschafts- und die insolvenzrechtliche Grundsatzdebatte aber lebt fort. Hier

---

36 Ein eigenmächtiger Eigenantrag der Geschäftsführung verpflichtet diese zum Schadensersatz; vgl. OLG München, NZI 2013, 542 ff.

37 Eingehend *Böcker*, DZWIR 2015, 10.

38 *Blöcker*, ZInsO 2015, 773, 775.

39 BGH, BB 2014, 2791 m. Anm. *Möhlenkamp* = NJW 2014, 2430 = NZI 2014, 751 m. Anm. *H.-Fr. Müller*.

40 LG Berlin, NZI 2015, 66.

41 *Böcker*, DZWIR 2015, 125 ff.

42 *Sandra Kegel*, Er spielte alles oder nichts, FAZ v. 16.7.2015, S. 11.

43 Stand Herbst 2015.

war unter Mithilfe der Gläubiger, denen der zur Abstimmung stehende Insolvenzplan wenig anhaben konnte[44], eine Umwandlung herbeigeführt, deren Ursache und Ziel gesellschaftsrechtlich inspiriert war, die aber gesellschaftsrechtlich nie und nimmer gelungen wäre! Der Suhrkamp-Fall ist zum Sinnbild für ein dem Insolvenzrecht vormals unbekanntes Phänomen geworden: die strategische Insolvenz[45].

Das Suhrkamp-Verfahren zeigt, dass ein von den Gesellschaftsgläubigern unterstützter Insolvenzplan eine Neuordnung der Kräfteverhältnisse in einer gefährdeten Handelsgesellschaft – im konkreten Fall durch Umwandlung in eine Aktiengesellschaft mit der automatischen Folge eines Fortfalls von Sonderrechten des Minderheitsgesellschafters – herbeiführen kann, ohne die Gläubigerrechte in adäquater Weise zu beschneiden. Ist das noch Insolvenzrecht, oder ist das die Bereinigung eines Gesellschafterstreits mit gesellschaftsrechtsfernen Mitteln?

§ 225a InsO hat viele Gesellschaftsrechtler verstört[46]. Dass zur Unruhe Anlass bestand, haben die ersten Muskelspiele des neuen Insolvenzrechts gezeigt, allen voran die Demarche im Fall Suhrkamp. Auch die Übernahme angeschlagener Unternehmen durch Hedge Fonds lässt sich auf diese Weise bewerkstelligen[47]. Muss nun der Gesetzgeber, wie mehrfach vorgeschlagen[48], einschreiten, um drohende Missbräuche zu verhindern? Oder markiert die strategische Insolvenz im Gegenteil den Königsweg hin zu einem gerichtsförmigen Allzweck-Restrukturierungsinstrument? Werden Deadlock-Situationen bei einer 50/50-Gesellschaft künftig zugunsten des kapitalkräftigeren Gesellschafters durch Insolvenzpläne aufgelöst? Ich sehe durchaus Grund zur Besorgnis, stehe jedoch auf dem Standpunkt, dass wir die Regie vorerst bei den Insolvenzgerichten belassen und die Szene aufmerksam beobachten, nicht dagegen vorschnell Gesetzesbarrieren aufbauen sollten. Auch die Praxis zu § 18 InsO (drohende Überschuldung) verdient kritische Wahrschau, wenn wir ein Sich-Hineinschleichen von Unternehmen in die Insolvenz zum Nachteil von Minderheitsgesellschaftern vermeiden wollen. Der Gesetzgeber hat die Modernisierung des Insolvenzrechts als ein partizipatorisches Versprechen an Unternehmen und

---

44 Insbesondere die Autorenhonorare blieben (Zinsen und Kosten einmal beiseitegelassen) unangetastet.

45 Vgl. namentlich *Bulgrin*, Die strategische Insolvenz, 2016, passim; *Eidenmüller*, ZIP 2014, 1197 ff.; dazu auch *Karsten Schmidt*, in: Karsten Schmidt / Uhlenbruck (Hrsg.), Die GmbH in Krise, Sanierung und Insolvenz, 6. Aufl. 2016, Rdnr. 4.8.

46 Vgl. namentlich *Schäfer*, ZIP 2014, 2417; s. auch *Westermann*, NZG 2010, 134.

47 Vgl. *Karsten Schmidt*, ZIP 2012, 2085 ff.

48 Zusammenfassend *Schäfer*, Suhrkamp und die Folgen, ZIP 2015, 1208 ff.

ihre Gesellschafter angepriesen. Wir müssen aber auch ihre enteignungsgleiche Kraft zur Kenntnis nehmen und über die Legitimation der Verfahrensergebnisse durch Partizipation der Betroffenen wachen. Es gibt zwar ganz andere Gründe als diesen, Suhrkamp im Auge zu behalten (Suhrkamp als Teil des Geisteslebens!), aber auch der Rechtsfall Suhrkamp verdient es nicht, vergessen zu werden.

III. Nachtrag

1. Suhrkamp / Unseld / Landgrebe

Nach dem hier wiedergegebenen Vortrag zog der Verlag unter die Neustrukturierung einen Schlussstrich[49]. Ulla Unseld-Berkéwicz zog sich aus dem verlegerischen Tagesgeschäft zurück und wechselte als Vorsitzende in einen dreiköpfigen Aufsichtsrat. Alleiniger Vorstand ist nunmehr acht Jahre nach seinem Eintritt in den Verlag Jonathan Landgrebe, ein in der ökonomischen und politischen Wissenschaft promovierter Verlagspraktiker.

2. Ende gut, alles gut?

Der neue Verleger blickt in einem FAZ-Interview selbstbewusst in die Zukunft[50]. Der Verlag hat den insolvenzrechtlichen Ritt über den Bodensee gut und gestärkt überstanden. Die Frage, ob das Geschehen dem Insolvenzrecht gut getan hat, ist dadurch noch nicht beantwortet.

49 FAZ vom 11.12.2015.

50 Ebd.

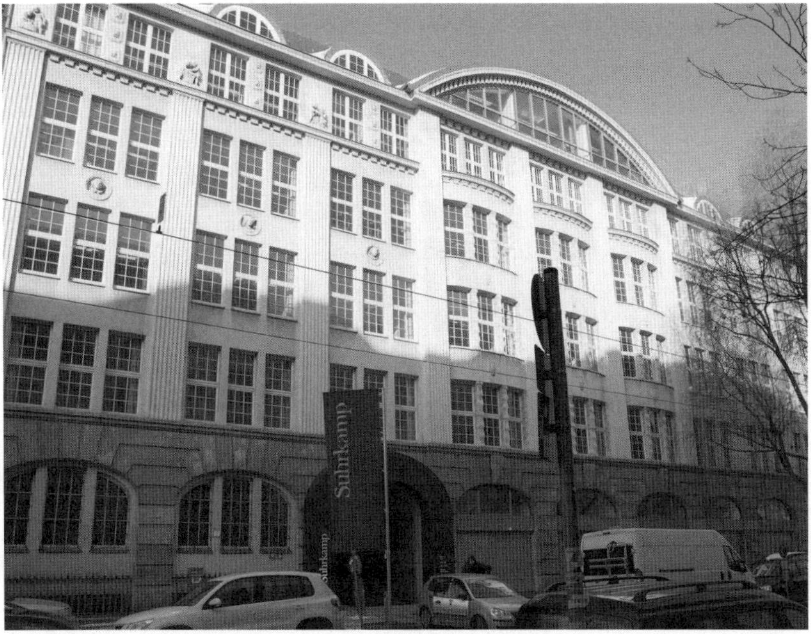

Abb. 2
Haus des Suhrkamp Verlags in Berlin, Pappelallee 78–79
(Foto: Jürgen Bauer)

4.

Joachim Gruber

Gustave Flaubert und der Prozess um „Madame Bovary“

Das Leben von Gustave Flaubert ist in zweifacher Hinsicht mit dem Recht verbunden. Zum einen hat er – wenn auch nur kurz – Rechtswissenschaft studiert, zum anderen wurde er in dem Prozess um sein Hauptwerk, Madame Bovary, unmittelbar mit der Rechtswirklichkeit konfrontiert. In beiden Fällen empfand er die Begegnung mit dem Recht als Belastung. Im Folgenden soll insbesondere der Prozess analysiert werden[1]. Dazu wird zuerst ein Überblick über die politische Lage und die Einschränkungen der Meinungsfreiheit in Frankreich zur Zeit Flauberts präsentiert (I.), dann werden die wichtigsten biographischen Daten zum Leben Flauberts genannt (II.) und die Publikationsgeschichte von „Madame Bovary“ skizziert (III.). Das nächste Kapitel ist dem Prozess gegen Flaubert gewidmet; dort findet sich auch der Text des Urteils in deutscher Übersetzung (IV.). Dem schließt sich eine Urteilsanalyse an (V.).

I. Das politische Umfeld und die Meinungsfreiheit

Das nachrevolutionäre Frankreich – Flaubert wurde 32 Jahre nach Ausbruch der französischen Revolution geboren; im Jahr seiner Geburt starb Napoléon Bonaparte im Exil auf St. Helena – durchlief während des Lebens von Gustave Flaubert eine politisch bewegte Zeit: Im Zeitpunkt der Geburt von Flaubert versuchten die Bourbonen, in vielen Punkten einen vorrevolutionären Zustand wieder herzustellen. Nach der (politischen) Julirevolution von 1830 kam es zur bürgerlichen Monarchie unter Louis Philippe, dem „Bürgerkönig“ (1830 bis 1848). Die (soziale) Märzrevolution der Arbeiter von 1848 wurde zwar blutig niedergeschlagen, führte aber politisch zur Zweiten Republik (1848 bis 1852). Der im Dezember 1848 gewählte Präsident der Republik, Louis Napoléon, löste mit dem Staatsstreich von 1851 die Nationalversammlung auf, im folgenden

1 Dieser Aufsatz basiert auf *meiner* Abhandlung „Gustave Flaubert: Madame Bovary und die guten Sitten“, in: Yvonne Nilges (Hrsg.), Dichterjuristen: Studien zur Poesie des Rechts vom 16. bis 21. Jahrhundert, Würzburg 2014, S. 151–161. Der dort publizierte Text wurde für den vorliegenden Beitrag vollständig überarbeitet und stark erweitert.

Jahr wurde er Kaiser der Franzosen, nannte sich nun Napoléon III. und errichtete das Zweite Empire (1852 bis 1870)[2].

Gustave Flauberts Roman „Madame Bovary“ erschien in Frankreich im Jahr 1856, 67 Jahre nach dem Beginn der Französischen Revolution von 1789. In dieser Zeit, als in Frankreich eine plebiszitäre Diktatur herrschte, wurde auch die Stadt Paris durch Baron Haussmann grundlegend umgestaltet und erhielt ihre heute noch die Stadt prägenden großen Boulevards[3].

Über die Auswirkungen der Französischen Revolution – und damit über die politischen Zustände in Frankreich zu Zeiten Flauberts – sind in Deutschland oft unzutreffende, idealisierende Auffassungen anzutreffen. Dieses Missverständnis kann gut anhand eines Übersetzungsfehlers veranschaulicht werden[4]. Eine Autorin beschäftigt sich in ihrer juristischen Dissertation mit der französischen Anwaltschaft und übersetzt „Ancien Régime“, die Zeit vor der Revolution von 1789, mit „Kaiserzeit“[5]. Diese Übersetzung überträgt – zu Unrecht – deutsche Verhältnisse auf Frankreich. Vor der Revolution regierten in Frankreich Könige – selbst „le roi [sic!]-soleil“ Ludwig XIV. war „nur“ König (die Zeiten eines Kaisers Karl der Große lagen lange zurück). Einen Kaiser (empereur) gab es dann wieder 1804, als Napoléon Bonaparte sich selbst zum Kaiser Napoléon I. krönte.

Die Grundsätze „Liberté, Egalité, Fraternité“ (Freiheit, Gleichheit, Brüderlichkeit), eine der Devisen der Französischen Revolution, widerspiegeln daher nicht die Realität im nachrevolutionären Frankreich. Von der Gleichheit aller Bürger war man in einem Kaiserreich weit entfernt, und auch mit der Freiheit war nach dem Ende der Revolution schnell wieder Schluss. Die Erklärung der Menschenrechte von 1789 garantiert in ihrem Art. 11 die Meinungsfreiheit.

---

2 Ein kurzer Blick noch auf die Geschichte Frankreichs in der Zeit zwischen der Publikation von „Madame Bovary“ und dem Tod Flauberts: Nach der Niederlage der Franzosen von 1870 im deutsch-französischen Krieg entstand die Dritte Republik (1871 bis 1940); eine für französische Verhältnisse recht lange dauernde Verfassungsperiode, von der Flaubert nur die ersten zehn Jahre erlebte.

3 Zu den rechtlichen Grundlagen der Umgestaltung von Paris vgl. *Alfons Bürge*, Das französische Privatrecht im 19. Jahrhundert. Zwischen Tradition und Pandektenwissenschaft, Liberalismus und Etatismus, 2. Aufl., Frankfurt a.M. 1995, S. 365–381.

4 Dazu bereits *Joachim Gruber*, Einführung in eine ausländische Rechtsordnung: Einige Gedanken zum Inhalt und zur Konzeption entsprechender Vorlesungen, in: Axel Kokemoor / Karl Kroeschell / Klaus Slapnicar / Rainer Wedde (Hrsg.), Recht im Dialog. Gedächtnisschrift für Rainer Wörlen, Baden-Baden 2013, S. 695 (698).

5 *Rita Lenz*, Preiswettbewerb unter Rechtsanwälten. In rechtsvergleichender und europarechtlicher Hinsicht, Baden-Baden 1998, S. 47 (vgl. dazu auch die Besprechung von *Joachim Gruber*, WRP 1999, 1308–1310).

Bereits der Nationalkonvent (1792 bis 1795) schränkte die Pressefreiheit in einem Dekret vom 29. März 1793 aber wieder ein, ähnlich verfuhr auch Napoléon[6]. Weitergehender war das Gesetz vom 17. Mai 1819. Dieses stellte dann Verstöße gegen die öffentliche Moral, die religiösen Anschauungen und die guten Sitten („tout outrage à la morale publique et religieuse ou aux bonnes mœurs“) unter Strafe. Es fand in der Praxis auch rasch Anwendung: So gab es 1821 einen Aufsehen erregenden Prozess gegen Béranger[7] wegen seiner Lieder, der mit einer Verurteilung endete. Béranger erhielt die Mindeststrafe, nämlich drei Monate Gefängnis und eine Geldstrafe von 500 Francs[8]. Auf dieses Gesetz wurde später auch die Anklage gegen Flaubert gestützt.

Im Jahr 1857, dem Jahr, als der Prozess gegen Flaubert stattfand, gab es – zeitlich nach dem Prozess gegen Flaubert – zwei weitere, bekannte Prozesse, die übrigens beide der Staatsanwalt Pierre-Ernest Pinard führte, der auch die Anklage gegen Flaubert erhob.

Der eine Prozess richtete sich gegen Charles Baudelaire wegen dessen Buch „Fleurs du Mal“[9]. Das Gericht verbot Baudelaire die Veröffentlichung von sechs Gedichten der Sammlung[10]. Viel später, nach über 90 Jahren, am 31. Mai 1949, hob die Cour de cassation dieses Urteil von 1857 auf[11].

---

6 Vgl. dazu z.B. *Elmar Wadle*, Französisches Recht in Deutschland, Köln 2002, S. 68 f.

7 Den Flaubert im 1. Teil, Kapitel I, und im 2. Teil, Kapitel III, zitiert. Zu Béranger vgl. *Elisabeth Edl*, in: Gustave Flaubert, Madame Bovary (hrsg. von Elisabeth Edl), München 2012, S. 680 Rn. 21 und S. 700 Rn. 124.

8 Vgl. dazu *Nicolas Corato* (Hrsg.), Grandes plaidoiries & Grands procès du XVe au XXe siècle, Paris 2004, S. 381–400.

9 Zum Prozess gegen Baudelaire siehe *Christoph Schmitz-Scholemann*, Blumen vor Gericht – Baudelaires „Les fleurs du mal“, NJW 1998, 1363–1367; *Emmanuel Pierrat*, Accusés Baudelaire, Flaubert, levez-vous ! Napoléon III censure les Lettres, Paris 2010, S. 55–84. Das Urteil ist abgedruckt bei *Nicolas Corato* (o. Fußn. 8), S. 462 f.; auszugsweise in deutscher Übersetzung bei *Christoph Schmitz-Scholemann*, S. 1365. Die Angabe bei *Nicolas Corato* (S. 448) zum Verteidiger von Baudelaire trifft nicht zu: Es war nicht der bekannte Anwalt Gustave Louis Chaix d'Est-Ange (1800–1876), welcher 1857 Generalstaatsanwalt wurde, sondern dessen Sohn Gustave Gaspard Chaix d'Est-Ange (1832–1887), vgl. dazu fr.wikipedia.org unter Gustave Chaix d'Est-Ange (zuletzt eingesehen – wie alle anderen Internetzitate – am 15.9.2015); siehe ferner *Emmanuel Pierrat*, S. 74 f.

10 Vgl. dazu *Frank Rochus Stiens*, Vom Recht zur Kunst: Lebensbilder berühmter Künstler, Frankfurt a.M. 1992, S. 105.

11 *Emmanuel Pierrat* (o. Fußn. 9), S. 83. Das Urteil ist abgedruckt bei *Nicolas Corato* (o. Fußn. 8), S. 463–468; *Emmanuel Pierrat* (o. Fußn. 9), S. 208. Dazu *Christoph Schmitz-Scholemann* (o. Fußn. 9), S. 1365 ff.; dort findet sich auch ein Hinweis auf einen Rechtsstreit, den anschließend die Erben der Verleger führten.

Der andere Prozess richtete sich gegen Eugène Sue [12] wegen dessen „Les Mystères du Peuple“[13]. Dieser Prozess ist heute weniger bekannt, obwohl Sue – im Gegensatz zu Flaubert und Baudelaire – bereits 1857 ein bekannter Autor war[14]. Dies hängt wohl zum einen damit zusammen, dass er heute im Vergleich zu Flaubert und Baudelaire international weniger bekannt ist, zum anderen starb er bereits am 3.5.1857[15]. Der Prozess fand im September 1857 statt[16], also nach seinem Tod, und endete mit dem Verbot des Buches[17].

Da im Kulturbetrieb immer wieder Gerichtsprozesse bewusst als Marketinginstrument eingesetzt werden, muss man an dieser Stelle festhalten, dass dies bei keinem der drei genannten Autoren der Fall war: Flaubert riskierte mit dem drohenden Verbot seines Erstlingswerks ein De-facto-Berufsverbot als Schriftsteller und hat – worauf gleich näher eingegangen wird – daher im Vorfeld alles versucht, um den Prozess zu verhindern; Baudelaire verstand Zeit seines Lebens nicht, wieso sein Werk gegen die guten Sitten verstoßen soll und Sue konnte als etablierter Bestsellerautor bei dem Prozess nur verlieren (was dann auch so eintrat).

II. Der Lebensweg von Gustave Flaubert

Geboren wurde Gustave Flaubert[18] am 12. Dezember 1821 in Rouen in der Normandie. Sein Vater, Achille-Cléophas Flaubert, war Chefarzt in Rouen und ein bekannter Mediziner, der auch in Paris Ansehen genoss[19]. Gustave hatte zwei Geschwister: einen acht Jahre älteren Bruder, Achille, der später wie der Vater Arzt in Rouen wurde, und eine drei Jahre jüngere Schwester, Caroline.

1840 legte Gustave das Abitur ab. Im Herbst 1841 nahm er das Studium der Rechte in Paris auf. Flaubert hatte mit seiner Studienwahl dem Wunsch seines

---

12 Den Flaubert im 1. Teil, Kapitel IX zitiert. Vgl. dazu *Elisabeth Edl* (o. Fußn. 7), S. 692, Rn. 81. Sue schrieb den ersten Fortsetzungsroman der französischen Literatur.

13 *Emmanuel Pierrat* (o. Fußn. 9), S. 85 ff.

14 Zu Eugène Sue siehe *Victor Klemperer*, Geschichte der französischen Literatur im 19. und 20. Jahrhundert (1800–1925), Band I, Berlin (Ost) 1956, S. 169–171.

15 *Emmanuel Pierrat* (o. Fußn. 9), S. 98.

16 Ebd., S. 102.

17 Ebd., S. 104; das Urteil ist abgedruckt auf S. 209–211.

18 Zur Person von Flaubert vgl. auch *Frank Rochus Stiens* (o. Fußn. 10), S. 104–113. Den Versuch, die Persönlichkeit von Flaubert durch eine Psychoanalyse zu ergründen, hat Sartre unternommen, vgl. *Jean-Paul Sartre*, L'Idiot de la famille: Gustave Flaubert de 1821 à 1857, Paris 1971/1972, 3 Bände.

19 *Joseph Vebret*, Madame Bovary. L'œuvre de Flaubert condamnée, Paris 2009, S. 17.

Vaters entsprochen[20]. Ein Jurastudium war angesichts des bürgerlichen familiären Hintergrunds naheliegend. Humanmedizin und Rechtswissenschaft waren – und sind es bis heute – alleinige Domänen der Universitäten. Die – heute hoch angesehenen – Grandes Écoles waren damals eher Bildungsstätten für diejenigen Studenten, deren Eltern nicht in der Lage waren, ein Universitätsstudium zu finanzieren, denn an diesen Schulen erhielten die Studenten während des Studiums vom Staat ein Gehalt. Die Kinder bürgerlicher Familien studierten dagegen an den Universitäten. Dort gab und gibt es – im Gegensatz zu den Grandes Écoles – weder Aufnahmeprüfungen noch ein straff durchorganisiertes Studium.

Zu Beginn seines Studiums fand Flaubert die Juristerei eher langweilig und war bezüglich seines Studiums nicht sehr motiviert, wie sich aus seinen Briefen ergibt[21]. Im Laufe der Zeit entwickelte sich das Desinteresse zu einer Abneigung gegen die Rechtswissenschaft. Diese Auffassung führte dann zu seinem berühmten Spruch: „Ich scheiße auf die Rechtswissenschaft“[22]. Anfang 1844 beendete er das Studium ohne Abschluss.

Hat das Jurastudium Einfluss auf seinen Stil gehabt? Die Sprache von Flaubert ist der Objektivität verpflichtet. Darüber sind sich alle Literaturkritiker einig, unabhängig von der – umstrittenen – Frage, ob sein Stil dem Realismus[23] oder dem Naturalismus zuzurechnen ist[24]. Gewiss gilt der Grundsatz der Objektivität auch für die Gesetzessprache. Doch angesichts der fehlenden Begeisterung von Flaubert für die Rechtswissenschaft dürfte deren Einfluss auf seinen Stil, wenn überhaupt vorhanden, äußerst gering gewesen sein. Hinzu kommt, dass es fraglich ist, ob die Lektüre des Code civil überhaupt als stilbildendes Mittel geeignet ist. Zwar ist die Aussage von Stendhal bekannt, er hätte bei seinem Roman Chartreuse de Parme zur Einstimmung auf seine schriftstellerische

---

20 *Maxime Du Camp*, Erinnerungen an Flaubert, in: Gerd Haffmans / Franz Cavigelli / Daniel Kampa (Hrsg.), Gustave Flaubert. Leben und Werk, Zürich 2005, S. 39.

21 Dazu auch *Frank Rochus Stiens* (o. Fußn. 10), S. 110 f.; *Gertrud Festetics*, Der Fall Flaubert. Wissenschaftshistorische Analyse einer Verleumdung, Wien 2003, S. 96.

22 Dieser Satz wird z.B. besonders hervorgehoben von *Werner Beaumont*, Besprechung von Frank Rochus Stiens, Vom Recht zur Kunst, NJW 1993, 1452.

23 *Victor Klemperer* (o. Fußn. 14), S. 246–262 (S. 246 f.) plädiert dafür, dass dieser Stil nicht als „Realismus“, sondern als „Positivismus“ bezeichnet wird.

24 *Joseph Vebret* (o. Fußn. 19), S. 29; *Jan O. Fischer / Rita Schober* (Hrsg.), Französische Literatur im Überblick, 2. Aufl., Leipzig 1977, S. 221.

Tätigkeit jeden Morgen zwei bis drei Seiten im Code civil gelesen. Mittlerweile gibt es jedoch beachtliche Zweifel, ob diese Bemerkung ernst gemeint war[25].

Auch inhaltlich hat das Jurastudium in „Madame Bovary“ keine Spuren hinterlassen. Zwar tauchen zwei Juristen auf, die beide negativ dargestellt werden: So gibt es den Notar, der das Vermögen der ersten Frau von Charles Bovary verwaltet und der mit dem Geld im Ausland verschwindet[26]. Diesem Notar wird aber nur ein einziger Satz des Buches gewidmet. Ferner gibt es Léon Dupuis, den Mitarbeiter des Notars[27] von Yonville, der zum Rechtsstudium nach Paris zieht und später der Geliebte von Madame Bovary ist. Die Beschreibung seines Studiums beschränkt sich auf zwei kurze Absätze[28]. Es findet sich in dem Buch aber keine Beschreibung einer juristischen Tätigkeit. Einzige Referenz an die Juristerei ist eine Bemerkung des Apothekers Homais gegenüber Léon Dupuis, der von Cujas und Bartolus spricht[29].

1844, also in dem Jahr, in dem er sein Studium abbrach, hatte Flaubert den ersten Anfall eines Nervenleidens, eine Krankheit, von der er sein Leben lang nicht mehr geheilt wurde[30]. In diesem Zusammenhang ist kurz auf das Nervenleiden Flauberts einzugehen. In der Literatur wird oft angegeben, Flaubert habe an Epilepsie gelitten[31]. Gegen diese These hat sich vor allem Festetics in einer geisteswissenschaftlichen Dissertation gewandt. Sie führt die Zuschreibung dieses Krankheitsbildes darauf zurück, dass Maxime Du Camp 1881 in

---

25 *Alfons Bürge*, Zweihundert Jahre Code Civil des Français. Gedanken zu einem Mythos, ZEuP 2004, 5 (6–9).

26 Zur Tätigkeit der Notare in Frankreich gehört auch die Vermögensverwaltung, vgl. *Joachim Gruber*, Rechtsfragen bei der Einschaltung französischer Anwälte. Eine Einführung in die deutsch-französischen Rechtsbeziehungen, ZVglRWiss 107 (2008), S. 1 (7).

27 Dass beide Juristen Notare sind bzw. in einem Notariat arbeiten, ist sicherlich kein Zufall. Notare findet man oft in der Literatur (und besonders häufig in Opern, dazu *Herbert Rosendorfer*, Der Jurist auf der Opernbühne, in: Heinz-Peter Mansel u.a. [Hrsg.], Festschrift für Erik Jayme, Band 2, München 2004, S. 1719 [1720]). Die negative Darstellung eines französischen Notars entsprach auch durchaus der Auffassung der Leserschaft. Zwar ist der französische Notar – wie der deutsche – bei Grundstückskaufverträgen zur Neutralität verpflichtet; ob man sich diesbezüglich auf den Notar verlassen kann, erscheint vielen Franzosen fraglich. So ist es in der Praxis üblich, dass jede Partei einen eigenen Notar beauftragt. Einer der beiden Notare beurkundet dann den Vertrag, der vom anderen Notar überprüft wird. Höhere Gebühren entstehen dadurch nicht, denn die Notare müssen sich die Gebühr teilen. Vgl. *Joachim Gruber* (o. Fußn. 26), S. 7 f.

28 Im Dritten Teil, Kapitel 1.

29 Dritter Teil, Kapitel 6. Dazu *Elisabeth Edl* (o. Fußn. 7), S. 734 Rn. 366.

30 *Joseph Vebret* (o. Fußn. 19), S. 19.

31 So z.B. *Elisabeth Edl* (o. Fußn. 7), S. 673.

einem Zeitungsartikel Flauberts Krankheit als Epilepsie bezeichnet habe[32]. In der Tat ist es wohl sehr fraglich, ob Flaubert wirklich an Epilepsie litt. Sicher ist jedoch, dass er ein Nervenleiden hatte[33].

1846 starb der Vater und hinterließ Gustave Flaubert ein beachtliches Vermögen. Zehn Jahre später, 1856, erschien der erste Roman von Gustave Flaubert, Madame Bovary, spätere Werke waren Salammbô (1862), L'éducation sentimentale [Die Erziehung der Gefühle] (1869), La tentation de saint Antoine [Die Versuchung des Heiligen Antonius] (1874) und Trois Contes [Drei Erzählungen[34]] (1877). Am 8. Mai 1880 starb Gustave Flaubert. Seinen letzten Roman, Bouvard et Pécuchet, der posthum erschien, konnte er nicht mehr vollenden.

III. Publikationsgeschichte von Madame Bovary

Gustave Flaubert wird allgemein als ein düsterer Mensch beschrieben, der abgesondert lebte und in Paris nicht viel Verkehr mit seinen Zeitgenossen hatte[35]. Flaubert sammelte für jeden Roman eine Unmenge an Dokumenten, um die geschilderten Vorgänge möglichst realistisch beschreiben zu können. Ferner arbeitete er mit religiösem Eifer an der stilistischen Perfektionierung seiner Texte. Dazu ging er auf die Terrasse und brüllte Sätze aus seinem Manuskript, um ihren sprachlichen Wohlklang zu prüfen. Sein ebenfalls aus der Normandie stammender Schriftstellerkollege Jules Amédée Barbey d'Aurevilly nannte ihn daher spöttisch „Herr Ein-Wort-pro-Tag“ [36]; Théophile Gautier wird der Ausspruch zugeschrieben, dass die Häufung zweier Genitive, die sich in einem Satz in Madame Bovary finde, das Leben von Flaubert mit Gewissensbissen vergiftet habe[37]. Dieser enorme Aufwand erklärt auch, wieso Flaubert, der sich

32 *Gertrud Festetics* (o. Fußn. 21), S. 30. Ähnlich bereits früher *Guy de Maupassant*, Gustave Flaubert, in: Haffmans u.a. (o. Fußn. 20), S. 104 (106).

33 Vgl. dazu z.B. *Emile Zola*, Flauberts Begräbnis, in: Haffmans u.a. (o. Fußn. 20), S. 29 (32). *Gertrud Festetics* (o. Fußn. 21), S. 293, vertritt zwar die gegenteilige Auffassung. Sie begründet dies damit, dass ein Kranker nicht solche Werke hätte schaffen können, wie sie Flaubert geschaffen hat. Dagegen lässt sich einwenden, dass jemand, der Werke der Weltliteratur schafft, per Definition nicht normal ist.

34 Bestehend aus den drei Erzählungen Un cœur simple (Ein schlichtes Herz), La légende de Saint-Julien l'Hospitalier (Die Legende von Sankt Julian) und Hérodias. Zur letztgenannten Erzählung vgl. *John J. Golden*, The Form of Flaubert's "Herodias", Cardozo Studies in Law and Literature 7 (1995) 2, 229–244.

35 So z.B. die Einschätzung von *Victor Klemperer* (o. Fußn. 14), S. 249.

36 *Agnès Pozzi*, Autour de l'auteur, in: Barbey d'Aurevilly, L'Ensorcelée, Les Diaboliques (bearb. von Agnès Pozzi), Paris 2010, S. 549 (567).

37 Es handelt sich um die Formulierung: „une couronne de fleurs d'oranger“. Vgl. dazu *Victor Klemperer* (o. Fußn. 14), S. 249; *Elisabeth Edl* (o. Fußn. 7), S. 684 Rn. 48.

angesichts seines Erbes ganz der Literatur widmen konnte – erst kurz vor seinem Tod, nämlich im Jahr 1879, traten finanzielle Probleme auf – nur eine überschaubare literarische Produktion aufweisen kann.

Flaubert hatte fünf Jahre lang an dem Roman Madame Bovary gearbeitet[38]. Als der Roman endlich fertig war, wollte Flaubert ihn im Hinblick auf das damit zu erreichende große Publikum im Feuilleton einer Zeitschrift vorveröffentlichen. Diese Vorgehensweise war damals üblich, auch Balzac, Dumas und Sue veröffentlichten ihre Werke vorab in Zeitschriften[39]. Die Publikation übernahm die „Revue de Paris". Für die Veröffentlichung, die dann ab Oktober 1856 erfolgte, wurde der Roman von den Herausgebern überarbeitet; diese begründeten diese Überarbeitung gegenüber Flaubert sowohl mit literarischen[40] als auch mir strafrechtlichen Gesichtspunkten[41]. Während Flaubert sich zuerst noch überlegt hatte, juristisch gegen die Veränderungen vorzugehen, begnügte er sich dann doch mit einer Fußnote im Abdruck vom 15. Dezember 1856, wo zu lesen war, dass der Verlag Kürzungen vorgenommen habe und der Autor für die „Fragmente" keine Verantwortung übernimmt[42].

Am 24. Dezember 1856 unterschrieb Flaubert einen Verlagsvertrag mit Michel Lévy. Im April 1857, also erst nach dem Strafprozess, erschien Madame Bovary in Buchform[43]. Das Buch wurde, nicht zuletzt dank der mit dem Gerichtsverfahren verbundenen „Publicity", ein Bestseller: Fast 30.000 Exemplare wurden in den ersten fünf Jahren nach Erscheinen verkauft[44].

IV. Der Prozess gegen Flaubert

Der Prozess[45] gegen Flaubert soll im Folgenden erörtert werden. Da sowohl die Staatsanwaltschaft als auch Verteidigung mehrstündige Plädoyers[46] hielten,

---

38 *Frank Rochus Stiens* (o. Fußn. 10), S. 106.

39 *Joseph Vebret* (o. Fußn. 19), S. 25.

40 *Emmanuel Pierrat* (o. Fußn. 9), S. 26.

41 Ebd., S. 27.

42 Ebd., S. 29.

43 Ebd., S. 52.

44 *Joseph Vebret* (o. Fußn. 19), S. 46.

45 Zu diesem Prozess siehe die Monographien: *Emmanuel Pierrat* (o. Fußn. 9); *Joseph Vebret* (o. Fußn. 19).

46 Ein Abdruck der Anklage findet sich bei *Emmanuel Pierrat* (o. Fußn. 9), S. 119–139, *Joseph Vebret* (o. Fußn. 19), S. 47–68 (mit Auslassungen); des Plädoyers von Sénard bei *Nicolas Corato* (o. Fußn. 8), S. 405–441, *Emmanuel Pierrat* (o. Fußn. 9), S. 140–190, *Joseph Vebret* (o. Fußn. 19), S. 68–86 (mit Auslassungen); des Urteils bei *Nicolas Corato* (o. Fußn. 8), S. 442–443, *Joseph Vebret* (o. Fußn. 19), S. 87–90, *Emmanuel*

lässt sich anhand dieser Äußerungen ermitteln, wie das Werk von den Zeitgenossen beurteilt wurde und was sie als das Besondere an dem Roman ansahen[47]. Aus dem Verhalten von Gustave Flaubert vor und im Prozess lassen sich ferner Rückschlüsse auf seine Persönlichkeit und sein Selbstverständnis als Künstler ziehen; auch dieser Aspekt soll nachfolgend beleuchtet werden.

Im November 1856 begannen die Strafverfolgungsbehörden mit Ermittlungen gegen Flaubert. Flaubert ging davon aus, dass angesichts des sozialen Ansehens seiner Familie die Staatsanwaltschaft von einer Anklage absehen werde. Er nahm deswegen Kontakt mit dem zuständigen Minister auf[48].

Seine Hoffnung erfüllte sich aber nicht, denn die Staatsanwaltschaft erhob vor dem Tribunal correctionnel de la Seine, dem Pariser Strafgericht, Anklage gegen Flaubert und Léon Laurent-Pichat, den Herausgeber der Zeitschrift „Revue de Paris“, sowie Auguste-Alexis Pillet, den Drucker[49]. Laurent-Pichat war Hauptangeklagter, Flaubert und Pillet wurden wegen Beihilfe angeklagt. Die Verhandlung fand am 29. Januar 1857 in Paris statt. Rechtsgrundlage für die Anklage waren die Artikel 1 und 8 des Gesetzes vom 17. Mai 1819 und die Art. 59 und 60 des Code pénal (Strafgesetzbuch).

1. Die Anklage

Vertreter der Staatsanwaltschaft war Pierre-Ernest Pinard[50]. Pinard wurde als Spross einer alten Juristenfamilie am 10. Oktober 1822 in Autun (Saône-et-Loire) geboren. Als er acht Jahre alt ist, stirbt sein Vater. 1840 begann er ein Jurastudium in Paris, 1849 wurde er Staatsanwalt in Tonnerre. Auch nach dem Staatsstreich durch Louis Napoléon vom 2. Dezember 1851 blieb er im Amt. Im Oktober 1853 wurde er im Alter von 31 Jahren Staatsanwalt in Paris. Im

---

Pierrat (o. Fußn. 9), S. 191–193. In deutscher Sprache gibt es eine Übersetzung der Plädoyers und des Urteils von *Elisabeth Edl* (o. Fußn. 7) S. 453–571. Kurze Auszüge aus der Anklage, dem Verteidigerplädoyer und dem Urteil in deutscher Übersetzung finden sich unter dem Titel „Emma Bovary vor Gericht“ in: Aufbau. Kulturpolitische Monatsschrift, 1949, S. 269–271. Das Urteil ist auszugsweise übersetzt bei *Frank Rochus Stiems* (o. Fußn. 10), S. 108 f.

47 Der Ansatz ist also ein anderer als der in der Regel anzutreffende, der sich mit der Behandlung von Rechtsthemen in der Literatur befasst; zum letztgenannten *Susanne Kaul*, Aus literaturwissenschaftlicher Sicht, in: Gerhard Sprenger, Literarische Wege zum Recht, Baden-Baden 2012, S. 132–136.

48 *Emmanuel Pierrat* (o. Fußn. 9), S. 32 f.

49 Ebd., S. 32 f.

50 Vgl. dazu *Alexandre Najjar*, Le censeur de Baudelaire: Ernest Pinard (1822–1909): biographie, Paris 2011; *Emmanuel Pierrat* (o. Fußn. 9), S. 7–22; vgl. ferner http://fr.wikipedia.org, unter Ernest Pinard.

Zeitpunkt des Prozesses gegen Flaubert (1857) verfügte er über acht Jahre Berufserfahrung als Staatsanwalt. Pinard wurde später Generalstaatsanwalt in Douai (1861), 1866 Mitglied des Staatsrats (Conseil d'État) und war dann vom 14. November 1867 bis zum 16. Dezember 1868 Innenminister. Er starb am 12. September 1909[51].

Der Staatsanwalt begann mit einem Abriss der Handlung des Romans. Dann erhob er den Vorwurf, die guten Sitten würden durch die schlüpfrigen Schilderungen und die kirchliche Moral durch die Szenen verletzt, in denen Bilder der Sinneslust einerseits mit sakralen Dingen andererseits vermengt würden. Zum Beleg seiner Anschuldigung zitierte er immer wieder einzelne Passagen aus dem Werk, aus denen sich seiner Ansicht nach ein Verstoß gegen die guten Sitten und gegen die kirchliche Moral ergibt. Dabei ging er insbesondere auf die Ehebruchsszenen ein und die religiösen Schilderungen, in denen Emma Bovary zwischen Sinnenlust und religiöser Erbauung schwankt.

Insgesamt stellte er vier Abschnitte des Buches besonders heraus: den Ehebruch mit Rudolphe, die religiöse Ergriffenheit von Emma zwischen zwei Ehebrüchen, den Ehebruch mit Léon und die Schilderung des Todeskampfes von Emma. Diese Abschnitte bestätigen nach Ansicht des Staatsanwalts die These, dass der Autor bei der Abfassung seines Romans eine von Schlüpfrigkeit geprägte Grundhaltung gehabt habe. Er hob abschließend noch hervor, dass es in dem Roman keine Person gebe, die Emma Bovary verurteilen könne.

2. Die Verteidigung

Als Verteidiger trat Antoine Sénard[52] auf. Sénard wurde in Rouen am 9. April 1800 geboren. In dieser Stadt praktizierte er später auch als Anwalt. Ab 1848 war er Abgeordneter, wurde Präsident der Nationalversammlung und war vom 28. Juni 1848 bis zum 13. Oktober 1848 Innenminister. Im Mai 1849 wurde er nicht wieder in die Nationalversammlung gewählt. Im Zeitpunkt des Prozesses um „Madame Bovary“ (1857) war er (nur) Anwalt, ab 1870 hatte er wieder politische Ämter inne. Er starb in Paris am 29. Oktober 1885.

---

51 *Emmanuel Pierrat* (o. Fußn. 9), S. 107 ff.

52 *Jean Joubert*, Jules Senard: de la défense de Flaubert à la défense de la République, 1800–1885, Paris 1984; *Macha Séry*, Ceci est pour vous: à qui sont dédiées les grandes œuvres? Paris 2012, Kapitel „Madame Bovary de Gustave Flaubert, À Marie-Antoine-Jules Sénard", S. 57–80; ferner im Internet unter http://fr.wikipedia.org, unter Antoine Sénard.

Sénard plädierte fast vier Stunden lang[53]; der Text des Plädoyers ist – auch weil Flaubert auf eigene Kosten die Verhandlung mitstenographieren ließ[54] – erhalten. Zu Beginn seines Plädoyers schilderte Sénard ausführlich den familiären Hintergrund von Gustave Flaubert:

> „Gustave Flaubert war für mich kein Unbekannter, der mir gegenüber Empfehlungen gebraucht hätte. [...] Sein Vater ist ein alter Freund von mir. Sein Vater, dessen Freundschaft ich bis zum letzten Tag genießen durfte, sein berühmter Vater war über dreißig Jahre lang Chefarzt der chirurgischen Abteilung des städtischen Krankenhauses von Rouen gewesen. [...] Er hat sich nicht nur als Wissenschaftler einen guten Ruf erworben, er hat auch immense Dienste der Gesellschaft geleistet. [...] sein Sohn ist der Freund meiner Kinder, so wie ich der Freund seines Vaters war. Ich kenne seine Gedanken und seine Absichten, und hier hat der Anwalt das Recht, als Bürge seines Mandanten aufzutreten.
>
> Meine Herren, ein großer Name und große Erinnerungen verpflichten. Die Kinder von Herrn Flaubert sind ihm nicht missraten. Er hatte drei Kinder, zwei Söhne und eine Tochter, welche im Alter von 21 Jahren starb. Der älteste Sohn ist für würdig befunden worden, seinem Vater zu folgen, und nimmt nun schon seit einigen Jahren die Stellung ein, welche sein Vater dreißig Jahre lang ausgefüllt hat. Der jüngere ist hier auf der Anklagebank. Indem der Vater ihnen ein beachtliches Vermögen und einen großen Namen hinterließ, hat er in ihnen das Bedürfnis geweckt, intelligente, beherzte und brauchbare Männer zu sein. Der Bruder meines Mandanten hat eine Laufbahn eingeschlagen, wo er täglich der Gesellschaft nützlich ist. Dieser hier hat sein Leben dem Studium und der Belletristik gewidmet, und das Werk, das man im Augenblick vor ihrem Gericht verfolgt, ist sein erstes Werk. [...] Ich habe Ihnen gesagt, Gustave Flaubert ist ein ernsthafter Mensch. Seine Studien hat er seinem Wesen entsprechend ernsthaft und breit angelegt betrieben. Sie umfassten nicht nur alle Zweige der Literatur, sondern auch das Recht.“

In Frankreich hat das Plädoyer einen ganz anderen Stellenwert als in Deutschland. Während Rhetorik in der Ausbildung deutscher Juristen keine Rolle spielt, werden angehende Anwälte in Frankreich auf der Anwaltsschule eingehend in Rhetorik geschult[55]. Aber auch angesichts der Übung in Rhetorik in Frankreich im Allgemeinen und dem unbestrittenen rhetorischen Talent von Sénard im Besonderen wird bei einem Plädoyer von vier Stunden die Aufmerksamkeit der Zuhörer nachlassen. Der Vortragende wird daher die ihm besonders wichtig erscheinenden Dinge gleich zu Beginn vortragen. Sénard ging also offensichtlich davon aus, dass der bürgerliche familiäre Hintergrund von Gustave Flaubert das Gericht beeindrucken könnte.

---

53 *Emmanuel Pierrat* (o. Fußn. 9), S. 45.

54 Ebd., S. 50.

55 Vgl. *Joachim Gruber*, Ausbildung der Rechtsanwälte in Frankreich, AnwBl 1991, 81 (82).

Sénard erwähnte ferner in seinem Plädoyer, dass Lamartine den Roman als das beste Werk bezeichnet hat, das er in den letzten 20 Jahren gelesen habe[56]. Er zitierte dann erotische Szenen bei Baron de Montesquieu in seinen Lettres persanes [Persische Briefe][57], bei Jean-Jacques Rousseau[58] und bei Mérimée[59] sowie im Roman Clarissa von Samuel Richardson[60], um zu zeigen, dass die Schilderungen bei Flaubert eher harmlos sind. Ferner konnte er nachweisen, dass Flaubert bei der Schilderung der letzten Ölung einem kirchlichen Standardwerk gefolgt ist[61]. Um dem Vorwurf entgegenzutreten, Flaubert beschreibe in seinem Roman den Geistlichen als Materialisten, zitierte er Beschreibungen von Geistlichen bei Honoré de Balzac und bei Victor Hugo[62].

3. Das Urteil

Das Gericht sprach die Angeklagten in seinem Urteil vom 7. Februar 1857 frei. Es führte dazu aus[63]:

„Laurent-Pichat, Gustave Flaubert und Pillet sind angeklagt, die Vergehen des Verstoßes gegen die öffentliche Moral und gegen die religiösen Anschauungen sowie des Verstoßes gegen die guten Sitten begangen zu haben. Der Erstgenannte als Täter, indem er in einer Zeitschrift, der Revue de Paris, deren geschäftsführender Direktor er ist, in den Heften, die im Zeitraum vom 1. bis 15.10. und vom 1. bis 15.11. sowie vom 1. bis 15.12.1856 erschienen sind, einen Roman mit dem Titel 'Madame Bovary' veröffentlicht hat. Gustave Flaubert und Pillet sind wegen Beihilfe angeklagt, der eine, weil er das Manuskript geliefert hat, der andere, weil er den besagten Roman gedruckt hat.

Die in der Anklageschrift besonders hervorgehobenen Passagen des knapp 300 Seiten langen Romans befinden sich auf den Seiten 73, 77, 78, sowie 271, 272 und 273.

---

56 *Elisabeth Edl* (o. Fußn. 7), S. 501.

57 Ebd., S. 543.

58 Ebd., S. 544.

59 Ebd., S. 507, 544.

60 Ebd., S. 526.

61 Ebd., S. 553; *Emmanuel Pierrat* (o. Fußn. 9), S. 49 ff.

62 Ebd., S. 562.

63 Übersetzung durch den Verfasser. Das Urteil besteht im Original, wie in Frankreich üblich, aus einem einzigen, langen Satz, dessen Satzteile durch Semikolon getrennt und jeweils mit „attendu que" (in Erwägung, dass) eingeleitet werden. Diesem Stil ist übrigens der – massiv vom französischen Recht geprägte – Europäische Gerichtshof in Luxemburg gefolgt, der diese Formulierung in der französischen Sprachversion seiner Urteile bis 1979 verwendete. In der deutschen Version der EuGH-Urteile hat man – zu Recht – die Sprachfloskel „attendu que" nicht übersetzt, sondern diese Satzeinleitung weggelassen. So wurde auch in der obenstehenden Übersetzung verfahren. Vgl. zum Stil des EuGH und der Übersetzung der französischen Urteile die Abhandlung von *Joachim Gruber*, Methodische Besonderheiten des Unionsrechts, in: Matthias Niedobitek (Hrsg.), Europarecht – Grundlagen der Union, Berlin / Boston 2014, S. 909 (922).

Die Passagen, auf welche sich der Tatvorwurf bezieht, weisen, wenn man sie isoliert betrachtet, in der Tat Äußerungen und Schilderungen auf, welche der gute Geschmack verurteilt und welche die berechtigten und ehrenwerten Empfindsamkeiten verletzen.

Die gleichen Einwände kann man zu Recht bei anderen, in der Anklageschrift nicht bezeichneten Textpassagen erheben. Diese scheinen auf den ersten Blick Theorien darzulegen, die nicht weniger den guten Sitten widersprechen und diejenigen Institutionen, welche die Grundlage der Gesellschaft bilden, in Frage zu stellen sowie den gebührenden Respekt gegenüber den erhabensten religiösen Handlungen vermissen zu lassen.

Aus diesen Gründen verdient das vor das Gericht gebrachte Werk einen strengen Verweis. Die Literatur hat nämlich die Aufgabe, den Geist zu bereichern und zu erfreuen, indem sie das Wissen vermehrt und die Sitten verbessert. Sie dient nicht dazu, die Abscheu vor dem Laster mitzuteilen, indem sie die Ausschweifungen schildert, welche es in der Gesellschaft geben kann.

Die Angeklagten, insbesondere Gustave Flaubert, weisen die gegen sie erhobenen Anschuldigungen nachdrücklich zurück. Sie tragen vor, der Roman, über den das Gericht zu urteilen hat, verfolge eine in höchstem Maße sittliche Absicht. Der Autor habe vor allem die aus einer Erziehung, die nicht dem Milieu angemessen ist, in dem man leben muss, resultierenden Gefahren im Auge gehabt. Diese Idee verfolgend, habe er eine Frau, die Hauptfigur seines Romans, dargestellt, die nach einer Welt und einer Gesellschaft strebt, für die sie nicht geschaffen ist; die unglücklich über die bescheidene gesellschaftliche Stellung ist, welche das Schicksal ihr zuwies; die zuerst ihre Mutterpflichten vernachlässigt, dann ihre Pflichten als Ehefrau. Eine Frau, die zuerst Ehebruch beging und dann den Ruin ins Haus brachte, und die elend durch Selbstmord endet, nachdem sie alle Stufen des vollständigen Niedergangs durchlaufen hat und die so tief sank, dass sie sogar einen Diebstahl beging.

Dieser Ausgangspunkt, zweifellos im Grundsatz sittlich einwandfrei, hätte in seiner Umsetzung durch eine gewisse sprachliche Sachlichkeit und durch eine Zurückhaltung ergänzt werden müssen. Dies betrifft besonders die Schilderung von Situationen, welche der Autor nach seinem Plan dem Publikum präsentiert.

Es ist nicht zulässig, dass unter dem Vorwand, einen Charakter oder ein Lokalkolorit darzustellen, bei den Gestalten, welche ein Schriftsteller schildern möchte, deren Verirrungen in Ereignissen, Aussprüchen und Gesten wiederzugeben. Ein solcher Aufbau würde sowohl bei Werken des Geistes als auch bei solchen der schönen Künste zu einem Realismus führen, der die Negation des Schönen und Guten wäre. Er brächte Werke hervor, die sowohl für das Auge als auch für den Verstand eine Beleidigung wären, und würde somit fortdauernd gegen die öffentliche Moral und die guten Sitten verstoßen.

Es gibt Grenzen, welche die Literatur, selbst die zwangloseste, nicht überschreiten darf und über welche sich Gustave Flaubert und seine Mitangeklagten anscheinend nicht ausreichend Rechenschaft abgelegt haben.

Allerdings ist anscheinend an dem Werk aus der Feder von Flaubert lange und ernsthaft gearbeitet worden, was den Stil und die Charakterstudien betrifft. Die Textpassagen, welche die Anklage herausstellt, sind – so tadelnswert sie sein mögen – nicht zahlreich, wenn man sie ins Verhältnis zum Umfang des Werkes setzt. Diese Passagen, sei es betreffend der Ansichten, welche sie darlegen, sei es hinsichtlich der Verhältnisse, welche sie schildern, gehören zur Gesamtheit der Charaktere, welche der Autor schildern wollte. Dabei hat er diese überzeichnet und sie mit einem ordinären und oft anstößigen Realismus durchsetzt.

Gustave Flaubert beteuert, dass er die guten Sitten achte wie auch alles, was mit der religiösen Moral in Zusammenhang steht. Man hat nicht den Eindruck, dass sein Buch wie gewisse andere Werke allein deswegen geschrieben wurde, um im Geiste von Zügellosigkeit und Ausschweifung sinnliche Leidenschaften zu befriedigen oder um Dinge lächerlich zu machen, welche unser aller Respekt verdienen.

Flaubert hat nur insoweit unrecht gehandelt, als er manchmal diejenigen Regeln aus den Augen verlor, die jeder Schriftsteller, der etwas auf sich hält, niemals verletzen darf. Dabei hat er auch übersehen, dass die Literatur, wie die Kunst, nicht nur in ihrer Form und Ausdrucksweise rein sein muss, um das Gute zustande zu bringen, zu dessen Schaffung sie berufen ist.

Angesichts dieser Umstände ist es nicht hinreichend bewiesen, dass Pichat, Gustave Flaubert und Pillet sich der Straftaten schuldig gemacht haben, die ihnen zur Last gelegt werden.

Das Gericht spricht die Angeklagten frei. Gerichtskosten müssen sie nicht tragen."

V. Bewertung des Prozesses und des Urteils

1. Staatsanwalt und Verteidiger

Interessant am Prozess um „Madame Bovary" ist der Umstand, dass sich zwei Personen gegenüberstanden, die beide im Laufe ihrer Karriere einmal das Amt des französischen Innenministers ausübten: der Verteidiger gut zehn Jahre vor dem Prozess, der Staatsanwalt zehn Jahre danach. Rhetorisch war der Verteidiger Sénard der bessere der beiden[64]. Er polemisierte gegen die Anklage und arbeitete auch mit Argumenten, die nur vordergründig zutrafen.

Die Staatsanwaltschaft hatte die Anklage auf einzelne Passagen des Romans gestützt. Es war für die Verteidigung naheliegend, anhand anderer Textstellen zu beweisen, dass Flaubert die unmoralischen Akte, die er schildert, keinesfalls verherrlicht. Pinard hatte sich bei seinen kurzen Repliken auf den Vortrag des Verteidigers in Einzelheiten verheddert.

Er hätte darauf hinweisen können, dass es erstens keine Gleichheit im Unrecht gibt und es daher unerheblich ist, was in anderen Werken geschrieben steht.

64 In diesem Sinne auch *Werner Bruno Berg*, Juristische Hermeneutik und literarischer Text. Eine Fallstudie zur Geschichte der französischen Literatur im 19. Jahrhundert anhand der Prozesse gegen Flaubert und Baudelaire, in: Claudia Lieb / Christoph Strosetzki (Hrsg.), Philologie als Literatur- und Rechtswissenschaft. Germanistik und Romanistik 1730–1870, Heidelberg 2013, S. 259–272 (S. 265 ff. mit Beispielen).

Zum zweiten stand das Argument von Sénard, die problematischen Szenen würden in einem negativen Kontext stehen, auf wackligen Beinen. So hatte Sénard in seinem Plädoyer z.B. betont, dass es in der Literatur viele Ehebruchsszenen gebe, aber nur bei Flaubert würden die Ehebruchsszenen mit Abscheu dargestellt. Das stimmt zwar – aber bei Flaubert wird alles negativ dargestellt, so dass diese Darstellung im Kontext gesehen keine besondere Kritik enthält. Negativ dargestellt wird z.B. auch Charles Bovary, obwohl er ein moralischer Mensch ist, dem man nur übertriebene Gutmütigkeit oder Naivität vorwerfen kann, letztlich führt sein Verhalten aber zu dramatischen Folgen. Entgegen der Meinung der Anklage war die Grundhaltung von Flaubert nämlich nicht schlüpfrig, sondern negativ. Christa Bevernis schreibt daher zu Recht, dass mit diesem Werk der absolute Tiefstand [sprachlich richtig wohl: Höchststand] pessimistischer Weltbetrachtung erreicht war[65].

Drittens gibt es keinen Kontrast zwischen „Gut und Böse“, der damit indirekt zeigen würde, dass solche Verhaltensweisen missbilligt werden und dass man durch unmoralisches Verhalten Nachteile erleidet, die moralisch handelnde Menschen nicht erleiden müssen. Und viertens und letztens findet sich – dem Erzählstil Flauberts geschuldet – im ganzen Roman keine einzige Stelle, wo der Autor ausdrücklich die problematischen Verhaltensweisen kritisiert.

2. Die Anklage

Zuerst soll untersucht werden, ob die Staatsanwaltschaft die Anklage auch anders hätte begründen können. Zwei Optionen drängen sich auf: Nämlich der Umstand, dass alles negativ dargestellt wird, und der Umstand, dass Flaubert seine Romanfiguren in der Oberschicht ansiedelt und sehr kritisch darstellt.

a) Die negative Grundtendenz

Baudelaire hat festgestellt, man werfe dem Roman Madame Bovary vor, keine der dargestellten Personen repräsentiere die Moral[66]. In der Tat dürfte das der (moralische) Hauptvorwurf gewesen sein. Dieser Effekt wurde durch den Umstand noch verstärkt, dass Flaubert die Vorgänge auch sprachlich wertfrei schilderte und er zugleich eine beschreibende Darstellung gewählt hat, in welcher der Erzähler nicht in die Geschichte involviert ist[67].

---

65 *Christa Bevernis*, Nachwort, in: Gustave Flaubert, Salambo (hrsg. von Christa Bevernis), 2. Aufl., Berlin (Ost) 1978, S. 351 (371).

66 *Emmanuel Pierrat* (o. Fußn. 9), S. 51.

67 So auch *Manfred Naumann*, Nachwort, in: Gustave Flaubert, Madame Bovary (hrsg. von Manfred Naumann), 3. Aufl., Berlin (Ost), 1981, S. 387 (401, 404). Dieser Text ent-

Wäre darin bereits ein Verstoß gegen die guten Sitten zu sehen gewesen, hätte die Staatsanwaltschaft mit der Anklageschrift wenig Mühe gehabt. Ehebruch war in Frankreich bis 1975 ein Straftatbestand[68], und selbst die Person von Charles Bovary hätte keine Probleme bereitet: Der Code civil war zwar ein Produkt der französischen Revolution, für ihn war der Mann aber das unbestrittene Oberhaupt der Familie. Leitbild des Code civil war dabei der „bon père de famille", der gute Familienvater, der in mehreren Artikeln erwähnt wurde[69]. Daher hätte sich leicht begründen lassen, dass der nachgiebige Charles Bovary gegen seine Pflichten verstößt. Die Staatsanwaltschaft ging aber offensichtlich – wohl zu Recht – davon aus, dass die Erzählweise als solche keinen Verstoß gegen die guten Sitten darstellt.

b) Die Gesellschaftskritik bei Flaubert

War Gustave Flaubert, wie Eugène Sue, ein Sozialist? Die Rolle des Sozialrevolutionärs hat ihm die DDR-Literaturwissenschaft zugeschrieben. So konnte man dort über Flaubert lesen[70]: „Flaubert gehört zu jenen Schriftstellern, die die Bourgeois[71] und ihre Welt aus tiefster Seele hassten, die durch diese Welt erschüttert wurden, aber nicht in der Lage waren, zu ihrer Veränderung beizutragen." Während die zweite Satzhälfte die klassische Kritik[72] der DDR-Literaturwissenschaft an denjenigen Autoren zum Ausdruck bringt, die nicht den Sozialismus als Lösung aller Probleme preisen, deutet der erste Satzteil darauf hin, dass Flaubert das Bürgertum und den Adel bekämpfen wollte.

---

spricht dem Kapitel „Madame Bovary" in *Manfred Naumann*, Prosa in Frankreich. Studien zum Roman im 19. und 20. Jahrhundert, Berlin (Ost) 1978, S. 158–174 (das Nachwort wurde noch um einen abschließenden Absatz ergänzt).

68 *Uwe Wesel*, Geschichte des Rechts in Europa. Von den Griechen bis zum Vertrag von Lissabon, München 2010, S. 588 (mit einem rechtsvergleichenden Überblick).

69 Erst durch Art. 26 des Gesetzes 2014–873 vom 4.8.2014 wurde dieser Begriff als diskriminierend aus dem Code civil entfernt und durch das geschlechtsneutrale „raisonnable" ersetzt.

70 *Jan O. Fischer / Rita Schober* (o. Fußn. 24), S. 221. Ähnlich *Christa Bevernis* (o. Fußn. 65), S. 371: „seines tiefen Hasses auf die bürgerliche Welt"; ferner *Manfred Naumann*, Nachwort (o. Fußn. 67), S. 391 f., der diese Aussage auf S. 404 allerdings abschwächt („Madame Bovary war kein Buch, das das bestehende Herrschaftssystem frontal angriff; es beschrieb nur einen Ausschnitt aus dem Alltag dieses Systems.")

71 Hierbei wurde übersehen, dass Flaubert das Wort „Bourgeois" nicht im klassenkämpferischen Sinn gebraucht, vgl. dazu *Guy de Maupassant* (o. Fußn. 32), S. 152, der Flaubert mit folgender Äußerung zitiert: „Einen Bourgeois nenne ich jeden, der niedrig denkt".

72 Vgl. hierzu exemplarisch die harsche Kritik an B. Traven bei *Adam Scharrer*, Traven und sein Erfolg, in: Adam Scharrer, Gesammelte Werke in Einzelausgaben VIII, Berlin (Ost) / Weimar 1979, S. 494–500.

Die DDR-Literaturwissenschaft urteilte weiter über Madame Bovary: „Der Blick [gemeint ist der Blick von Flaubert] bleibt dabei auf die herrschende Schicht der Reichen [...] beschränkt“[73]. Der Hauptgrund, wieso Flaubert ein bürgerliches Milieu schildert, dürfte darin liegen, dass dieses ihm vertraut war: Charles Bovary ist im Roman Arzt, ein Beruf, den auch Gustave Flauberts Vater und Bruder ausüben. Flaubert hat mit Madame Bovary persönliche Eindrücke verarbeitet[74]. Dies erklärt auch, wieso seine anderen Schriften in ihrer Bedeutung weit hinter Madame Bovary zurückblieben: Flaubert, der kaum Kontakt mit der Außenwelt unterhielt, hatte nichts mehr aus eigenem Erleben zu verarbeiten und wandte sich mit Salammbô z.B. einem historischen Stoff zu. Dieses Werk war zwar wieder sprachlich brillant, es fehlte aber die Botschaft. Klemperer bezeichnet zu Recht die späteren Romane als Meisterstücke des literarischen Kunsthandwerks[75]. Ähnlich äußerte sich Barbey d'Aurevilly[76] über diese Bücher: Flaubert schreibe keine Romane, sondern er erstelle Bestandsaufnahmen.

Auch wenn Madame Bovary unstreitig viele gesellschaftskritische Passagen enthält, war Flaubert aber kein Sozialrevolutionär. Das beweist das Prozessgeschehen im Verfahren um Madame Bovary. Bereits im Vorfeld hat Flaubert nicht gezögert, den Einfluss seiner Familie geltend zu machen, um ein Strafverfahren zu vermeiden. Im Prozess selbst war ein ganz wesentliches Element die soziale Stellung des Vaters von Gustave Flaubert. Flaubert scheint sich mit seinem Anwalt über die Prozessstrategie ausgetauscht zu haben. Selbst wenn er im Vorfeld über dieses sehr persönliche Plädoyer nicht informiert war, so hat er es zumindest im Nachhinein gebilligt. Gustave Flaubert äußerte sich zwei Tage nach der Verhandlung in einem Brief an seinen Bruder begeistert über das Plädoyer und erwähnt dabei ausdrücklich die lobenden Worte des Verteidigers über seinen Vater und seinen Bruder[77]. Später widmet er seinem Anwalt Sénard im Vorwort sogar den Roman.

Inwieweit Flaubert kritisch die „gehobene Gesellschaft“ dargestellt hat und wie solche Passagen im Gerichtsverfahren ausgelegt wurden, soll exemplarisch an einer der Eingangsszenen des Buches, nämlich dem 8. Kapitel, untersucht werden. Dort schildert Flaubert den Ball im Schloss des Marquis d'Ander-

---

73 *Christa Bevernis* (o. Fußn. 65), S. 373.

74 Siehe dazu z.B. die Nachweise bei *Elisabeth Edl* (o. Fußn. 7) S. 713 Rn. 230 bezüglich der Behandlung von Klumpfüßen und S. 740 Rn. 413 zur Figur des Doktor Larivière.

75 *Victor Klemperer* (o. Fußn. 14), S. 250.

76 Zitiert nach *Agnès Pozzi* (o. Fußn. 36), S. 567.

77 *Frank Rochus Stiens* (o. Fußn. 10), S. 108.

villiers. In einer Szene beschreibt Flaubert den Herzog von Laverdière, ein Greis mit rotgeäderten Augen, dem die Soße aus dem Mund tropft und der nur noch lallen kann. Trotz dieses erbärmlichen Anblicks ist Emma Bovary beeindruckt, weil der Marquis angeblich der Liebhaber der Königin Marie-Antoinette gewesen war.

Diese Szene ist in ihrer Aussage heute noch aktuell: Man betrachte nur die auflagenstarke Regenbogenpresse unserer Tage mit Berichten über diverse Adelsfamilien. Man kann sich berechtigter Weise die Frage stellen, wieso viele Menschen fasziniert sind von Personen, deren Besonderheit sich im Wesentlichen auf ihre Ahnenreihe erschöpft. Hinzu kommt, dass die Bewunderer in vielen Fällen Ahnen hatten, die für die Ahnen der Bewunderten gearbeitet haben. Es sei hier daran erinnert, dass die Aufhebung der Leibeigenschaft erst recht spät erfolgte, nämlich in Frankreich 1789, in Preußen 1807 und in Russland 1861[78]. Die Zeitlosigkeit der Analyse von Flaubert erklärt auch den anhaltenden Erfolg von Madame Bovary: Flaubert präsentiert eine neutral formulierte und damit unaufdringliche Analyse von Zuständen, in welcher der aufmerksame Leser auch die Schwächen der heutigen Gesellschaft sieht.

Inwieweit war diese Szene Gegenstand des Strafprozesses? Immerhin hatte Napoléon III. den Adelsstand wiederhergestellt[79]; die Beschreibung von Flaubert griff also auch die Strukturen des Zweiten Empire an. Die Anklage wirft Flaubert aber nicht seine Bloßstellung des Adels vor. Der Staatsanwalt rügt vielmehr den Satz, dass Emma bewundernd denkt, „dieser Mann hat am Hofe gelebt und im Bett von Königinnen geschlafen", der eine Behauptung darstelle, die nicht bewiesen sei. Der Staatsanwalt wirft Flaubert vor, er verleumde damit Marie-Antoinette. Da die Witwe von Ludwig XVI. bereits am 16. Oktober 1793 hingerichtet worden war, konnte sie selbst gegen Verleumdungen nicht mehr vorgehen.

Allerdings drängt sich der Eindruck auf, dass der Vorwurf des Staatsanwalts konstruiert ist: Gesellschaftskritik war ja nicht verboten, also musste er etwas anderes vortragen. Dies gilt auch für den Roman insgesamt, welcher die Honoratioren der „France profonde", des ländlichen Frankreichs, nämlich den Dorfarzt und den Apotheker sowie die reicheren Bauern, in den Mittelpunkt rückt und sehr kritisch darstellt.

---

78 Vgl. *Uwe Wesel* (o. Fußn. 68), S. 450 f.

79 Vgl. Wikipedia unter dem Stichwort „Französischer Adel".

3. Das Urteil

Manfred Naumann[80] schreibt über den Prozess um Madame Bovary: „Die Argumentation des Staatsanwalts war so wenig überzeugend, dass der Verteidiger keine Mühe hatte, sie ad absurdum zu führen. Die Angeklagten mussten freigesprochen werden." Ein Blick auf die Prozesse gegen Charles Baudelaire und Eugène Sue zeigt, dass diese Annahme nicht zutrifft. Französische Juristen[81] vertreten eine ganz andere Ansicht, nämlich dass Flaubert seinen Freispruch zum großen Teil[82] dem Plädoyer seines Verteidigers verdankt.

Liest man den Anfang des Urteils, scheint es, als ob der objektive Tatbestand des Verstoßes gegen die guten Sitten erfüllt ist. Bestätigt wird dieser Eindruck dadurch, dass sich die Urteilsbegründung dann mit den Argumenten der Verteidigung auseinandersetzt und diese verwirft. Am Ende des Urteils wird Flaubert zugebilligt, dass es nicht seine Absicht war, die guten Sitten in Frage zu stellen. Offen bleibt dabei, ob er einen Sittenverstoß hätte erkennen können. Das Urteil tendiert wohl dazu, diese Frage zu bejahen.

Als Grund für den angesichts der Urteilsbegründung überraschenden Freispruch bleibt damit nur das Argument, dass die von der Staatsanwaltschaft gerügten Textstellen im Verhältnis zum Gesamtumfang des Werkes kurz sind. Dieses Argument ist merkwürdig. Zum einen sagt das Urteil nicht, dass die nicht ausdrücklich gerügten Textstellen keinen Verstoß gegen die guten Sitten enthalten, ganz im Gegenteil. Zum anderen wird ein möglicher Verstoß gegen die guten Sitten nicht dadurch relativiert, dass größere Textteile eines Buches keine anstößigen Äußerungen enthalten. Man hätte Flaubert verbieten können, die betreffenden Passagen zu veröffentlichen, so wie Baudelaire auch nur die Publikation einiger Gedichte verboten wurde. Der wahre Grund für den Freispruch dürfte gewesen sein, dass der großbürgerliche familiäre Hintergrund von Flaubert – durch Sénard eindringlich geschildert – die Richter von einer Verurteilung abhielt.

---

80 *Manfred Naumann*, Nachwort (o. Fußn. 67), S. 387 sowie in Prosa in Frankreich (o. Fußn. 67), S. 158.

81 *Nicolas Corato* (o. Fußn. 8), S. 403.

82 Sicherlich war es nicht das Plädoyer allein, das zum Freispruch führte, sondern auch der Umstand, dass der Verstoß gegen die guten Sitten nicht einfach zu begründen war. Bei klaren Sachverhalten hilft dem Angeklagten auch das beste Plädoyer nichts; so hat z.B. das großartige Plädoyer von Vincent de Moro-Giafferri seinen Mandanten Landru, dem man die Ermordung von zehn Frauen vorwarf, nicht vor der Verurteilung zum Tode retten können. Vgl. zu diesem Prozess *Joachim Gruber*, Der Prozess gegen Landru, Mordfälle ohne Leiche und eine Lücke im Verschollenheitsgesetz, StAZ – Das Standesamt 2014, 360 f.

Irritierend ist der im fünften Absatz ausgesprochene „strenge Verweis“ (blâme sévère). Dies ist ein Instrument des Disziplinarrechts und in einem Strafurteil deplatziert. Zudem ist der Satz („verdient das Werk einen strengen Verweis“[83]) sprachlich unschön, da nur der Autor einen Verweis bekommen kann, nicht aber das Buch. Sprachlich besser wäre „im Hinblick auf das vor das Gericht gebrachte Werk einen strengen Verweis auszusprechen“. Diese Formulierung wurde aber wohl bewusst nicht gewählt, weil das Gericht damit seine Kompetenzen überschritten hätte, da ein Strafgericht keinen disziplinarrechtlichen Verweis aussprechen kann.

Die bei „Madame Bovary“ verwendete Formulierung erstaunt auf den ersten Blick umso mehr, wenn man sie mit der Formulierung desselben Gerichts in anderen Verfahren vergleicht. Ähnlich, aber in mehreren entscheidenden Punkten vom Urteil in Sachen „Madame Bovary“ abweichend, lautet z.B. ein Urteil gegen die Gebrüder Edmont und Jules Goncourt vom 19. Februar 1853[84]. Dort heißt es sprachlich korrekt „tadelnswerte Schilderungen“ („images [...] blâmables“). Dass sich in einem Urteil über ein Werk der Weltliteratur ein sprachlich verfehlter Satz findet, ist aber vermutlich kein Zufall: Durch die sprachliche Anlehnung an einen disziplinarrechtlichen Verweis wurde der Tadel deutlich unterstrichen. Er wurde in dieser Form wahrscheinlich deswegen aufgenommen, damit die Staatsanwaltschaft von der Einlegung eines Rechtsmittels – Flaubert war durch den Freispruch ja nicht beschwert und konnte daher kein Rechtsmittel einlegen – absieht.

Entscheidungen oberinstanzlicher Gerichte sind in Frankreich sehr kurz und klar strukturiert[85]; dies gilt insbesondere für die Urteile der Cour de cassation[86]. Im Urteil einer Cour d’appel oder gar der Cour de cassation wäre mit Sicherheit kein „Verweis“ mehr zu finden gewesen. Wäre also der Freispruch von den Obergerichten bestätigt worden, wäre in diesen Urteilsbegründungen – allein aus urteilstechnischen Gründen – die vom Tribunal correctionnel de la Seine

---

83 Im Original: „L’ouvrage déféré au tribunal mérite un blâme sévère“.

84 „Attendu que si les passages incriminés de l’article présentent à l’esprit des lecteurs des images évidemment licencieuses et de lors blâmables, il résulte cependant de l’ensemble de l’article que les auteurs de la publication dont il s’agit n’ont pas eu l’intention d’outrager la morale publique et les bonnes mœurs.“ Das Urteil ist abgedruckt in: Journal des Goncourts, Mémoires de la vie littéraire, Bd. 5, 1891.

85 Vgl. *Joachim Gruber* (o. Fußn. 26), 1 (31).

86 „La Cour décide et ne discute pas“, so *Norbert J. Gross*, Die Anwaltschaft beim französischen Kassationshof, in: Karl Bruchhausen u.a. (Hrsg.), Festschrift für Rudolf Nirk, München 1992, S. 405 (409), ähnlich *Hans Jürgen Sonnenberger / Reinhard Dammann*, Französisches Handels- und Wirtschaftsrecht, 3. Aufl., Frankfurt a.M. 2008, S. 17 Rn. I 19.

vorgebrachte Kritik an Flauberts Schreibweise entfallen. Dieser Umstand dürfte hauptsächlich dazu beigetragen haben, dass die Staatsanwaltschaft – nach einiger Überlegung – keine Berufung eingelegt hat.

VI. Abschließende Würdigung

Die Begründung des Gerichts für den Freispruch ist nicht überzeugend. Letztendlich sagt das Gericht, dass der Inhalt des Werks sehr wohl gegen die guten Sitten verstößt, man dies dem Autor aber nur bedingt anlasten könne. Es sei nicht sein Ziel gewesen, ein schockierendes Buch zu schreiben. Der objektive Tatbestand war nach Ansicht des Gerichts erfüllt. Beim subjektiven Tatbestand ist die Begründung im Urteil schwammig. Hat er ihn erfüllt oder nicht? Flaubert wusste, was er schrieb. Daher war wohl auch der subjektive Tatbestand erfüllt. Der Umstand, dass Flaubert es nicht darauf angelegt hatte, das Publikum zu schockieren, wäre dann nur eine Frage der Strafzumessung gewesen.

Zutreffend ist dagegen die Beurteilung von Flauberts Literaturverständnis durch das Gericht. Er hat enorm viel Mühe für die sprachliche Vervollkommnung des Textes aufgewandt. Dies wird vom Gericht auch gewürdigt. Ferner trifft die Bewertung seiner Motive durch das Gericht zu. Flaubert wollte mit seinem Roman nicht das Gesellschaftssystem angreifen, ja ihm ging es überhaupt nicht um Veränderung. Der Roman ist im Kern ein Selbstgespräch eines von der Menschheit enttäuschten Mannes. Es ist wohl nicht zuletzt dieses Spannungsverhältnis zwischen dem exzessiven Aufwand einerseits, der bei der Formulierung des Textes betrieben wurde, und der negativen Grundtendenz der Schilderung andererseits, welches den besonderen Reiz des Romans ausmacht.

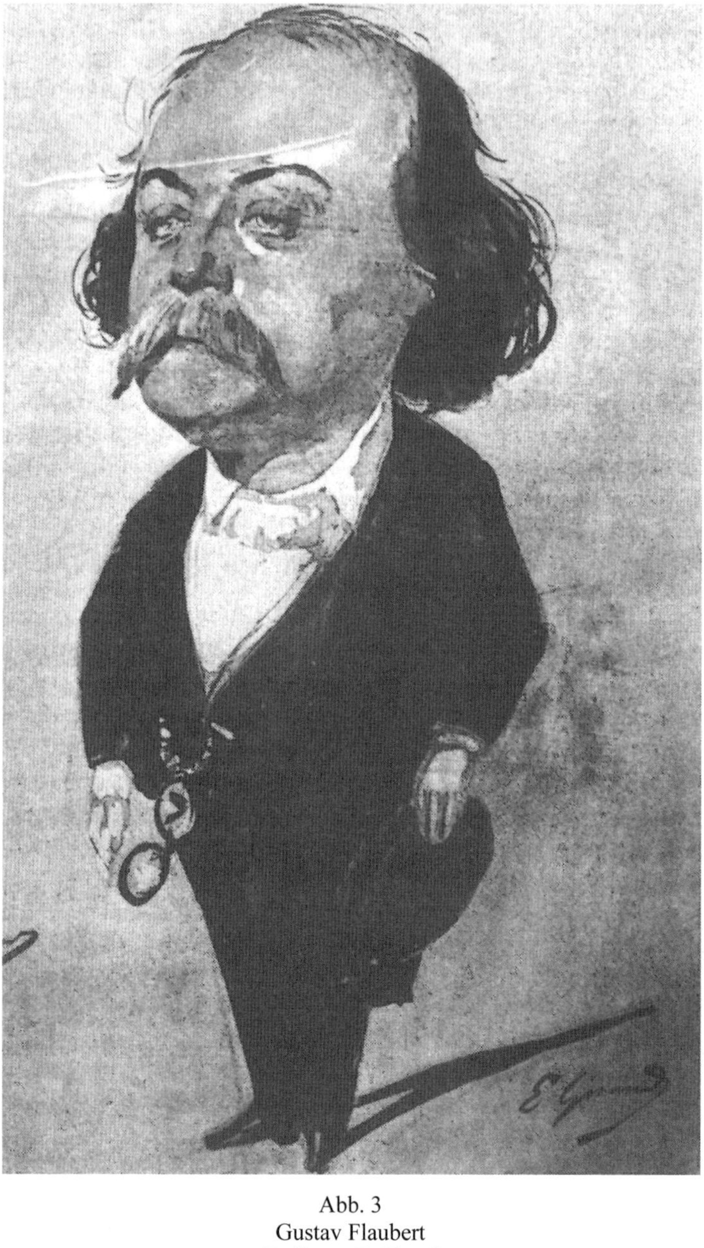

Abb. 3
Gustav Flaubert
(Karikatur: E. Giraud)

5.

Thomas Hoeren

Do not go gentle into that good night – Literatur an der Schnittstelle von Internet und Recht[1]

I. Einführung

Do not go gentle into that good night – mit dieser Zeile des walisischen Dichters Dylan Thomas möchte ich einen sehr resignativen Parforceritt durch das moderne Urheberrecht wagen – und gleichzeitig Herrn Professor Weber für die äußerst ehrenvolle Einladung nach Rendsburg danken. Wer noch nicht im Nordkolleg war, hat im Leben etwas verpasst, nicht nur gutes Essen und eine wundervolle Landschaft, sondern auch viele geistvolle Gespräche und Kontakte rund um Recht und Literatur.

II. Der Befund

Das klassische Zivilrecht, voran das Bürgerliche Gesetzbuch, ist geprägt vom Primat der Warenproduktion, entsprechend den ökonomischen Vorgaben am Ende des 19. Jahrhunderts. Im Vordergrund steht folglich der Erwerb von Sachen im Sinne des § 90 BGB. Diese Sachen sind eigentumsfähig; sie können verkauft, vermietet, verarbeitet und umgebildet werden. Kaum brauchbar ist das BGB aber für die Zuordnung von Informationen, dem Grundstoff der modernen Informationsgesellschaft[2]. Informationen sind als immaterielle Güter nicht eigentumsfähig[3]. Eine Zuordnung von Informationen wird zwar vom BGH über

---

1 Der folgende Text gibt Teile des Vortrags wieder, den der Verf. beim Nordkolleg 2015 am 5. September 2015 in Rendsburg gehalten hat. Die Fußnoten geben nur die zum Verständnis des Textes zwingend notwendigen Belege wieder. Der Vortragsstil wurde im Manuskript beibehalten.

2 Siehe zu diesem hier nur angedeuteten Themenbereich *Druey*, Information als Gegenstand des Rechts, Zürich / Baden-Baden 1995, insbes. S. 77 sowie Spinner, Die Wissensordnung, Opladen 1994.

3 *Hoeren / Völkel*, Die Eigentumsfähigkeit von Daten, in Hoeren (Hrsg.): Big Data und Recht, München 2014, S. 11–37; *Hoeren / Völkel*: Daten als Gegenstand des Rechts – Fragmente zur Struktur des Datenverkehrsrechts, in: Aarnio, Hoeren, Paulson, Schulte, Wyduckel (Hrsg.): Festschrift für Werner Krawietz zum 80. Geburtstag, Berlin 2013, S. 603–614; *Berberich*, Virtuelles Eigentum, Berlin 2009, S. 131 ff.

das Eigentum am Datenträger vorgenommen[4]. Doch dieser Ansatz erweist sich angesichts der abnehmenden Bedeutung von Datenträgern als fragwürdig. Auch die Zuordnung über den Schutz als Betriebsgeheimnis wird immer nebulöser, da in einer Informationsgesellschaft die Grenzen zwischen geheimem und nicht geheimem Wissen immer fließender werden.

Damit findet die Industrie- und Verwertungswirtschaft auch neben den gewerblichen Schutzrechten kein passendes Instrumentarium zur rechtlichen Durchsetzung ihrer Interessen und sieht sich gezwungen, sich beim Urheberrecht zu bedienen. Das Urheberrecht wurde damit zur Magna Charta der Informationsgesellschaft. Umso erstaunlicher ist es zumindest für den juristischen Laien, wie wenig das Urheberrecht auf die digitale Welt zugeschnitten ist. Das Urheberrecht ist traditionell auf den Bereich der schönen Künste bezogen. In diesem Bereich gibt es noch den klassischen Typus des allein vor sich hin forschenden, schreibenden oder gestaltenden Künstlers, dessen Originalität einen breit ausgefächerten Schutz bis zu 70 Jahren nach dessen Tod rechtfertigt.

1. Die Schutzhöhe

Seit einigen Jahren nun lässt sich ein Trend feststellen, technische Produkte und Werke der angewandten Kunst in den Bereich des Urheberrechts aufzunehmen und dies mit der Forderung nach einer Herabsenkung des Originalitätskriteriums zu verbinden. Offensichtlich begreift man das Urheberrecht als sehr kostengünstiges Instrument zum Schutz technischer Leistungen, zumal das Urheberrecht – anders als das Patentrecht – keine Registrierung und keine Gebühren kennt, gleichzeitig aber eine deutlich längere Schutzdauer als im gewerblichen Rechtsschutz vorsieht. Nachdem zunächst die deutschen Gerichte einer solchen Ausdehnung des Urheberrechts für technische Leistungen widerstanden haben, gelang es der Industrie, über den Weg nach Brüssel, einen solchen Schutz nach Deutschland zu importieren. So sahen sich die deutschen Gerichte aufgrund der Umsetzung der Softwareschutzrichtlinie dazu veranlasst, Computerprogramme urheberrechtlich zu schützen, wobei die Anwendung qualitativer Kriterien für die Schutzfähigkeit ausdrücklich verboten war (siehe § 69a Abs. 3 UrhG). Wer hätte damit gerechnet, dass wir Programmierzeilen auf eine Stufe stellen mit Günter Grass und Heinrich Böll?[5] Bedingt durch europäische Entwicklungen ist nunmehr jedwede Software, egal wie trivial und banal sie ist, geschützt, bis 70 Jahre nach dem Tod des Urhebers. Das ist eine radikale Entscheidung, die auch für fatale Auswirkungen auf die Softwareindustrie sorgt.

---

4 *Hoeren / Völkel*, Die Eigentumsfähigkeit von Daten, S. 18.

5 Dazu *Zscherpe*, Urheberrechtsschutz digitalisierter Werke im Internet, MMR 1998, 404.

Programmierer sind nun Literaten, Schöpfer, Kreative. Ähnlich extensive Regelungen von Schutzmöglichkeiten gelten aufgrund europäischer Vorgaben für Fotografien jedweder Art sowie für Datenbanken. Als Konsequenz dieser Entwicklung fordern immer mehr Industriezweige eine allgemeine Herabsenkung der Schutzhöhe zugunsten technischer Werke. Eine ähnliche Diskussion findet sich in den USA und anderen europäischen Staaten. Allerdings wird dort auch darauf hingewiesen, dass dann das gesamte System des Urheberrechts zur Disposition stehen müsse. In der Tat kann es nicht angehen, dass technische Produkte geschützt werden und gleichzeitig eine 70-Jahre-Schutzdauer post mortem auctoris vorgesehen wird. Insofern fehlt eine längerfristige Diskussion über die Neuordnung des gesamten Urheberrechts, das insbesondere auch die Abgrenzung zwischen Urheberrecht und gewerblichen Schutzrechten zum Inhalt hat.

Auch der Bereich des Produktdesigns entwickelt sich mit der Rechtsprechung, wie etwa zur Schutzfähigkeit des „Tripp Trapp Kinderhochstuhls", weg von dem Geschmacksmusterrecht und hin zum Kernbereich des Urheberrechts[6]. Sie sehen hier die Tendenz, die Schutzhöhe deutlich herabzusetzen. Der BGH sprach Lärmschutzwänden und deren optischer Gestaltung[7] oder röhrenden Hirschen auf Röcken[8] eine Schutzfähigkeit zu. Schon sehr früh war jedwedes Foto geschützt[9]. Vor hundert Jahren wusste der Gesetzgeber nicht, wie er mit dem neu entstandenen Beruf der Fotographen umgehen sollte. Die Frage war, ob man einen Urheberrechtsschutz für die reine Abbildung der Wirklichkeit anerkennen kann. Eine wirkliche Antwort hatte man nicht parat und reflexartig einfach jedes Lichtbild unter einen Schutz gestellt, ohne die Frage nach der Originalität zu stellen. Das vorläufige Ende der Entwicklung zeigt das BGH-Urteil Geburtstagszug[10], in dem der BGH die hohen Schutzanforderungen für Gebrauchsdesign aufgegeben hat. Es sei ausreichend, dass das Design eine Gestaltungshöhe erreicht, die es nach Auffassung der für Kunst empfänglichen und mit Kunstanschauungen einigermaßen vertrauten Kreise rechtfertigt, von einer „künstlerischen" Leistung zu sprechen. Damit ist selbst für Design ein Schutz der kleinen Münze – bis zu 70 Jahren nach dem Tod des Designers – verpflichtend.

---

6 BGH, Urteil vom 14.05.2009 – I ZR 98/06, NJW 2009, 3722.

7 BGH, Urteil vom 12.05.2010 – I ZR 209/07, GRUR 2011, 59.

8 LG Leipzig, Urteil vom 23.10.2001 – 5 O 5288/01, NJW-RR 2002, 619.

9 Dazu *Büchner*, Schutz von Computerbildern als Lichtbild(werk), ZUM 2011, 549.

10 Urteil vom 13.11.2013 – I ZR 143/12 – Geburtstagszug.

Inzwischen lösen sich auch die Grenzen zwischen Urheberrecht, Markenrecht und Patentrecht auf[11]. Bisher hat man geglaubt, dass es überhaupt keine Überschneidung zwischen den drei Gebieten geben kann. Dass das ein Irrtum ist, zeigt sich besonders im Markenrecht. Auch dort bildet sich eine starke Ausweitung der schutzfähigen Zeichen heraus. Als Marke bestätigt wurden etwa: „Nichts reimt sich auf Uschi"[12], „Vorsprung durch Technik"[13], „Fußball-WM"[14] die Goldschleife eines Lindt-Osterhasen[15], der nach Heu riechende Tennisball[16]. Das Markenrecht gilt auf ewig: Solange die Registrierungsgebühren bezahlt werden, gewährt es ein niemals auslaufendes Schutzrecht. Damit sind auf einmal Dinge geschützt, die schon längst aus dem Urheberrecht herausgefallen sind. So hatte der BGH einmal zu tun mit dem Begriff „Winnetous Rückkehr"[17]. Die urheberrechtlichen Schutzrechte waren abgelaufen. Trotzdem können dem Gericht zufolge Markenrechte natürlich weiterbestehen.

2. Die Schutzfristen

Damit aber nicht genug. Die Schutzfristen im Urheberrecht wurden enorm verlängert. Queen Anne, die Begründerin des modernen Urheberrechts, hatte eine Schutzdauer vorgesehen von 14 Jahren ab Veröffentlichung – aus guten Gründen. Die US-Verfassung beschränkt das Urheberrecht auf „only for a

---

11 *McGuire*, Kumulation und Doppelschutz – Ursachen und Folgen des Schutzes einer Leistung durch mehrere Schutzrechte, GRUR 2011, 767; *Ohly*, Areas of Overlap Between Trade Mark Rights, Copyright and Design Rights in German Law – Report Prepared on Behalf of the German Association for the Protection of Intellectual Property, GRUR Int. 2007, 704.

12 Eingetragen beim DPMA am 26.01.2011 als Wortmarke für den Komiker Mario Barth Reg.-Nr.: 3020100708204. Dazu *Lerach*, „[…] die TOOOR macht weit" – Relevanz der Benutzungsmodalitäten für die Schutzfähigkeit sprachlicher Zeichen?, GRUR 2011, 872.

13 EuGH, Urteil vom 21.01.2010 – C-398/08 P (EuG).

14 BGH, Beschluss vom 27.04.2006 – I ZB 96/05, GRUR 2006, 850 – FUSSBALL WM 2006; BGH, Beschluss vom 27.04.2006 – I ZB 97/05 – WM 2006.

15 EuG, Urteil vom 17.12.2010 – T-336/08, GRUR 2011, 425 – Goldhase; *Berlit*, Schutz und Schutzumfang von Warenformmarken am Beispiel des Schokoladen-Osterhasen, GRUR 2011, 369.

16 HABM, Duft frischen, geschnittenen Grases, WRP 1999, 681; s. dazu *Fezer,* Olfaktorische, gustatorische und haptische Marken, Marken-Orchideen als innovative Wirtschaftsgüter, WRP 1999, 575, 579; *Sieckmann*, Erste Entscheidung zur Eintragung einer Geruchsmarke nach der Gemeinschaftsmarkenverordnung, WRP 1999, 618; *Viefhues,* Geruchsmarken als neue Markenform, MarkenR 1999, 249; *Bender,* Die absoluten Schutzversagungsgründe für die Gemeinschaftsmarke, MarkenR 2000, 118, 119.

17 BGH, Urteil vom 23.01.2003 – I ZR 171/00, NJW 2003, 1869. Dazu *Schmidt-Hern*, Der Titel, der Urheber, das Werk und seine Schutzfrist, ZUM 2003, 462.

limited time"; das Urheberrecht sollte aus sozialen Gründen beschränkt sein. In Deutschland sollte der Schutz ursprünglich bis zehn Jahre nach dem Tod der Autoren gehen, was 1870 auf 30 Jahre nach dem Tod der Autoren, 1934 auf 50 Jahre nach dem Tod der Autoren und 1965 dann auf 70 Jahre nach dem Tod der Autoren verlängert wurde[18]. Das ist sehr lang und führt jetzt dazu, dass theoretisch das Absingen von „Happy birthday to you" im öffentlichen Raum zu Konflikten mit Verwertungsgesellschaften führen kann, denn das Lied ist noch urheberrechtlich geschützt[19]. Es ist nicht so, dass das Problem der Schutzfristen in den letzten Jahrhunderten nicht gesehen worden wäre. 1774 gab es eine berühmte Klage im britischen House of Lords gegen die Verlängerung von Schutzfristen, die nur deshalb gescheitert ist, weil die Richter des House of Lords feststellten, überhaupt gar keine Meta-Regel zu Schutzfristen zu haben. „Wie sollen wir denn entscheiden, ob 50 Jahre, 70 Jahre, was auch immer, fair oder nicht fair ist"[20]. Das Ganze kam 200 Jahre später dann noch einmal in den USA mit dem legendären Sonny Bono Extension Act auf[21]. Dort ging es um das Problem, dass die Schutzrechte für Mickey Mouse auszulaufen drohten. Durch geschicktes und aggressives Lobbying des Disney Konzerns wurde die Schutzdauer von 28 Jahren einfach auf 70 Jahre nach dem Tod des Urhebers verlängert. Und auf den heftigen Protest vieler US-Bürger konnte Richterin Ginsburg vom US Supreme Court nur eines sagen: „Wir haben keine Meta-Regeln, die uns sagen, was eine gute Schutzdauer ist und deshalb müssen wir dem Gesetzgeber diese lange Frist geben"[22]. Und Brüssel hat die Schutzdauer noch einmal verlängert, nämlich vor allem zugunsten der Tonträgerhersteller, von 50 Jahren auf 70 Jahre[23].

---

18 *Sattler*, Das Urheberrecht nach dem Tode des Urhebers in Deutschland und Frankreich, Göttingen 2010.

19 Dazu *Hoeren*, Happy Birthday to you: Urheberrechtliche Fragen rund um ein Geburtstagsständchen, in: Berger u.a. (Hrsg.), Festschrift für Otto Sandrock zum 70. Geburtstag, Heidelberg 2000, 357–372.

20 [1774] 4 Burr 2408.

21 17 U.S.C. A. § 302(a). Dazu *Haggerty,* The Constitutionality of the Sonny Bono Copyright Term Extension Act of 1998, 70 U.C in L. Rev. 651, 692 (2002); *Martin,* The Mythology of the Public Domain: Exploring the Myths Behind Attacks on the Duration of Copyright Protection, 36 Loy. L.A.L. Rev. 253, 272–275 (2002).

22 Supreme Court Eldred v. Ashcroft, 537 US 186, 208 (2003); vgl. *Kur*, USA – Supreme Court verwirft Klage wegen Verfassungswidrigkeit des Sonny Bono Copyright Term Extension Acts, GRUR Int. 2003, 190.

23 Dazu u.a. *Kreile*, Der Richtlinienvorschlag der EU-Kommission zur Schutzfristenverlängerung für ausübende Künstler und Tonträgerhersteller aus Sicht der Filmhersteller, ZUM 2009, 113.

3. Und der Urheber?

Was fehlt, ist ein klares System: Die Vorschriften zum Schutz des Urhebers sind zurzeit nur rudimentär und das führt im digitalen Zeitalter zu einer Verschiebung des eigentlich den Kreativen dienenden Urheberrechts hin zu einem Technologie- bzw. Investitionsschutz[24]. Jeder der hier in Rendsburg anwesenden Literaten kennt das Trauerspiel: Mangels spezifischer Schutzbestimmungen zu seinen Gunsten tritt der Autor seine wirtschaftlichen Befugnisse meist vollständig an die Verleger ab und kann dankbar sein, wenn er dafür noch einen „Notgroschen" bekommt. Ein solcher Rechte-Buy-Out wird durch die schon im 19. Jahrhundert brüchige Doktrin der Privatautonomie legitimiert. Auch die Bestimmungen des BGB zu Allgemeinen Geschäftsbedingungen schützen den Urheber nicht davor, seine Verwertungsrechte pauschal dem Verwerter zur Nutzung zu überlassen, weil es hierfür eines dem Urheberrecht eigenen Leitbildes bedürfte, das den Maßstab für eine Inhaltskontrolle nach § 307 BGB bilden könnte[25].

Unverständlich ist, warum nicht die bestehenden staatlichen Instrumente zum Schutz von Kreativen verstärkt werden. So bleibt der in § 32 UrhG gesetzlich festgeschriebene Grundsatz der angemessenen Vergütung im Ergebnis wirkungslos, insbesondere auch, weil es juristisch kaum möglich ist, einen gerechten Preis festzulegen[26]. Die Schutzvoraussetzungen sind über die letzten Jahrzehnte hinweg ständig herabgesenkt worden und beziehen sich heutzutage auch auf industriell geprägte Objekte, obwohl bei diesen gerade nicht der Kreativitätsschutz, sondern der Investitionsschutz zentral ist[27]. Es bedarf daher einer fundamentalen Revision der geltenden Strukturen des Urheberrechts.

Ein Beispiel sei herausgegriffen: So könnte man problemlos mit einer Filmförderung die Bedingung aufstellen, dass die Urheber und Leistungsschutzberechtigten angemessen bezahlt werden. Viele Jahre habe ich mich nunmehr für die Belange des deutschen Dokumentarfilms eingesetzt, einer Szene, der es finanziell extrem schlecht geht. Anders als die Spielfilmer werden die Dokumentarfilmer systematisch von den öffentlich-rechtlichen Sendeanstalten ausgeblutet und auch bei der Verteilung von Geldern bei Verwertungsgesellschaften hinten angestellt. Der lange Kampf zeigt mir, dass der Grundsatz der

---

24 *Hansen*, Warum Urheberrecht? München 2008, S. 67.

25 *Castendyk*, Lizenzverträge und AGB-Recht, ZUM 2007, 169.

26 *Hoeren*, Auf der Suche nach dem „iustum pretium": Der gesetzliche Vergütungsanspruch im Urhebervertragsrecht, MMR 2000, 449; *Jacobs*, Die Karlsruher Übersetzertarife, GRUR 2011, 306; vgl. dazu auch unten Frage 11.

27 Vgl. *Hansen*, Warum Urheberrecht?, S. 79.

angemessenen Vergütung hier nicht zum Tragen kommt. Oft habe ich erlebt, dass bei ZDF-Verhandlungen der dortige Justiziar bei der Frage der angemessenen Vergütung nur darauf verwies, dass man ein solches Salär nicht bezahlen könne. Die Zahlung einer höheren Vergütung hieße dann eben auch, dass weniger Dokumentarfilme im Fernsehen gezeigt würden. Über das Filmförderrecht könnte man erreichen, dass Sendeanstalten und größere Filmproduzenten Fördergelder nur erhalten, sofern sie ihrerseits in der Rechtekette angemessene Vergütungen ausweisen.

Ebenfalls könnte man den Einfluss der eigentlich nur bei der Wahrnehmung von Sekundärrechten tätigen und deshalb unbeteiligten Verwertungsgesellschaften erhöhen, die wesentliche Motoren und Instrumente zum Schutz der Kreativen sind, indem ihnen Mittel an die Hand gegeben werden, Vertragsmuster und Rechte-Buy-Out-Klauseln zu beeinflussen, damit nicht nur die Verbände mit der Aushandlung von Bedingungen betraut sind. Die Einrichtung einer Schlichtungsstelle dort ist zumindest eine Idee.

Die Frage nach einem adäquaten vertragsrechtlichen Schutz der Kreativen gegen die Übermacht der Verwerter wird in jedem Fall in den nächsten Jahren geklärt werden müssen. Die soziale Akzeptanz des Schutzes eines „geistigen Eigentums“ korreliert mit der Erwartung, dass Kreative angemessen für ihre Leistungen bezahlt und vor unangemessenen Benachteiligungen vertraglicher Art effizient geschützt werden. Diese Erwartung ist aber keinesfalls lediglich eine nationale, sondern betrifft auch den gesamten europäischen, wenn nicht sogar internationalen Rechtsraum.

4. Die Schranken

Die derzeitigen Schrankenregelungen in §§ 45 ff. UrhG sind ein Fossil der Nachkriegszeit, das weder der internationalen Entwicklung noch den veränderten Rahmenbedingungen der Postmoderne Rechnung trägt.

Zum einen sind die Schranken insgesamt in rechtsvergleichender Perspektive harmonisierungsbedürftig. Es kann einfach nicht richtig sein, dass z.B. die Nutzung digitaler Rundfunkarchive in einigen Ländern frei, in anderen wiederum nur gegen Vergütung oder sogar nur mit Zustimmung der Rechteinhaber zulässig ist. Gerade im Interesse der Rechtssicherheit und des Verkehrsschutzes ist eine transnationale Angleichung der Schranken geboten. Mangels kurzfristiger Ansätze zu einer völkerrechtlichen Lösung dürfte eine Harmonisierung auf EU-Ebene der erste Schritt sein. Allerdings sind Schranken rechtspolitisch vermintes Gebiet. Viele unterschiedlichste Interessen prallen in der Schrankendiskussion aufeinander. Zahlreiche Lobbyistenverbände ziehen und zerren an den Ausnahmebestimmungen[28]. Man konnte sich dabei bislang auf den „implied consent“ der klassischen Urheberrechtskreise verlassen, die einander über Jahrzehnte hinweg kannten, sich in den stets gleichen Zirkeln trafen und rechtspolitische Entscheidungen vorab im kleinen Kreis der „Familie“ fällten. Dieser „closed shop“ hat seine identitätsstiftende Wirkung ab Beginn der siebziger Jahre verloren[29]. Dies hing vor allem damit zusammen, dass zunehmend Werke über das Urheberrecht geschützt wurden, die nicht dem Kreis der schönen Künste zuzuordnen waren. In dem Maße, wie z.B. Software mit Kunst und Literatur auf eine Stufe gestellt wurde, tauchten zur gruppenpsychologischen Verblüffung der Traditionalisten neue Gesichter in der Urheberrechtsdiskussion auf und reklamierten ihre Rechte. Mit der Digitalisierung haben die überkommenen Zirkel gänzlich ihre Existenzberechtigung verloren; die Grenzen zwischen Verwertern und Nutzern verwischen seitdem ebenso wie die Aufteilung der Lobbyisten in Sendeanstalten, Verleger oder Musikproduzenten. Hinzu kommt die Deterritorialisierung des Urheberrechts, das im digitalen Kontext seine territorialen Wurzeln abzustreifen hat. Dementsprechend ist die Schrankenproblematik nicht mehr national, sondern nur noch im Kontext einer internationalen Harmonisierung zu lösen, was die Zahl der beteiligten Akteure ins Unermessliche vervielfacht.

Die Schrankenregelungen machen auch deutlich, dass die gängige Technik der Schrankenbestimmung in sich fragwürdig geworden ist. Schranken sind statisch. Sie fixieren einen historischen Moment in einem Gesetzgebungsverfahren, in dem sich bestimmte gesellschaftliche Gruppierungen mehr oder weniger mit ihrem Wunsch nach einem Zugang zu urheberrechtlich geschützten Werken durchgesetzt haben. Der einmal erzielte Kompromiss wird gesetzlich für alle Zeiten fixiert. §§ 45 ff. UrhG sind folglich Ausdruck einer statischen, wertkonservativen Gesellschaft, wie sie bis in die sechziger Jahre hinein in Deutschland bestand. Gesellschaftliche Konflikte im Kampf um den Zugang zu Informationen werden in einer solchen Gesellschaft durch eine einmalige Entscheidung für alle Zeit gelöst. Die Regelungen der §§ 45 ff. UrhG symbolisieren insoweit den Konsens der sechziger Jahre über die Wertigkeit einzelner gesellschaftlicher Interessen. Die Vorschriften wurden im Laufe der Jahre nur wenig verändert. Neue Technologien – wie Software oder Datenbanken – wurden auf europäischen Druck hin in das UrhG aufgenommen. Für diese Fremdkörper schuf man dann aber separate Schrankenbestimmungen. Dies führt zu einem Mosaik aus unterschiedlichen Regelungen, die den technologi-

28 *Hansen*, Warum Urheberrecht?, München 2008, S. 405.

29 *Hoeren*, Urheberrecht 2000 – Thesen für eine Reform des Urheberrechts, MMR 2000, 3, 4.

schen Fortschritt missachten[30]. An eine grundlegendere Diskussion über eine Reform der §§ 45 ff. UrhG wagte man sich nicht. Dazu kam eine herrschende Lehre, die im Urheberrecht bedingt durch persönliche Konstellationen fast durchweg verwerterfreundlich gesonnen war. Diese verbot jedwede erweiternde Auslegung, jede analoge Anwendung, jede teleologische Betrachtung der Schranken[31].

Zum anderen stellt sich angesichts der genannten Bedenken die Frage, ob nicht eine neue Schrankensystematik an die Stelle enumerativer „Ausnahme"-Kataloge treten soll. Was benötigt wird, ist eine Megaschranke, die dynamisch genug ist, um auch künftige technische oder wirtschaftliche Entwicklungen aufzufangen[32]. Die USA behelfen sich hier mit der Schranke des „Fair-Use". Fair-Use wird danach bestimmt, welchem Zweck die Nutzung dient (insbesondere ob sie kommerzieller Natur ist oder nicht), welcher Art das geschützte Werk ist, wie viel von dem geschützten Werk genutzt wird und welche ökonomischen Wirkungen die Nutzung hat. Auch die EU-Kommission ist mit ihrer Datenbankrichtlinie (ungewollt) in eine ähnliche Richtung gegangen. Der Richtlinie verdanken wir § 87e UrhG. Hiernach sind Vereinbarungen über den Ausschluss der Nutzung nach Art oder Umfang unwesentlicher Teile einer Datenbank unwirksam, soweit die beschränkten Handlungen weder einer normalen Auswertung der Datenbank zuwiderlaufen noch die berechtigten Interessen des Datenbankherstellers unzumutbar beeinträchtigen. Ähnlich erlaubt § 87b UrhG die freie Nutzung unwesentlicher Teile einer Datenbank, sofern die Nutzung weder die berechtigten Interessen des Datenbankherstellers unzumutbar beeinträchtigt noch der normalen Auswertung der Datenbank zuwiderläuft. Insofern ist hier eine Bestimmung aus einem völkerrechtlichen Vertrag – nämlich Art. 9 Abs. 2 RBÜ – unmittelbar in das nationale Recht implementiert worden. Damit könnte sich der Weg öffnen, um – über das Datenbankrecht hinaus – im Einzelfall eine Megaschranke zuzulassen. Jede Nutzung von Werken sollte ohne Zustimmung des Rechteinhabers zulässig sein, die weder die berechtigten Interessen des Rechteinhabers unzumutbar beein-

---

30 *De la Durantaye*, Allgemeine Bildungs- und Wissenschaftsschranke, S. 1: http://durantaye.rewi.hu/doc/Wissenschaftsschranke.pdf; Deutscher Bibliotheksverband e.V.; http://www.bibliotheksverband.de/fileadmin/user_upload/DBV/positionen/2014_06_25__dbv-Stellungnahme_Wissenschaftsschranke.pdf.

31 St. Rspr.; vgl nur BGH, Urteil vom 30.06.1994 – I ZR 32/92, GRUR 1994, 800, 802; Urteil vom 8.07.1993 – I ZR 124/91, GRUR 1994, 45, 47; vgl. EuGH, Urteil vom 16.7.2009 – C-5/08, GRUR 2009, 1041; Urteil vom 4.10.2011 – C-403/08, EuZW 2012, 466; Beschluss vom 17.01.2012 – C-302/10, ZUM 2012, 398; anders aber *Hansen*, Warum Urheberrecht?, S. 390 ff. m.w.N.

32 *Spindler*, Die Reform des Urheberrechts, NJW 2014, 2550, 2552.

trächtigt noch der normalen Auswertung des Werks zuwiderläuft. Diese Bestimmung sichert das Partizipationsinteresse des Urhebers ebenso wie das Zugangsinteresse der Allgemeinheit. Die Formulierung ist dynamisch und offen für eine einzelfallbezogene Entscheidung durch die Justiz, die insofern unabhängig die Interessen aller Betroffenen gegeneinander abwägen kann. Die Justiz ist im Übrigen einer solchen Einzelfalljurisprudenz nicht abgeneigt. Wie der BGH in der Entscheidung zu Zoll- und Finanzschulen[33] ausführt, können im Einzelfall „Gründe des Gemeinwohls" eine außergesetzliche Schranke rechtfertigen, wenn diesen Gründen „bei Beachtung des Grundsatzes der Verhältnismäßigkeit der Vorrang vor den urheberrechtlichen Interessen gebührt". Im damaligen Fall habe das Berufungsgericht allerdings „keine Umstände festgestellt, die einen starken sozialen Bezug haben, dass sie Vorrang vor den Urheberinteressen beanspruchen können". Der BGH öffnet damit ein Einfallstor für eine einzelfallorientierte Interessenabwägung, die bei den statischen Schranken der §§ 45 ff. UrhG nicht haltmacht.

Allerdings gilt es auch zu beachten, dass eine allgemeine Schranke im Hinblick auf Fair-Use problematisch ist. Denn die unreflektierte Übernahme eines zentralen Elements des US-amerikanischen Urheberrechts ist so einfach nicht möglich. In den USA führte die Fair-Use Schranke zu einer sehr komplizierten und kaum überschaubaren Rechtsprechung, die mühevoll versucht hat, einzelne Schranken aus dem Fair-Use zu definieren[34]. Auch gilt die Fair-Use Schranke als dispositiv. Insofern bringt es nichts, alle Schranken durch einen Fair-Use Gedanken zu ersetzen. Die dadurch möglicherweise entstehende Rechtsunsicherheit könnte dadurch gelöst werden, dass die Schranke als Auffangtatbestand für solche Nutzungshandlungen ausgestaltet wird, die nicht von den speziellen Schrankenregelungen erfasst werden, diesen aber wirtschaftlich gleichkommen[35]. Vielmehr sollte man für größere Segmente wie etwa den Bereich von Unterricht und Forschung allgemeine Wissenschaftsschranken einführen, da die derzeitigen Regelungen in diesem Bereich nicht zufrieden stellen.

5. Quintessenz

Es besteht seit langem und gerade aktuell im Urheberrecht ein ganz grundlegend und stetig wachsender Handlungsbedarf sowohl auf nationaler als auch auf internationaler Ebene. Das Urheberrecht ist vollständig aus den Fugen geraten.

33 BGH, Urteil vom 17.03.1983 – I ZR 186/80, NJW 1984, 1108, 1109.

34 Vgl. zu diesem Aspekt in Deutschland *Hansen*, Warum Urheberrecht?, München 2008, S. 402.

35 *Spindler*, Die Reform des Urheberrechts, NJW 2014, 2550, 2552; vgl. *Hansen*, Warum Urheberrecht?, München 2008, S. 407.

Der faire Ausgleich zwischen den Interessen von Urhebern, Verwertern und Nutzern, der noch das Urheberrecht des 19. Jahrhunderts geprägt hat, ist im 21. Jahrhundert aufgelöst. Es droht der Kollaps, die Hypertrophie.

III. Die Kommission

Nach Jahren des Schweigens und der Resignation hat sich daher nunmehr das Bundesjustizministerium dieser Thematik angenommen; geplant ist die Einsetzung einer eigenen Expertenkommission zur Vorbereitung einer entsprechenden Novellierung des Urhebervertragsrechts. Fraglich ist allerdings, wie diese Kommission besetzt sein wird. Wenn dort wieder nur „die alte Sippschaft" sitzt, werden innovative Impulse ein weiteres Mal verdrängt: Dann bleibt im Wesentlichen alles so wie es war – zur Freude derjenigen, die bislang auch schon den Ton angegeben und jede Veränderung des UrhG verhindert haben. Sollte also nicht mit aller Vehemenz der Schutz der Rechteinhaber vor einem vertraglichen Buy-Out vorangetrieben werden, ist das Geschrei derjenigen, die sich den Schutz der Urheber auf die Brust geschrieben haben, nur Heuchelei. Diejenigen, die vollmundig auf den Schutz der Kreativität verweisen, sind nämlich meist nicht die Kreativen. Die Urheber selbst spielen in der Diskussion um das Urheberrecht in ganz Europa kaum eine Rolle.

Noch ärmer stehen die Nutzer dar. Die Öffentlichkeit und ihr Interesse am freien Zugang zu Informationen sind nicht lobbyistisch vertreten. Erst in jüngster Zeit werden Bibliotheken und Archivare wach und formieren ihren Widerstand gegen die Verwerterinteressen. Die Verbraucherschutzverbände haben die Thematik noch nicht als eigene erkannt; sie schlagen sich vielmehr lieber mit Einkaufsvorschlägen für Tiefkühlgeräte herum. Wenn überhaupt jemand die Endnutzer vertritt, ist das eher auf einen Zufall oder eine Ironie des Schicksals zurückzuführen. Letzterem Umstand ist es z.B. zuzuschreiben, dass die Medienunternehmen eines Tages merkten, dass sie nicht nur Verwerter, sondern auch Nutzer von Informationen sind. Den bis heute ungeklärten Streit um die Nutzung von Pressearchiven[36] führen die betroffenen Unternehmen in Selbstzerfleischung an beiden Seiten der Front. Der Kampf um die Schranken wäre also ein Kampf Davids gegen Goliath, wäre David nicht kopf- und armlos und Goliath nicht eine übermächtige Hydra mit den Köpfen der mächtigen Medienindustrie. Insofern werden auch künftige „Reförmchen" darunter leiden, dass die Kreativwirtschaft jede Form eines fairen Diskurses konterkarieren wird. Und solange ein Bundeswirtschaftsminister den Präsidenten des Bundesverbandes Musik, Dieter Gorny, zum offiziellen Beauftragten des Ministeriums für

---

36 Vgl. nur BGH, Urteil vom 10.12.1998 – I ZR 100/96, MMR 1999, 409 m. Anm. *Hoeren*.

die digitale Wirtschaft ernennen kann, sind wir noch Lichtjahre von einem verfahrensgerechten Kampf um das Urheberrecht entfernt.

IV. Der Reformstau

Das Urheberrecht ist das Ergebnis eines historischen Prozesses[37]. Dabei darf das Wort „Ergebnis“ nicht so verstanden werden, als ob der historische Prozess kontinuierlich ein stimmiges Bild zusammengestellt hätte. Vielmehr haben sich Strukturen dort, wo sie eventuell noch erkennbar gewesen wären, durch die einzelnen Änderungen in dem Prozess weitgehend aufgelöst. Wenn in den Anfängen noch grundlegende Gedanken hinter dem Urheberrecht standen, so sind diese durch die Anforderungen, die verschiedenste Kreise an ein „modernes“ Urheberrecht stellen, vollkommen überstrapaziert. Der größte Mangel des heutigen – deutschen wie auch internationalen – Urheberrechts ist der Mangel einer übergeordneten Idee, was dieses Urheberrecht überhaupt leisten will und kann. Dabei geht es zwar auch – da sind sich alle Seiten in der aktuellen Debatte einig – um die Modernisierung eines veralteten Rechtsinstituts und um die Anpassung an heutige (technische und gesellschaftliche) Möglichkeiten und Realitäten. Diese Möglichkeiten und Realitäten ändern sich jedoch schneller, als ein Gesetzgeber und vor allem eine Rechtsgemeinschaft reagieren könnte – und wünschenswerter als eine Reaktion ist in jedem Fall die aktive Gestaltung. Daher geht es noch vor dem Gedanken einer Modernisierung darum, ein klares Ziel des Urheberrechts und einen Platz im Feld der Schutzrechte und in der Rechtsgemeinschaft insgesamt zu definieren. Ist dieses Ziel als „Grundgedanke“ und „roter Faden“ klar genug vorangestellt, dann fügen sich einzelne technische und gesellschaftliche Entwicklungen mehr oder weniger von selbst in das Urheberrecht ein.

Die brennendsten Fragen, die nur eine grundlegende Reform beantworten kann, sind folgende:

- Was will das Urheberrecht überhaupt schützen (Gegenstand)?
- Welche Interessen will das Urheberrecht schützen (wirtschaftliche Interessen welcher Art? / persönlichkeitsrechtliche Interessen?)
- Welcher Instrumente kann und sollte sich ein Urheberrecht zum Schutz dieser Interessen bedienen? Ist das Urheberrecht etwa ein geeignetes / ausreichendes / adäquates Mittel, um die wirtschaftliche Existenzgrundlage einzelner Personen sicherzustellen und welche Personen sollen diesem Kreis angehören dürfen (nur die Kreativen selbst oder auch ganze dahinterstehende Wirtschaftszweige)?

---

37 Vgl. *Hoeren*, Was bleibt vom Urheberrecht im Zeitalter von Filesharing und Facebook?, EuZ 2012, 2 ff.

- Die vordergründige Frage nach dem Verhältnis zwischen dem Schutz des Rechteinhabers (Eigentum) und den Interessen der Allgemeinheit ist in Wirklichkeit die Frage nach der Rechtfertigung eines Urheberrechtsschutzes überhaupt („Legitimationskrise" des Urheberrechts[38]).

Diese Fragen stellen sich zunächst einmal ganz abstrakt. Denn ohne sie zu beantworten, kann ein in sich stimmiges Urheberrecht nicht entstehen. Ein stimmiges Recht ist aber für alle Beteiligten (Kreative, Verwerter und Verbraucher) wünschenswert. In der momentanen Situation kann kaum jemand aus diesen Kreisen im Alltag mit geistigen Inhalten umgehen, ohne vertiefte Kenntnisse des Rechts zu haben oder einzuholen. Konkreter und inhaltlich sollen diese Fragen in den kommenden Abhandlungen zum Fragenkatalog behandelt werden.

Natürlich empfiehlt sich bei solch grundsätzlichen gesellschaftlichen Entscheidungen, die zudem grenzübergreifend sind, immer eine internationale Regelung. In der konkretesten Form kann das in einer europäischen Harmonisierung realisiert werden. Da heutige Informationsflüsse immer weniger Grenzen kennen, kann sich das Recht, wenn es Standards durchsetzen will, gegen das Faktische fast nur dann auf lange Sicht durchsetzen, wenn international an einem Strang gezogen wird.

Es ist allerdings kaum realistisch, dass eine Vielzahl der Staaten, die eine eigene Tradition und eigene wirtschaftliche und gesellschaftliche Verhältnisse haben, in den Fragen des Urheberrechts wirklich an einem Strang ziehen wird. Die Idee einer Harmonisierung des Rechts reizt, aber sie entbindet nicht von nationalem Umdenken und Regeln. Europäisches Recht ist noch vielmehr als nationales der technokratischen Verwässerung durch den Widerstreit der Interessengruppen unterworfen. Daher muss der nationale Gesetzgeber seine substantiellen Vorstellungen und seine Grundgedanken durch eigenes Recht deutlich ausdrücken und nicht versuchen, sich den roten Faden aus internationalem Recht zu leihen, wo er realistischerweise nie entstehen wird.

Zudem wird eine EU-Regelung dieser Tragweite lange Zeit dauern, wie man an der DSGVO sehen kann. Diese Zeit darf der nationale Gesetzgeber nicht verstreichen lassen, wenn er die Entwicklung mitgestalten und sich nicht von der Realität überrollen lassen will.

---

38 *Hansen*, Warum Urheberrecht? – Die Rechtfertigung des Urheberrechts unter besonderer Berücksichtigung des Nutzerschutzes, München 2008, S. 1.

V. Noch einmal: Konkreter Regelungsbedarf

Die momentane Macht der lobbyistischen Partikularinteressen führt zu einer mosaikartigen Regelungstechnik im UrhG. Das ist sowohl auf Ebene des Schutzgegenstands (immer differenzierterer Werkbegriff für verschiedene Werkarten; Leistungsschutzrechte), des Schutzbereichs (unterschiedliche Schutzanforderungen und Reichweite etwa in der Beziehung Form-Inhalt), als auch der Schranken zu beobachten. Eine zu große Rechtsunsicherheit ist ein Hemmnis für alle denkbaren Schutzgüter eines Urheberrechts: Kreativität muss sich kleinkarierten Strukturen unterordnen, um sowohl ihre eigenen Interessen zu verwirklichen als auch um nicht mit fremden Interessen zu kollidieren. Wirtschaftliche Abläufe werden komplizierter, was ein Hindernis für den Wettbewerb darstellt – nur noch etablierte Teilnehmer haben die Erfahrung, den Zugang zu qualifiziertem Rat und die Mitgestaltungsmöglichkeiten, um sich in dem Dschungel zurechtzufinden und nicht mit jedem Handschlag ihre Existenz aufs Spiel zu setzen. Und letztendlich ist der Nutzer der größte Verlierer, der sich entweder unerwartet und unnachvollziehbar einer Inanspruchnahme gegenüber sieht oder aus Angst seine Handlungsfreiheit weit über Gebühr selbst beschneidet. Dabei ist es eine große Herausforderung an den Gesetzgeber eine Regelung zu treffen, die sowohl nachvollziehbar und überschaubar ist („roter Faden") als auch gerecht.

Ein anderer Aspekt ist, dass die Schutzdichte momentan ein Maximum erreicht. Im letzten Jahrzehnt dominierte im Kampf um das Urheberrecht die Angst vor vollständigem Verlust der Kontrolle im digitalen Bereich. Daher hat sich – zumindest auf dem Papier der Gesetzblätter – ein Interessencluster durchgesetzt, der eigentlich ein normatives Gegengewicht zu der gefühlt „anarchischen" Realität bilden wollte. Durch die Kanalisierung der Nutzerinteressen (bezahlbare Angebote, die auf die Interessen eingehen) und Verbesserung und Ausweitung der Verfolgung von Verstößen hat sich jüngst die Realität an das normative Gegengewicht angepasst. Dadurch ist das Gegengewicht zu einem Übergewicht geworden. Das Urheberrecht muss entweder überzeugend die Frage beantworten, warum es gerade dem Nutzer so viel abverlangt und warum es die Vermarktung von Information so weit wie möglich erstreckt oder, falls ihm die Beantwortung nicht gelingt, seine Schwerpunktsetzung anpassen.

Das berührt die Frage der oben angesprochenen „Legitimationskrise". Mit der Zeit hat sich in der Entwicklungsgeschichte des Urheberrechts für die Rechtfertigung des Urheberrechtsschutzes die „monistische Theorie" durchgesetzt, die das Urheberrecht als untrennbaren Verbund aus Eigentumsschutz und

Persönlichkeitsschutz begreift[39]. Ausgangspunkt des Eigentumsschutzes ist der Gedanke, dass das Urheberrecht die wirtschaftliche Existenzgrundlage der Kreativen sicherstellen soll, um deren gesellschaftlich erwünschte Arbeit zu fördern. Die persönlichkeitsrechtliche Komponente basiert auf dem Gedanken, dass mit der Schöpfung eines Werkes ein Teil der Persönlichkeit des Urhebers an die Allgemeinheit preisgegeben wird, den es mit dem verfassungsrechtlich garantierten Persönlichkeitsrecht zu schützen gilt[40]. Diese Gedanken resultierten in einem stark auf die Person des Urhebers konzentrierten Urheberrechtsmodell[41]. Dabei geht die Tendenz der Gesetzgebung und Rechtspraxis schon seit Jahrzehnten dahin, dass die Interessen der Kreativen vielmehr in ihren Verträgen zu den Verwertern verhandelt werden und das Instrumentarium des Urheberrechts zum Großteil nur zwischen Verwertern und Nutzern angewandt wird. Das Urheberrecht entwickelt sich „von einem Kultur- zum Industrierecht“[42]. Das zieht schwere Konsequenzen für die Legitimation des Urheberrechts überhaupt nach sich. Wenn es immer mehr ein „Industrierecht“ wird, wie können dann noch die im Gegensatz zu gewerblichen Schutzrechten sehr starken Übergriffe[43] in den privaten Bereich der Nutzer gerechtfertigt werden? Die hehren Ziele, Kreativität zu fördern, können bei diesem Befund jedenfalls nicht mehr gelten. Das Urheberrecht muss die Belange der Nutzer in viel stärkerem Maße mit einbeziehen als bisher, insbesondere muss sich die Ausgestaltung der Schrankenregelungen viel stärker am Nutzer orientieren[44] – und zwar nicht in einer Feinabstimmung, sondern in ihrer Grobstruktur. Ein wichtiger Gedanke ist daher eine grundlegende Ausweitung der Freiheit im Umgang mit Information bis hin zu dem Ansatz, dass im privaten Bereich nur noch Urheberpersönlichkeitsrechte Anwendung finden und Verwertungsrechte nur gegen kommerzielle Nutzung eines Werkes geltend gemacht werden können. Die nötigen Ansätze müssen dabei noch über die amerikanischen „fair-use“-Prinzipien weit hinausgehen.

Natürlich bergen solche Ansätze Risiken für das derzeitige wirtschaftliche Geflecht um kreative Leistungen. Es ist aber, wie bereits angedeutet, ohnehin

---

39 *Ulmer*, Urheber- und Verlagsrecht, 3. Aufl., Berlin 1980, S. 114 f.; *Schricker / Loewenheim*, Urheberrecht, 4. Aufl. München 2010, Einleitung Rn. 20 ff.

40 *Wandtke / Bullinger*, Praxiskommentar zum Urheberrecht, 4. Auflage 2014, Vorbemerkung zu § 12 Rn. 1.

41 *Hansen*, Warum Urheberrecht? – Die Rechtfertigung des Urheberrechts unter besonderer Berücksichtigung des Nutzerschutzes, München 2008, S. 175.

42 *Hoeren*, Editorial: Ein Jahr MMR – Rück-, Zwischen- und Ausblick, MMR 2000, 3.

43 Dazu sogleich in den Ausführungen zur 2. Frage.

44 Vgl. *Hansen*, Warum Urheberrecht? – Die Rechtfertigung des Urheberrechts unter besonderer Berücksichtigung des Nutzerschutzes, München 2008, S. 401 ff.

mehr als fragwürdig, ob das Urheberrecht der Aufgabe (noch, wenn nicht überhaupt schon einmal) gewachsen ist, künstlerischer, literarischer und wissenschaftlicher Kreativität einen wirtschaftlichen Nährboden quasi aus dem Nichts zu verschaffen. Das derzeitige Modell droht ohnehin in sich zusammenzufallen[45] und bedarf einer grundlegenden Erneuerung. Dann muss jedoch auch die Entscheidung getroffen werden, wie eventuelle wirtschaftliche Einbußen bei den Kreativen kompensiert werden können.

Den Interessen des aktiven Nutzers wird bei diesem Ansatz u.a. dadurch Rechnung getragen, dass möglichst viele Formen der Nutzung von Werken einwilligungsfrei möglich sind, ohne dass damit eine Vergütungspflicht etwa über Verwertungsgesellschaften ausgeschlossen wird. Dabei sind auch die Besonderheiten des Internets etwa im Hinblick auf transformative Nutzung von Materialien (Sampling / Remixing) zu berücksichtigen[46].

Gleichzeitig ist das System der Leistungsschutzberechtigten deutlich herabzusenken. Leistungsschutzberechtigte sind nur Hilfspersonal und wurden wegen ihrer sekundären Hilfsfunktion bei der Entwicklung und beim Vertrieb von Kreativität mit Nebenrechten bedacht. Bedingt durch die Rechtsprechung (so z.B. der BGH im Fall „Metall auf Metall"[47]) oder eine falsche Gesetzgebung (Leistungsschutzrecht für Presseverleger, § 87f UrhG) haben die Leistungsschutzberechtigten heute mehr Rechte als die Urheber. Man ahnt, dass diese Situation nur dadurch entstehen konnte, dass die sogenannten Leistungsschutzberechtigten heute Verwerter sind, die massiv über ihre lobbyistischen Kanäle Sonderrechte zur Sicherung ihrer Investition in das Urheberrechtsgesetz haben transponieren lassen. Der Gesetzgeber ist dem willfährig nachgekommen, zumal bestimmte Leistungsschutzberechtigte (z.B. Presseverleger) über einen nicht unbeachtlichen Einfluss auf die Politik verfügen, insbesondere was die öffentliche Darstellung von Politikern angeht.

Im Ergebnis sollte ein zweigeteiltes Urheberrecht bestehen. Die wahren Kreativen im Sinne der alten Kategorien der schönen Künste sollten einen möglichst umfassenden Schutz ihrer Kreativität behalten, sowohl gegen die Verwerter als auch gegen die Nutzer. In der zweiten Kategorie stehen die Ersteller von Gebrauchskunst einschließlich Software und Datenbanken[48]. Diese brauchen keinen eigenen Schutz, vergleichbar dem des Urhebers (70

45 *Geller*, Die Auflösung des geistigen Eigentums, GRUR Int. 2006, 273.

46 Vgl. dazu *Peukert*, Das Urheberrecht und die zwei Kulturen der Online-Kommunikation, GRUR-Beilage 2014, 77, 86.

47 BGH, Urteil vom 20.11.2008 – I ZR 112/06, GRUR 2009, 403.

48 Zum Quasi-Investitionsschutz der Software *Hansen*, Warum Urheberrecht?, S. 68.

Jahre nach seinem Tod). Hier reicht ein kurzer Investitionsschutz in Anlehnung an § 4 Nr. 9 UWG vollständig aus, der sich dann auch auf den Bereich Business to Business beschränken könnte.

Ob sich solche Ideen eines Tages durchsetzen? Wer weiß. Doch Dylan Thomas hat Recht. Kluge, wilde, gute Menschen wissen, dass sie gegen das Verschwinden von Licht nur anschreien können und nicht sanft in diese „gute Nacht" gehen dürfen.

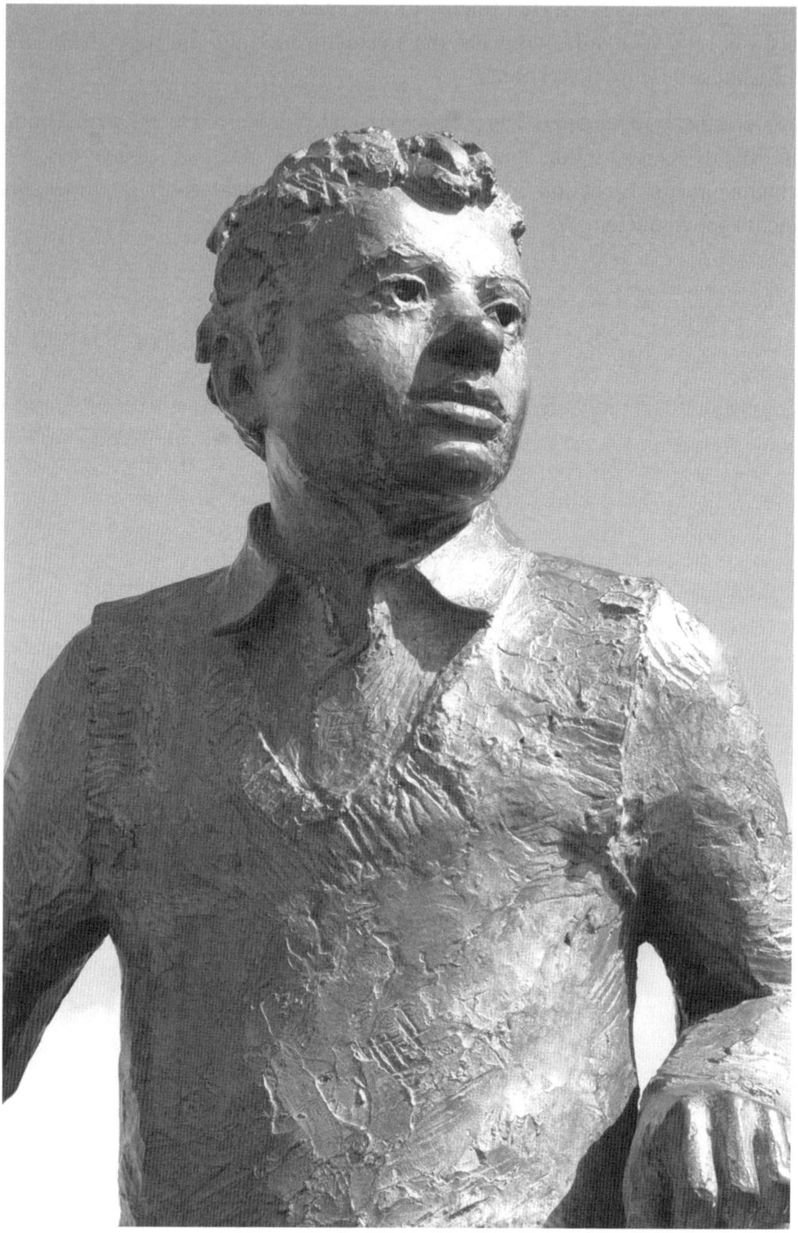

Abb. 4
Denkmal für Dylan Thomas in Swansea / Wales

6.

Antje Erdmann-Degenhardt

Im Dienste Holsteins – Caspar von Saldern und Katharina die Große

I. Einleitung – Die Bedeutung von Caspar von Saldern

Die Öffnung der Saldernschen Gruft an der Bordesholmer Klosterkirche für die Allgemeinheit im Jahre 2014 ist Veranlassung genug, sich einer bedeutsamen Zeit in Schleswig-Holstein zu erinnern, als ein Teil des Landes im 18. Jahrhundert durch Erbgang unter russische Verwaltung kam. Hierbei spielen die Zarin Katharina die Große (1729–1796) und ihr Minister Caspar von Saldern (1711–1786), u.a. Herr auf dem Gut „Schierensee" bei Rendsburg, eine wesentliche Rolle![1] Denn Katharinas Sohn Paul Petrowitsch (1754–1801) hatte das kleine Herzogtum Holstein-Gottorf von seinem Vater, Karl Ulrich Peter von Holstein-Gottorf (1728–1762), dem späteren Zaren Peter III., und gleichzeitigem Ehemann Katharinas, geerbt. Die Zarin verwaltete das Territorium, nach dem gewaltsamen Tod ihres Gemahls, bis zur Volljährigkeit ihres Sohnes Paul für diesen.

Aufgrund ihrer verwandtschaftlichen und ehelichen Beziehungen zu dem damaligen Zwergstaat Holstein-Gottorf gelang es Saldern, das Interesse Katharinas für dieses kleine Territorium zu verstärken und einem Gebietsverzicht bzw. -austausch hinsichtlich der sog. „Kielischen Lande" zuzustimmen, der gerade für Russland ungewöhnlich ist. In jahrelangen, zähen Verhandlungen schaffte er es, in Zusammenarbeit mit dem russischen Außenminister Nikita Ivanovic Panin (1718–1783), dem dänischen Außenminister Johann Hartwig Ernst von Bernstorff (1712–1772) und seinem ihm im Amte nachfolgenden Neffen Andreas Peter von Bernstorff (1735–1797), die sogenannte „Ruhe des Nordens" herzustellen. Diese Bemühungen gipfelten am 1. Juni 1773 in dem Vertrag von Zarskoje Selo, dem heutigen Puschkin bei Petersburg. Der Inhalt des Vertrages war die Abtretung des Herzogtums Holstein-Gottorf durch Russland an Dänemark, die Übergabe der bis dahin dänischen Grafschaften

---

1 Zu allem, mit zahlreichen Literaturverweisen: *Antje Erdmann-Degenhardt*, Im Dienste Holsteins, Katharina die Große und Caspar von Saldern, Rendsburg 1. Aufl. 1986, 2. Aufl. 1987, überarbeitete Neufassung Nordstrand 2016.

Oldenburg i.O. und Delmenhorst, zuerst an Katharinas nunmehr volljährigen Sohn Paul, den russischen Großfürsten, der durch Beerbung seines Vaters, Zar Peter III., auch Chef des Hauses Holstein-Gottorf geworden war sowie sodann die Übertragung dieser Gebiete an einen Onkel der Zarin, den Lübecker Fürstbischof Friedrich August von Holstein-Gottorf (1711–1785), welcher aber im Eutiner Schloss seinen offiziellen Wohnsitz hatte.

Die Institution der Fürstbischöfe war kirchenrechtlich eine aparte Konstruktion: Die Gottorfer hatten sich in eine jüngere und ältere Linie geteilt. Die ältere lebte im Kieler Schloss und stellte den regierenden Herzog. Aus der jüngeren Linie kamen mehrmals die sog. Fürstbischöfe von Lübeck. Sie waren nach der Reformation nicht mehr katholisch, sondern protestantisch, waren verheiratet und residierten im Eutiner Schloss. Im 17. und 18. Jahrhundert waren fünf Verwandte Katharinas nacheinander Fürstbischöfe, nämlich ihr Urgroßvater, der Großvater sowie drei Onkel, die Brüder ihrer Mutter. Ein Onkel Katharinas, Adolf Friedrich von Holstein-Gottorf (1710–1771), schaute sowohl nach Preußen, indem er eine Schwester Friedrichs des Großen, Luise Ulrike (1720–1782), heiratete und ließ sich außerdem im Jahre 1751 zum König von Schweden krönen.

Durch den Austauschvertrag war nicht nur ein 150 Jahre alter Konflikt zwischen dem dänischen Königshaus und den Gottorfern, die einst auch diesem Haus entsprungen waren, beseitigt, sondern das Zarenreich hatte infolge des Verzichtes auf Kiel mit dem eisfreien Hafen sowie seinem Umland, keinen Fuß mehr in Holstein. Mit ein wenig Phantasie möge man es sich vorstellen, wie es wohl heute wäre, wenn Russland und seine Rechtsnachfolger durch Erbgang immer noch Rechte an Teilen von Holstein hätten! Somit kann diese diplomatische Großtat Caspar von Salderns gar nicht hoch genug gewürdigt werden![2]

Zwar mag der Kieler Historiker Otto Brandt in der Glorifizierung Salderns und in der Einschätzung seines Einflusses auf die Holstein-Politik Katharinas in seiner Biographie zu weit gehen[3].) Wohl ist mehr Eckhard Hübner, in Anlehnung an jüngere historische Meinungen zu folgen, der Salderns Bedeutung relativiert wissen will. Er sei nicht so sehr der geniale Verwirklicher einer politischen Idee, sondern vielmehr ein „geeigneter Vollstrecker einer be-

2 Ein kurzer Überblick über sein Leben: *Eckhard Hübner*, Saldern, Caspar von, in: Biographisches Lexikon für Schleswig-Holstein und Lübeck, Band 9, Neumünster 1991.

3 *Otto Brandt*, Caspar von Saldern und die nordeuropäische Politik im Zeitalter Katharinas II., Erlangen 1932.

stimmten außenpolitischen Konzeption" gewesen[4]. Man kann jedoch der ausführlichen Schilderung Otto Brandts aus dem Jahre 1932 „Caspar von Saldern und die nordeuropäische Politik im Zeitalter Katharinas II.", mit der er Saldern für den deutschsprachigen Raum sozusagen erst „entdeckt" hat, in einem beipflichten: dass Saldern ein rücksichtsloser Bahnbrecher des Austauschgedankens war. Die Idee dieses Gebietswechsels war zwar nicht sein Gedankengut, sondern lange zuvor historisch gewachsen. Doch Saldern war es, der das Vertragswerk mit allen Regeln der Diplomatie, mit Energie und Galanterie, in einem Zeitraum, der sich immer noch auf über zehn Jahre belief, vorantrieb. Bei der russischen Mentalität, auf die Katharina auch keinen Einfluss hatte, hätten die Vertragsverhandlungen, ohne seinen robusten Willen, ohne die ihm nachgesagte „Grobheit eines holsteinischen Bauern, verbunden mit der Pedanterie eines deutschen Professors", möglicherweise noch länger gedauert oder wären nie zum Ende gekommen.

II. Katharina die Große – der Weg zum Zarenthron

Doch eine wesentliche Komponente bei diesem Vertragswerk war die Bereitschaft und das außenpolitische Verständnis Katharinas der Großen! Man könnte sie als eine der bedeutendsten Karrierefrauen des 18. Jahrhunderte bezeichnen. Da ihre Mutter Johanna Elisabeth (1712–1760) aus der jüngeren Gottorfer Linie stammte und Katharina vor ihrer Eheschließung schon als kleines Mädchen gelegentlich in Holstein weilte, haben verschiedenste Beziehungen sie mit diesem kleinen Land verbunden. Durch die Eheschließung im Jahre 1745 mit ihrem Vetter zweiten Grades, Karl Ulrich Peter, dem späteren Zaren Peter III., der ebenfalls ein Gottorfer war, wenn auch aus der älteren Linie, wurde ihre Verbindung zu diesem Hause noch fester.

Und es waren die Gottorfer, die, ähnlich den Habsburgern, eine gut durchdachte Heiratspolitik verfolgten, so dass auf vielen Thronsesseln ein Mitglied dieses Hauses saß oder mit führenden Herrscherfamilien durch eine Ehe verbunden war. So war Katharinas Urgroßvater mütterlicherseits, Christian Albrecht (1641–1694), der Begründer der Kieler Universität, Schwiegervater der Schwester des Königs von Schweden, denn sein Sohn Herzog Friedrich IV. von Holstein-Gottorf (1671–1702) heiratete Hedwig Sophie, die Schwester Karls XII. (1697–1718) und die Tochter Karls XI. von Schweden. Schon Christian Albrechts Schwester Hedwig Eleonora hatte sich einst mit Karl X. Gustav von Schweden, dem Wittelsbacher Neffen Gustav Adolfs von Schweden, vermählt.

---

4 *Eckhard Hübner*, Staatspolitik und Familieninteresse, in: Quellen und Forschungen zur Geschichte Schleswig-Holsteins, Band 83, Neumünster 1984.

Christian Albrechts Enkel hingegen, der Gottorfer Herzog Karl Friedrich (1700–1739), der spätere Schwiegervater Katharina der Großen, der seine Kindertage am schwedischen Hof verbracht hatte, verband sich mit Russland, als er Anna Petrowna (1708–1728), die Lieblingstochter Zar Peter des Großen (1689–1725) heiratete. Auch Katharinas einer Onkel, der Lübecker Fürstbischof Karl August von Holstein-Gottorf (1706–1727), ein weiterer Bruder ihrer Mutter Johanna Elisabeth, wandte sein Herz – oder war es die Staatsraison – nach Osten und verlobte sich mit einer anderen Tochter Peters des Großen, der späteren Zarin Elisabeth I. (1709–1761). Er verstarb zwar kurz darauf an den Pocken, doch hat sich Elisabeth weiterhin für die weitläufige Familie ihres Bräutigams erwärmt.

Das Haus Gottorf wurde, ebenso wie das Haus Anhalt-Zerbst, aus dem Katharinas Vater herstammte, bei Regierungsantritt der Zarin Elisabeth im Jahre 1741 mit Sympathiebezeugungen durch dieselbe förmlich überhäuft. So wurde z.B. die Wahl des schwedischen Königs und damit die Ernennung von Katharinas Onkel hierzu, Adolf Friedrich von Holstein-Gottorf, durch die Zarin energisch beeinflusst. Die Beorderung Karl Peter Ulrichs von Holstein-Gottorf nach Petersburg als ihrem zukünftigen Nachfolger und auch die Einflussnahme auf Friedrich den Großen, damit Katharinas Vater zum preußischen Feldmarschall befördert wurde, galten ebenso als Gunsterweise der Zarin, wie die Übergabe eines diamantenübersäten Portraits Elisabeths an Katharinas Mutter oder die Bewilligung einer Pension für Katharinas Großmutter, Albertine Friederike von Holstein-Gottorf. Außerdem wurde die Zarin Patentante bei Katharinas jüngerer, früh verstorbenen Schwester. Als Katharinas Mutter Johanna Elisabeth von Anhalt-Zerbst, zusammen mit ihrer heranwachsenden Tochter, im Januar 1744 von der Herrscherin aller Reußen nach Petersburg eingeladen wurde, um als Heiratskandidatin inspiziert zu werden, trug diese sogar die Reisekosten für die beiden Damen.

Daneben bestanden zwischen dem Hause Gottorf und den Königen von Dänemark uralte Verflechtungen, da Christian I. von Dänemark, aus dem Hause Oldenburg-Delmenhorst (1426–1481), nicht nur 1448 zum König von Dänemark, sondern auch 1460 zum Herzog von Schleswig und Grafen von Holstein und Stormarn gewählt worden war, wodurch sich bei einer der zahlreichen Erbteilungen zwischen dem dänischen König Christian III. und seinen Brüdern eine Generation später das Haus Gottorf gebildet hatte (1544).

Väterlicherseits war Katharina hingegen, die 1729 als Tochter des Festungskommandanten Stettins, des Fürsten Christian August von Anhalt-Zerbst (1690–1747), zur Welt gekommen war, weder mit einflussreichen Verwandten, noch irdischen Gütern gesegnet. So ist es von ihr und ihrer Familie als gesellschaftlicher Aufstieg betrachtet worden, dass sie dem zukünftigen russischen Zaren angetraut werden sollte.

An ihre engen Beziehungen zum Eutiner Schloss und ihre dort lebende Familie mütterlicherseits erinnern in den musealen Räumen noch heute etliche Porträts aus allen Stadien ihres Lebens, wie auch ein Blumenstück, das sie als junges Mädchen gemalt haben soll, sowie ein umfangreiches Porzellanservice mit ihrem Familienwappen verziert, welches sie eigentlich ihren Eltern schenken wollte und das dann im Eutiner Schloss verblieb. Auch hängen dort hölzerne Modellschiffe, die Peter der Große (1672–1725) als junger Mann gezimmert haben soll – ein damaliges Geschenk des Zarenhauses. Ein prachtvolles, riesiges Porträt der russischen Herrscherin befindet sich darüber hinaus im „Katharinensaal" des Gutshauses „Schierensee", das die Zarin, als besondere Geste ihrer Huld, Caspar von Saldern dedizierte.

Karl Peter Ulrich begegnete der jungen Prinzessin Sophie Auguste Friederike von Anhalt-Zerbst, wie diese noch als junges Mädchen hieß, zum ersten Mal im Jahre 1739, unmittelbar bevor er für immer zu seiner Tante, der Zarin Elisabeth, nach Petersburg reiste. Zu diesem Zeitpunkt war seine Kusine zehn Jahre alt und er elf. Der Holsteiner Prinz war gerade Vollwaise geworden. Er wurde auf dem Kieler Schloss geboren. Nach dem frühen Tode seiner russischen, achtzehnjährigen Mutter und dem elf Jahre später erfolgten Ableben seines Vaters, Herzog Karl Friedrich von Holstein-Gottorf, der in der Bordesholmer Klosterkirche, in der sog. „Russischen Kapelle", in einem imposanten Sarkophag ruht, war der junge Prinz der alleinige Erbe eines Ministaates. Seit dem Nordischen Krieg (1700–1721), in welchem Dänemark 1713 in den Landesteil Schleswig eingefallen war, hatte schon Herzog Karl Friedrich nur noch einen Zwergstaat regiert. Dieser erstreckte sich als sog. „Kielische Lande" von Kiel, Kronshagen, Bordesholm, Brügge, Flintbek, Oldenburg i.H., Trittau, Reinbek, Tremsbüttel, Neustadt bis zu der Landschaft Norderdithmarschen und war eigentlich gar nicht mehr lebensfähig. Die Residenz befand sich, nach dem Verlust von Schloss Gottorf, in Kiel.

Katharina kommentierte später den frühen Tod ihrer Schwiegermutter, welche sie nie kennen gelernt hatte, mit folgenden respektlosen Worten:

> „Die Mutter des ersteren (Mutter von Katharinas Ehemann Peter III., – Anm. ED), eine Tochter Peters I., starb zwei Monate nach seiner Geburt an der Schwindsucht, in der kleinen Stadt Kiel in Holstein, aus Verdruss, sich dorthin versetzt zu sehen und so unglücklich verheiratet zu sein. Karl Friedrich, Herzog von Holstein, Neffe

> Karls XII., König von Schweden, Vater Peters III., war ein schwacher, hässlicher, kleiner, kränklicher und armer Fürst.“[5]

Um seinen verwaisten kleinen Sohn kümmerte sich der junge Herzog Karl Friedrich offenbar herzlich wenig, sondern überließ diesen, sobald er aus dem Kleinkindalter heraus war, der Erziehung des Oberhofmarschalls und ehemaligen Stallmeisters Otto Friedrich Graf von Brümmer (1690–1755). Wie anders wäre wohl das Schicksal des Kindes verlaufen, wenn seine Mutter, die Zeitgenossen als intelligente, liebenswürdige Erscheinung schilderten, nicht so früh verstorben wäre? Durch besagten Brümmer soll der Junge, immerhin Enkel des Zaren Peter des Großen und Neffe des schwedischen Königs Karl XII., einer grausamen, fast unmenschlichen Erziehung ausgesetzt gewesen sein, die mit Nahrungsentzug, Prügelstrafe und Entwürdigung vor dem gesamten Kieler Hofstaate ausgeübt wurde.

Ob überhaupt einer der ihn begleitenden Erwachsenen darüber reflektiert haben mag, was in ihm vorging? War er für alle nur ein Objekt dynastischer Überlegungen? Wir wissen es nicht, zumal die Kinderpsychologie sich erst sehr viel später entwickelte. Auch Katharina lässt in ihren Memoiren nicht erkennen, ob sie, die in der liebevollen Obhut beider Eltern aufwuchs, damals Bedauern hinsichtlich des Schicksals des kleinen Jungen empfunden hat. Sie fährt fort:

> „Er (Peters Vater – Anm. ED) starb im Jahr 1739 und ließ seinen Sohn im Alter von elf Jahren unter der Vormundschaft seines Vetters Adolf Friedrich, Bischof von Lübeck, Herzog von Holstein, später, infolge des Friedens von Abo, auf die Empfehlung der Kaiserin Elisabeth, erwählten Königs von Schweden, zurück. Seit seinem zehnten Jahre zeigte Peter III. eine Neigung zum Trunk. Als die Kaiserin Elisabeth den russischen Thron bestiegen hatte, schickte sie den Kammerherrn Korf nach Holstein, ihren Neffen zu holen. [...] Ich sah Peter III. zum ersten Male, als er elf Jahre alt war, in Eutin bei seinem Erzieher, dem Fürstbischof von Lübeck, einige Monate nach dem Abscheiden seines Vaters, des Herzogs Karl Friedrich. Der Fürstbischof hatte im Jahre 1739 seine ganze Familie bei sich versammelt, um seinen Zögling einzuführen [...] und bei dieser Gelegenheit hörte ich im Familienkreise davon reden, dass der junge Herzog zum Trunke neige, und dass seine Umgebung ihn nur mit Mühe hindere, sich bei Tische zu betrinken; dass er starrköpfig und jähzornig sei; dass er seine Umgebung, und besonders den Oberhofmarschall Brümmer nicht liebe; dass es ihm übrigens nicht an Lebhaftigkeit fehle, aber dass er ein kränkliches und ungesundes Aussehen habe. In der Tat war seine Gesichtsfarbe blass, und er schien von schwächlicher Konstitution. Diesem Kinde wünschte seine Umgebung das Ansehen eines fertigen Menschen zu geben, und zu diesem Zwecke belästigte man ihn und hielt ihn unter einem Druck, der ihm jene

5 *Alexander Herzen*, Die selbstgeschriebenen Memoiren der Kaiserin Katharina II. nebst einer Vorrede, Berlin 1859.

> Falschheit einpflanzen musste, welche seitdem den Kern seines Charakters ausmachte […].“[6]

Katharina erinnerte sich später in ihren Memoiren offenbar noch genau an diese Begegnung im Eutiner Schloss. Ihre Mutter, Johanna Elisabeth, hatte gerade das bei Lütjenburg gelegene Adlige Gut „Neudorf“, welches später von dem Bruder Katharinas an die Familie von Buchwald verkauft wurde, dem es seitdem gehört, erworben. Noch heute existiert im Herrenhaus eine Bettstelle, in welcher, der Familienlegende zufolge, die junge Sophie Auguste Friederike übernachtet haben soll. Katharina schreibt weiter zu ihrem Besuch in Eutin:

> „Meine Großmutter, die Mutter des Fürst-Bischofs, meine Mutter, die Schwester des Fürsten, waren mit mir von Hamburg gekommen. Ich war damals zehn Jahre alt.“[7]

Hat Katharina Karl Peter Ulrich in den Memoiren, die Alexander Herzen (1812–1870) im Jahre 1859 herausgab, bei dem Eutiner Zusammentreffen so äußerst negativ beschrieben, so klingt es in weiteren Fragmenten anders. Im Jahre 1907 erschienen, aufgrund der hauptsächlich im Staatsarchiv und in der Kaiserlichen Privatbibliothek im Winterpalast zu Petersburg aufbewahrten Manuskripte, erstmals weitere autobiographische Aufzeichnungen von ihr. Hierin vermerkte Katharina:

> „Nach kurzem Aufenthalt in Hamburg, wo es alle Tage neue Vergnügungen gab, ist meine Großmutter mit den Kindern nach Eutin, der Residenz des Fürstbischofs von Lübeck, des Administrators von Holstein, gereist. Der Prinz hatte aus Kiel sein Mündel, den damals elfjährigen Herzog Karl Peter Ulrich, dorthin mitgebracht. Hier sah ich also den Herzog, der später mein Gemahl geworden ist, zum ersten Mal! Er schien damals wohlerzogen und geweckt, doch war schon die Neigung für den Wein bemerkbar und Widerwillen gegen alles, was ihm irgendwie unbequem war. Meiner Mutter trat er näher, aber mich konnte er nicht leiden; er war eifersüchtig auf die Freiheit, die ich genoss, während er von Lehrern umringt war und jeder seiner Schritte geregelt und gezählt war.
>
> Ich kümmerte mich wenig um ihn, denn ich war zu beschäftigt; zweimal am Tage zwischen den Mahlzeiten machte ich mit den Frauen meiner Großmutter Milchsuppe, die ich dann verzehrte. Bei Tisch war ich sehr bescheiden bis zum Dessert. Konfitüren und Früchte beschlossen dann meine Mahlzeit. Weil ich gesund war, bemerkte man meine Lebensweise nicht einmal, und ich hütete mich, davon zu reden.“[8]

Diese kurze autobiographische Beschreibung der kleinen Prinzessin von Anhalt-Zerbst spricht für sich. Durch eine ungezwungene Erziehung entwi-

---

6 *Ders.*, a.a.O.

7 *Ders.*, a.a.O.

8 *Hedwig Fleischhacker*, Katharina II. in ihren Memoiren, Frankfurt 1972.

ckelte sich bei ihr eine natürliche Fröhlichkeit, gepaart mit Selbstbewusstsein und einem Optimismus, den sie in den Jahren der Ehe vor der Thronbesteigung, an der Seite des höchst eigenartigen Gatten, dringend nötig hatte.

Mehr Hinweise auf Jugendtage in Holstein enthalten die Memoiren und auch sonstige historische Arbeiten über Katharina nicht. Doch die Darstellung der familiären Beziehungen der Zarin zu der Heimat ihrer Mutter mag ihr Engagement für das Wohlergehen dieses kleinen Landes erklären. Ihre weitere Lebensgeschichte soll zur Erhellung des Hintergrundes, wenigstens in ihren Beziehungen zu Holstein, kurz geschildert werden: Als 1743 ihr Onkel Adolf Friedrich zum Kronprinzen von Schweden gewählt wurde – zu diesem Zeitpunkt war Katharina vierzehn Jahre alt – stärkte dieses das Selbstbewusstsein der jüngeren Gottorfer Linie auf Schloss Eutin ganz ungemein. Außerdem war es ein familiärer Pluspunkt, dass der nahe Verwandte, Karl Peter Ulrich von Holstein-Gottorf, der einzige Nachkomme der älteren Gottorfer Linie, mit zwölf Jahren als zukünftiger Anwärter auf den Zarenthron in die Obhut seiner Tante, der Zarin Elisabeth II., gekommen war. Diese beiden Faktoren werteten in Europa das Ansehen und die Bedeutung des Hauses Gottorf erheblich auf. Katharina erinnerte sich später:

> „Diese beiden Nachrichten verursachten große Freude im Hause meiner Eltern aus mehr als einem Grund. Vorher hatte man im Spaß manchmal darüber gestritten, wem man mich zur Frau geben würde, und wenn der Name des jungen Herzogs von Holstein genannt wurde, sagte meine Mutter: 'Nicht den, der braucht eine Frau, die durch Ansehen oder die Macht ihrer Familie seine Rechte und Ansprüche unterstützen kann, und deshalb passt meine Tochter nicht für ihn'. Und um die Wahrheit zu sagen, man einigte sich einstweilen noch auf keine Partie, es gab immer ein Wenn und Aber. In der Tat drängte ja auch nichts, denn ich war doch noch sehr jung. Nach diesen unerwarteten Veränderungen aber hieß es nicht mehr, ich passe nicht für den russischen Großfürsten; man schwieg und lächelte. Das setzte mir etwas in den Kopf, und in meinem Innersten bestimmte ich mich für ihn, und zwar deshalb, weil von allen vorgeschlagenen Partien diese die glänzendste war […].“[9]

III. Caspar von Saldern – von der Kindheit bis zum Tod in Schierensee

1. Kindheit und Jugend

Als Katharina nach siebzehnjähriger Ehe durch einen Staatsstreich zuerst Zarin und kurz darauf Witwe wurde und das holsteinische Herzogtum für ihren Sohn Paul vormundschaftlich verwaltete, wurde Caspar von Saldern einer ihrer

9 *Dieselbe*, a.a.O.

Hauptberater in Sachen Holstein. Über Salderns Kindheit und Jugend ist wenig bekannt:

Er wurde in Apenrade geboren. Der Vermerk im Taufregister der spätromanischen bzw. frühgotischen, ehrwürdigen Nikolaikirche zu Apenrade datiert vom 28. Juli 1711[10]. Leider beinhaltet die Eintragung nicht die Geburtsanschrift. So kann man nur vermuten, dass diese die Schlossstraße Nr. 33 war. Das langgestreckte Haus besteht noch heute. Apenrade kam 1544, bei der Teilung des Herzogtums Schleswig durch den dänischen König Christian III. (1503–1559) mit seinen Brüdern, zum Hause Gottorf. Seitdem war der Ort bis 1713, bis zur dänischen Okkupation unter König Frederik IV. von Dänemark (1671–1730), zu Gottorf gehörig. So siedelten sich hier in den fast zwei Jahrhunderten zahlreiche Gottorfer Hofbeamte an, zumal auch ein kleines Schlösschen „Brundlund" Besuche des jeweiligen herzoglichen Landesherrn ermöglichte. Es war darüber hinaus Sitz des Amtmannes des gleichnamigen Amtes.

Vom Portal des kleinen Schlosses, das wohl früher von Wasser ganz umflossen war, schaut man an der alten Mühle vorbei direkt in die Schlossstraße. Sie ist mit ihren winkligen Häusern, den geschnitzten und buntbemalten Türen, den „Utluchten" und Giebeln eine der schönsten Straßenzüge des Ortes. Salderns Vater war in Apenrade Amtsverwalter, dessen Vater Bürgermeister und auch der Großvater mütterlicherseits gehörte in der kleinen Stadt zu den Honoratioren. Eine Tante von Salderns, die in Apenrade verblieb, heiratete in die Familie der Grafen von Günderoth ein. Noch heute begeistert ihr Wohnhaus in der Nybro, unweit der Schlossstraße, durch seine malerische Gestaltung. Später zog diese Tante zwei von Caspar von Salderns Geschwistern groß. Als die Dänen 1713 den Landesteil Schleswig und damit auch Apenrade in Besitz nahmen, flüchtete Salderns Vater nach Holstein. Er wurde für kurze Zeit 1728 in dem Flecken Neumünster im Jahre Amtsverwalter, verstarb jedoch dort im selben Jahr.

Zu diesem Zeitpunkt war sein Sohn Caspar neun Jahre alt. Mit der Flucht nach Neumünster war Salderns Vater in den Schoß der dort ansässigen Großfamilie zurückgekehrt. Denn die Salderns oder Sallerns, wie sie sich auch nannten, stellten durch mehrere Generationen in Neumünster herzogliche Verwaltungsbeamte. Nur Caspar von Salderns Großvater mit gleichem Vornamen war nach dem Jurastudium in Kiel in das Herzogtum Schleswig und nach Apenrade gegangen, hatte dort die Tochter des Apenrader Amtsschreibers geheiratet und wurde dessen Nachfolger im Amte, sowie später Bürgermeister des Ortes. Seine

10 Handschriftliche Eintragung in das Taufregister der Nikolaikirche zu Apenrade, die mir freundlicherweise Herr Dr. Lars N. Henningsen als Xerokopie zur Verfügung stellte.

Schwiegertochter, Anna Maria, geb. Kamphövener, die Mutter des jüngeren Caspar von Salderns, war nicht unvermögend und besaß in Apenrade, neben dem Geburtshaus ihres Sohnes, mehrere Wohngebäude, die sie erst in den dreißiger Jahren des 18. Jahrhunderts verkaufte. Salderns Vater hatte seine Familie nach Neumünster nachkommen lassen.

Als er verstorben war, musste Caspar von Salderns Mutter den Jungen und einen Teil seiner Geschwister allein durchbringen. Sie war eine tüchtige, patente Frau, die noch eine Zeit lang das Amt ihres Mannes führte, was damals durchaus üblich war. Denn die Position war für einen erheblichen Betrag von ihrem Mann gekauft worden und musste nun optimal an einen geeigneten Nachfolger veräußert werden, weil hierdurch ihre Versorgung und die ihrer Kinder gewährleistet sein sollte. Salderns Mutter hatte das Amt ihres Mannes noch vier Jahre lang inne. Zwanzig Jahre später hat sie außerdem im Sommer des Jahres 1744, ihren Sohn in seinen Amtsgeschäften in Neumünster vertreten, als dieser zur Kur war.

Über die Kindheit Salderns ist darüber hinaus so gut wie nichts bekannt. Lebenserinnerungen hat er nicht hinterlassen. Vermutlich lebte die Familie ab 1720 in einem ansehnlichen Walmdachhaus mit Nebengebäuden in Neumünster am südwestlichen Großflecken, das der Großfamilie Saldern seit Generationen gehörte und in den Quellen immer als „Saldernsche“ oder „Sallersche Hufe“ bezeichnet wird. Außerhalb des Fleckens kamen noch zahlreiche Koppeln und Äcker dazu, so dass die Salderns immer von ihren landwirtschaftlichen Produkten leben konnten.

Die Hufner waren in einem Flecken wie Neumünster die besitzende bürgerliche Klasse. Sie stellten anfangs auch die dortige Oberschicht, bestehend aus Kirchspiel und Bauernvögten, Gerichtsleuten, Zollbeamten und Fleckenvorstehern, dar. Bereits der Ururgroßvater und der Urgroßvater, sowie ein Onkel unseres Caspar von Salderns waren Kirchspielvögte gewesen. Da die Führungskräfte für ihr Amt nur jeweils einen Ehrensold erhielten, war es unbedingt erforderlich, dass sie sich aus der besitzenden Schicht rekrutierten. Hierdurch ersparte sich der Landesherr erhebliche Gehaltszahlungen. Ihr Einkommen bezogen sie aus den sog. lukrativen „Sporteln“; das waren die Gebühren für ihre amtliche Tätigkeiten, welche die Bevölkerung für diese Aktivitäten zu zahlen hatte.

Nachdem die Mutter Caspar von Salderns das Amt ihres Mannes im Jahre 1724 an einen Caspar Heinrich Musaeus verkauft hatte, konnte sie sich nun ungehindert um die Kindererziehung kümmern. Zu diesem Zeitpunkt stand ihr Sohn Caspar unmittelbar vor der Konfirmation. Die Familientradition verlangte eine anspruchsvolle Schulausbildung und nach Möglichkeit ein Hochschulstudium. Saldern begann sein Studium, mit zwanzig Jahren, am 6. April 1731, in Jena. Auch seine Brüder erhielten eine qualifizierte Ausbildung und seine Schwestern wurden, mit der entsprechenden Mitgift, standesgemäß verheiratet. Ab 1733 studierte Saldern Jura und Kameralwissenschaft an der Christian-Albrechts-Universität in Kiel. Sein Landesherr war anfangs noch Herzog Karl Friedrich von Holstein-Gottorf. Seine lebenslängliche Verbundenheit zu diesem sollte sich auch wohl darin ausdrücken, dass Saldern seine eigene Grabesgruft später direkt Mauer an Mauer neben dessen Grabkapelle errichten ließ.

2. Amtsverwalter in Neumünster

Nach dem Studium, das er sodann in Kiel fortsetzte, begab sich der junge Mann, der Familiengepflogenheit folgend, in den gottorfischen Landesdienst und wurde bereits im Jahre 1736, fünfundzwanzigjährig, Amtsverwalter in Neumünster.

Diese Position erforderte eine juristische Ausbildung, genau, wie die des Amtmannes. Es bestand noch keine Gewaltenteilung. Die Jurisdiktion erfolgte durch den Amtmann. Recht wurde überwiegend mittels der „Neumünsterschen Kirchspielgebräuche“ gesprochen, eine reine Laienrechtsprechung, die auf altsächsischem Gewohnheitsrecht fußte, der allerdings der Amtmann formell vorstand und das Protokoll führte. Der Amtsverwalter war neben dem Amtmann die wichtigste Person in der herzoglichen Verwaltung eines Amtes. Auf ihm lag die eigentliche Last der Administration, vor allem das Finanzwesen. In Abwesenheit des Amtmannes – und dieses geschah häufig, war er dessen Vertreter. Er war außerdem für Pfändungen zuständig, für die Hebung der Abgaben und die Erstellung der Amtsrechnungen. Er haftete mit seinem gesamten privaten Vermögen. Amtmann war zu dieser Zeit Gerhard Graf von Dernath (1700–1749) und zwar gleichzeitig für die Ämter Kiel, Bordesholm und Neumünster. 1731 hatte Saldern, der sich selbstherrlich und aus Kalkül den Adelstitel eigenmächtig, nebst einem entsprechendem Familienwappen zugelegt hatte, um im Staate Gottorf karrieremäßig voranzukommen, die Stieftochter eines Günstling seines ersten Landesherrn Karl Friedrich von Holstein-Gottorf geheiratet und hatte mit ihr zwei Kinder. Nach der Geburt des dritten Kindes verstarb diese nur allzu früh. Er ließ für sich im Jahre 1746 das palaisartige Amthaus im spätbarocken Stil in Neumünster im Haart erbauen, an dessen Baukosten er sich beteiligte und das, ebenso wie „Schierensee“, seinen Hang zum repräsentativen Bauen demonstrierte. Auch errichtete er später seinem Sohn Carl Hinrich, als dieser Amtmann in Bordesholm geworden war, aus

Prestigegründen das stattliche Amthaus am Bordesholmer See, das heutige „Klosterstift“.

Ein derartig architektonisch bestechendes Haus, wie das Neumünsteraner Amthaus mit seiner einst prächtigen Innenausstattung suchte auf der flachen, ärmlichen Geest in und um den Flecken Neumünster seinesgleichen! Dieses Baudenkmal, in einem damals langgestreckten Park gelegen, ist in Neumünster das einzige, das – um mit dem verstorbenen Boostedter Architekten Friedrich Wilhelm Hain zu sprechen – „mit einer Nuance französisch eleganter Wohnform auch die Vorstellung von feudaler Bauherrschaft in unserer Stadt sichtbar macht“[11].

Nachdem Saldern die ständigen Querelen mit seinem Vorgesetzten, Gerhard Graf von Dernath zu seinen Gunsten beseitigt hatte, erhielt er selbst die Funktion, wenn auch nicht den Titel und das Salär eines Amtmannes von Neumünster.

Natürlich erregte das Palais am Haart den Neid von Salderns Mitmenschen. Landesherr war seit dem Tode seines Vaters im Jahre 1739 der junge Karl Peter Ulrich, der seit 1745 mit der Frau verehelicht war, die später als Katharina die Große in die Annalen eingegangen ist. Diese hatte sich bereits zu Beginn der Ehe mit dem kleinen Herzogtum Holstein-Gottorf, wohl schon aus familiärem Interesse, beschäftigt und in die Materie eingearbeitet.

Als Herzog Karl Friedrich verstorben war, erhielt sein einziger elfjähriger Sohn als Vormund den einen Onkel Katharinas, Fürstbischof Adolf Friedrich von Holstein-Gottorf, der später König von Schweden wurde. Die Zentrale der Landesverwaltung lag bei der, noch durch Karl Friedrich, für den Fall seines Todes angeordneten „vormundschaftlichen Regierung“ durch das sog. „Geheime Regierungsconseil“, einer Institution, bestehend aus einigen Diplomaten, mit denen Adolf Friedrich zusammenarbeitete[12].

Nachdem der junge Karl Peter Ulrich zu seiner Tante, der Zarin Elisabeth gesandt worden war, wurde Holstein anfangs, bis 1751, außerdem von einem Statthalter verwaltet. Das war wieder ein Gottorfer, nämlich ein weiterer Bruder von Katharinas Mutter, der nunmehr bestallte Fürstbischof Friedrich August von Holstein-Gottorf (1711–1786). Doch durch die Entfernung nach Petersburg und die Tatsache, dass wichtige Entscheidungen dort zu erfolgen hatten, war der gesamte Regierungsapparat zu schwerfällig. Nach dem Eintritt der Volljährig-

11 *Friedrich Wilhelm Hain* in: Irmtraut Engling, das Neumünster-Buch, Neumünster 1985.

12 *Robert Pries*, Das Geheime Regierungs-Conseil in Holstein-Gottorf 1716–1773, Neumünster 1955.

keit Karl Peter Ulrichs wurde auch in Petersburg ein „Geheimes Conseil" eingerichtet, das zusammen mit dem Statthalter und dem Kieler Conseil *eine* Behörde bildete. Das konnte nicht gut gehen! Man muss es sich in Praxi vorstellen, was es bedeutete, dass seinerzeit die „Kielischen Lande" auch mit von Russland aus regiert wurden, schon unter Berücksichtigung der langen Postwege! Korruption, Unordnung und Günstlingswirtschaft waren an der Tagesordnung. Letztlich ging es drunter und drüber!

3. Vorläufiger Rückzug nach Schierensee

In dieser Zeit schafften es Salderns Neider, nach einigen Jahren seiner Neumünsteraner Amtstätigkeit, ihn bei seinem jungen Landesherrn in Petersburg anzuschwärzen und ihn aus Neumünster zu vertreiben. Er verlor 1748 sein Amt und sein Dienst- und Wohnhaus und kaufte sich 1752 das Gut „Schierensee" im Amte Rendsburg, möglicherweise von dem Geld seiner vermögenden Mutter. Das spätere, heute bestehende Gutshaus, war noch nicht erbaut worden, sondern es befand sich dort noch das alte Rantzausche Gebäude aus der Zeit der vorherigen Eigentümer. Hier lebte Saldern dann etwa zehn Jahre „nach Gutsherrnart", zusammen mit seiner Mutter und seinen Kindern. Eine Hausdame, die dreiundzwanzigjährige Catharina Margarethe Schnepel, stand dem Haushalt vor, die er bald zu seiner Geliebten und Mutter eines weiteren Kindes machte. Später wohnte er bis zu seinem Tode mit ihrer jüngeren Schwester Friederike Amalie zusammen, die sich dann um die Nichte kümmerte.

Nach neueren Erkenntnissen hat Saldern es nicht bei diesem einzigen illegitimen Kind belassen. So hat der Schleswiger Heimatforscher Johann Witt festgestellt, dass die Ehefrau von Salderns Läufer und späterem Jäger Otto Wilhelm Krause auf „Schierensee" am 14. Februar 1774 in Kiel in dem Saldernschen Stadtpalais mit einem Mädchen niederkam, das Friederica Christina Krause genannt wurde[13]. Ihre Geschwister wurden als Paten reichlich mit Angehörigen aus den Familien Saldern und Schnepel bedacht. Saldern versah die junge Dame für den Fall der Eheschließung mit einem Vermächtnis von 200 Reichstalern. Auch legte er fest, dass seine Erben für eine gute christliche und bürgerliche Erziehung des Mädchens zu sorgen hätten. Bis zu der Eheschließung der anderen illegitimen Tochter Agatha (1778), die mit dem Nachnamen von Schnell genannt wurde, wuchs das Kind in seinem Haushalt auf und wurde dann zu einer Lehrerfamilie nach Klein-Waabs verbracht. Am 9. Dezember 1800 heiratete die Sechsundzwanzigjährige den zwei Jahre älteren Cellisten am

---

13 *Johann Witt*, Zur Herkunft von Karl Gottlieb Bellmanns Frau in: Beiträge zur Schleswiger Stadtgeschichte, Schleswig 1969.

Schauspiel- und Opernhaus des Landgrafen Carl von Hessen auf Schloss Gottorf, Carl Gottlieb Bellmann (1772–1861). Dieser war zuvor Cellist und Musikdirektor der Hofkapelle des Reichsgrafen Erdmann von Pückler gewesen war. Bellmann wurde dann Kantor am St. Johannis-Kloster in Schleswig. Hier komponierte er an der noch heute existenten kleinen Orgel im Remter die Melodie des 1844 erstmals gesungenen und in der Erhebung gegen Dänemark zur heutigen Landeshymne gewordenen Schleswig-Holstein-Liedes „Schleswig-Holstein meerumschlungen“. Das Ehepaar Bellmann ruht auf dem kleinen Friedhof des ehemaligen Klosters auf dem Holm.

In den Jahren nach dem Ankauf von „Schierensee“ (1752) beschäftigte sich Saldern u.a. mit Instandsetzungsarbeiten auf seinem Gut. Seine dortige Bautätigkeit setzte erst viel später ein. Doch er hatte daneben unentwegt ein Auge auf die Landespolitik. Das war nur zu verständlich für einen Mann seines Alters und seiner Ausbildung. Der Mittvierziger konnte sich unmöglich nur mit seinem Freund und sporadischem Nachbarn auf Deutsch-Nienhof, dem Schleswiger Juristen Christian Friedrich von Heespen, über Öfen, den Mangel an Wildbret in den Wäldern, Grenzstreitigkeiten, Weinsorten und Hauspersonal unterhalten! Sein Tätigkeitsbereich als Patron der Kirche zu Westensee mag ihn, selbst als es zu zeitraubenden Querelen kam, ebenso wenig befriedigt haben, wie die Ermittlung von Straftaten seiner Gutsuntergebenen. Dazu war er viel zu aktiv und quoll über von Tatendrang und Ideenreichtum. Auch die Gründung einer allgemeinen schleswig-holsteinischen Brandgilde im Jahre 1760, die den alten adeligen Hufen-Brandgilden Konkurrenz machte, war – so verdienstvoll sie für den Initiator war – keine ausreichende Beschäftigung für ihn.

4. Reformer in Gottorf im Dienst Katharinas

In dieser Zeit dümpelte der Zwergstaat Gottorf weiterhin mehr schlecht als recht vor sich hin. Durch die erneute Hinwendung Holstein-Gottorfs nach Russland und durch eine progottorfische Haltung des nunmehr volljährigen Karl Peter Ulrichs, der die im Herzogtum Schleswig an Dänemark verlorenen gottorfischen Gebiete zurückerlangen wollte, war Dänemark natürlich aus verschiedenen Gründen beunruhigt, denn man befürchtete russisch-gottorfische Expansionsbestrebungen. Dänemark zielte daher schon lange auf einen Gebietsaustausch hin und wollte so die sog. „gottorfische Frage“ auf diplomatischem Wege aus der Welt schaffen.

Das war nun keineswegs die Absicht des jungen Großfürsten Karl Peter Ulrich! Er stand aber wiederum im Gegensatz zu einflussreichen Kreisen am russischen Hofe, die eine Kontrolle des gefährlichen Nachbarn Schwedens und deshalb eine Kooperation mit Dänemark und keinesfalls eine Verstimmung Dänemarks, für unumgänglich hielten, um die russische Nordgrenze abzusichern. Man sah in Petersburg in den Staaten Preußen, Frankreich und Schweden die größten Feinde Russlands und nicht in Dänemark. Um Schweden „bei der Stange“ zu halten – das durch Frankreich gestützt wurde – und um wiederum Frankreich in seinen politischen Ambitionen einzuschränken, wodurch wieder Preußen geschwächt würde, müsste Dänemark neutral oder in das russische Bündnissystem eingebunden werden. Dafür sah man als den besten Drehpunkt die Lösung der „gottorfischen Frage“ zugunsten Dänemarks an. Diese Auffassung setzte sich, wenn auch langsam, in Russland durch. Schon die Zarin Elisabeth war, bei all ihrer ansonsten bestehenden Sympathie für die Belange der Gottorfer, überzeugt davon gewesen, dass die Lösung der „gottorfischen Frage" immer nur ein Mittel zur Förderung russischer Belange sein dürfe und dass nicht eine gottorfische Revanchepolitik hinsichtlich des 1713 verlorenen Schlewiger Landesteils erstrebenswert sei.

Im Besitz Dänemarks waren seit der Zeit Christians I. immer noch Oldenburg i.O. und Delmenhorst. Ab 1746 begannen Vertragsverhandlungen zwischen dem russischen Großfürsten bzw. dessen Ministern in Holstein und dem Vertreter des dänischen Königs wegen eines Austausches des Holstein-Gottorfer Anteils zugunsten Dänemarks.

Doch der Großfürst sperrte sich, obwohl es in seinem holsteinischen Herzogtum nun seit langem überhaupt nicht zum Besten stand und auch die russische Krone dort immer wieder Gelder einschießen musste. Das kleine Land war ausgeblutet, das finanzielle Chaos war schon lange vorher eingetreten. Allein die Gehälter der öffentlich Bediensteten und des Militärs überstiegen bei weitem die Einnahmen. 1748 hatten verschiedene einflussreiche Kreditgeber in Europa eine Reichexekution erwirkt, die vom Reichkammergericht in Wetzlar angeordnet worden war, um die sofortige Rückzahlung der Schulden durchzusetzen. Dänemark kaufte darüber hinaus immense Schuldforderungen gegen Holstein-Gottorf auf, sodass es das kleine Land sowieso bald besessen hätte. Doch Karl Peter Ulrich beharrte auf seinem ererbten Recht und trug sich mit Plänen, die verlorenen Schleswiger Gebiete mit Waffengewalt zurückzuerobern. Bis Anfang der fünfziger Jahre bestärkte ihn Katharina in diesen Gedanken. Sie war mittlerweile in die politische Problematik hineingewachsen. Doch auch sie war, wie sie in ihren Memoiren schreibt „in dem alten Groll des Hauses Holstein gegen Dänemark erzogen“ worden.

Als sich 1761–1762 die Lösung der „gottorfischen Frage“, d.h. der politisch unbedingt erforderlich Verzicht des Zarenhauses auf das kleine Holstein, zwecks Beruhigung Dänemarks, einmal wieder dem Tiefpunkt näherte, betrat Saldern die politische Bühne. Unterstützt und finanziert durch den Eckernförder

Kaufmann und Reeder Friedrich Wilhelm Otte (1715–1766), einem „mit Leib und Seele dänisch Gesinnten“, der Beziehungen zum dänischen Außenminister Johann Hartwig Ernst Graf Bernstorff unterhielt, wurde Saldern 1761 unter einem Pseudonym nach Petersburg gesandt, um sich hier seinem jungen Landesherrn zu nähern. Es gelang ihm in zähen Bemühungen, zwar nicht Karl Peter Ulrich, wohl aber Katharina, von der Notwendigkeit der Lösung der „gottorfischen Frage“ im Sinne Dänemarks zu überzeugen.

Im Juni 1762 kam es dann zum Umbruch. Katharina war dreiunddreißig Jahre alt. Peter III., der erst wenige Monate regiert hatte, schuf sich durch sein unkluges menschliches und politisches Verhalten, besonders durch seine antirussische und proholsteinische Haltung, viele Feinde im Lande, vor allem in den konservativen russischen Kreisen. Er bereitete im Frühsommer 1762 einen Krieg gegen Dänemark vor, um seine verlorenen Schleswiger Gebiete zurückzuerobern. Schon standen sich die Truppen in Mecklenburg gegenüber, als es zu einem Staatsstreich kam. Katharina wurde, unterstützt durch Mitglieder der Garde, in der die Söhne der einflussreichsten russischen Familien dienten, allen voran die Brüder Orlow, zur Zarin proklamiert. Peter III. wurde gestürzt und gefangengenommen. Die russischen Truppen wurden aus Mecklenburg zurückbeordert. Der Friede war gerettet. Wenige Tage später wurde Peter III. durch die Orlows ermordet.

Caspar von Saldern machte sich der Zarin nun in Sachen Holstein unentbehrlich und erhielt von ihr, doch nicht nur von ihr, sondern auch von Dänemark, nach Abschluss des Austauschvertrages, erhebliche Geldsummen, die es ihm u.a. ermöglichten, die prachtvolle Anlage „Schierensee“ zu errichten, welche den Besucher noch heute sowohl im Inneren, wie in dem Außenbereich bezaubert und von dem einst der Landeskundler Paul von Hedemann-Heespen (1869–1937), auf dem benachbarten Gut Deutsch-Nienhof lebend, erklärt hat:

> „Ein Zauberschloss: Ganz Geschichte. Und Geschichte nur im erwähltesten Duft von Natur und Kunst.“

In den Jahren bis zum endgültigen Vertragsabschluss beließ es Saldern nicht nur bei dem ständigen Vorantreiben der Verhandlungen. Sondern er war für Holstein-Gottorf mittels umfangreicher Reformen tätig, die teilweise auf seine Anregungen hin durchgeführt wurden, teilweise aber auch Katharinas Ideen waren. Sie, vertraut mit dem Gedankengut des europäischen Liberalismus, bemühte sich, erfolgreicher als in Russland, in Holstein-Gottorf in der Zeit ihrer vormundschaftlichen Regierung zugunsten ihres Sohnes Paul, viel zum Wohle des Landes beizutragen. Saldern, als ihr verlängerter Arm, arbeitete aktiv auf den Abbau der holsteinischen Schuldenlast und die Reorganisation der Verwaltung in Kiel und im Umland hin:

So wurde das Regierungsconseil straffer organisiert und um tüchtige Beamte ergänzt. Es wurde der Mittelpunkt aller Reformen, in denen man nunmehr alle Anregungen aufgriff, überlegte, abstimmte und die Durchführung der einzelnen Maßnahmen festlegte. Plötzlich herrschte, dank Caspar von Salderns, in Holstein-Gottorf „eine ganz andere Luft"[14]. Bedeutsam war hierbei, dass die Reformen nicht mehr wie früher nach einer gewissen Zeit vergessen, sondern durchgehalten und kontrolliert wurden. Der Geist der Aufklärung und des erwachenden Liberalismus durchwehte nun auch die Holstein-Gottorfer Amtsstuben.

Die Ordnung des zerrütteten Finanzwesens war einer der wichtigsten Punkte. 1766 wurde unter Salderns Leitung eine Schuldenkommission eingesetzt, welche die finanziellen Verbindlichkeiten des Landes erfasste und nach Möglichkeit zu regulieren versuchte. In einem Vergleich zwischen Dänemark und Holstein-Gottorf mit Hamburg wurde die Hansestadt 1768 als Freie Reichsstadt anerkannt. Dafür verzichtete sie auf erhebliche, ihr zustehende Forderungen an das herzogliche Haus. Eine weitere erfolgreiche Maßnahme war die Landvermessung zwecks Verkoppelung der Felder. Hierdurch erfolgte eine Verbesserung und Intensivierung der Landwirtschaft.

Auf das wirtschaftliche Schicksal der Kieler Fayence-Manufaktur vermochte Saldern ebenfalls einzuwirken. Unter der künstlerischen Leitung des Fayencespezialist Johann Samuel Friedrich Tännich erreichten die Kieler Produkte ihren ersten Höhepunkt. Die Erzeugnisse waren keine Durchschnittsware, sondern zeichneten sich durch eine gewisse Noblesse und Eleganz aus. Viele dieser zauberhaften Gegenstände finden sich heute auf Schloss Gottorf. Insbesondere die Potpourrivasen, die für einen elitären Kundenkreis bestimmt waren, hatten eine typische ausladende Form, die als eigene Schöpfung der Kieler Manufaktur anzusehen ist und weder Vorbilder hatten noch Nachahmer fanden. Sie erzielen heute auf dem Kunstmarkt Höchstpreise.

Auf sozialem Gebiet wurde eine Neuerung eingeführt: die Einrichtung der großfürstlichen Witwen- und Waisenkasse vom 11. April 1764 und 30. November 1772. In sie wurde zu Lebzeiten des Ehemannes oder Vaters ein Betrag gezahlt, um nach dem Tode des großfürstlichen Beamten die Versorgung seiner Witwe und seiner unverheirateten Töchter sicherzustellen. Die Einrichtung zeigte Wirkung bis in unser Jahrhundert. Im Zuge der beruflichen Tätigkeit und damit auch der eigenen Versorgung der Frau ist ihre Bedeutung heute natürlich fast auf Null geschrumpft. Sie ist jedoch als ein beamtenrechtlicher Grundstein

---

14 *Robert Pries*, a.a.O.

in Holstein-Gottorf anzusehen und war eine erste bindende Hinterbliebenenversorgung für die Staatsdiener im Lande.

Durch all diese und weitere ungenannte Bemühungen wurde der Finanzhaushalt Holstein-Gottorfs einigermaßen saniert. Daher konnte sich das Herzogtum nunmehr eine rege Bautätigkeit leisten:

Zwischen 1763 und 1765 wurde unter dem Baumeister Ernst-Georg Sonnin (1713–1794), dem Erbauer der Hamburger St. Michaelis-Kirche, das recht verfallene Kieler Schloss wiederhergestellt. 1766 erfolgte durch diesen ein Neubau der gänzlich verwahrlosten Universität zu Kiel an anderem Standort. Eine Renovierung der alten Gebäude an dem ehemaligen Kieler Kloster war nicht mehr zu vertreten. Der Neubau wurde in der Kattenstraße in unmittelbarer Nähe des Schlosses errichtet. Die Einweihung fand am Geburtstag des Großfürsten Paul im Oktober 1768 statt. Für mehr als ein Jahrhundert wurde das neue akademische Gebäude Mittelpunkt eines wieder aufblühenden Universitätslebens. Es wurde später Museum für vaterländische Geschichte, bis es im Zweiten Weltkrieg den Bomben zum Opfer fiel.

Den krönenden Abschluss der öffentlichen Bauten setzte Saldern mit der Anregung, in dem Dorf Großenaspe im Amt Segeberg eine neue Kirche zu errichten. Diese wurde 1772 unmittelbar vor Abschluss des Tauschvertrages fertiggestellt. Hiermit errichtete sich Katharina ein bedeutendes Denkmal in Holstein. Offenbar war ursprünglich geplant, dass die Zarin, die ansonsten in ihrem riesigen Reich häufig und gerne Visitationsreisen machte, kurz vor dem Ende der russischen Herrschaft hier erscheinen sollte. Das gedruckte Festprotokoll sah ihre Anwesenheit und die des Großfürsten Paul vor. Doch aus unerfindlichen Gründen kam es nicht dazu. Bei den Eröffnungsfeierlichkeiten am 27. September 1772 musste man mit Saldern vorliebnehmen.

So entwickelte sich Holstein-Gottorf in den letzten Jahren unter der Zarenkrone, dank der guten Fachkenntnisse Katharinas und des engagierten Einsatzes von Saldern, aus einem korrupten, verlotterten Staatsgebilde zu einem wahren „Musterländle“, das wohlgeordnet Dänemark übergeben werden sollte.

5. Ende der Kariere und Tod auf Schierensee

Nach dem erfolgreichen Abschluss des Austauschvertrages war es wohl ursprünglich Salderns Absicht gewesen, auch in Zukunft für Russland politisch tätig zu sein. Doch er zog sich den Zorn Katharinas in so starkem Umfang zu, dass sie ihn später in ihren Memoiren mit keinem Wort erwähnte.

Was war geschehen? Saldern hatte auf den jungen Großfürsten Paul, an dessen Erziehung er zeitweise beteiligt war, menschlich einen großen Einfluss. Er schlug diesem heimlich vor, sich nach Eintritt der Volljährigkeit zum Mitregenten seiner Mutter ausrufen zu lassen. Das war der Zarin gegenüber praktisch Hochverrat. Katharina erfuhr durch ihren Sohn erst im Februar 1774 davon, zu einem Zeitpunkt, als Saldern schon lange wieder nach Holstein zurückgekehrt war, aber die Absicht zeigte, erneut nach Russland einzureisen. Man teilte ihm mit, dass man seine Dienste nicht mehr benötigte, ohne ihn förmlich zu entlassen. Er zog sich in sein Privatleben zurück und begann ab 1774 die großzügige, schlossartige Dreiflügelanlage auf „Schierensee" durch den Sonnin-Schüler, den Architekten und königlich-dänischen Landbaumeister Johann Adam Richter (1733–1813) errichten zu lassen. Zeitgleich mit dem Anbau der Gruft an die Bordesholmer Klosterkirche nach 1768, hatte er zuvor ein Haus in Kiel in der Flämischen Straße Nr. 21 gekauft, das er durch Sonnin und Richter aufwendig zu seinem Stadtpalais ausbauen ließ. Hierin wurde später das Appelationsgericht und dann ein Seemansheim untergebracht. Das Gebäude wurde im Zweiten Weltkrieg zerstört.

Caspar von Saldern verstarb am 31. Oktober 1786 auf „Schierensee". Ein Gemälde auf „Schierensee", das Saldern mit der Tochter Agatha von Schnell und der Geliebten, ihrer Tante Friederike Amalie, zeigt und das bereits 1772 von dem Maler Heinrich Buchholtz (1735–1781) in Petersburg angefertigt wurde, der schon 1768 die Zarin Elisabeth gemalt hatte, weist auf einen eigenartigen, fast komischen Kontrast und Salderns visionäre Zukunftsaussichten hin: Rechts sitzt in eleganter Positur die Maitresse Friederike Amalie Schnepel, gekleidet wie eine Dame von Welt, in der Mitte steht Salderns Tochter Agatha, ebenfalls ansehnlich ausstaffiert, und links sitzt der geistige „Mit-Vater" des berühmten Austauschvertrages zwischen Russland und Dänemark im Hausrock mit Samtmütze! Wollte Saldern damit bereits vor dem Vertrag von 1773 ausdrücken, dass er sich nunmehr endgültig in das Privatleben zurückzuziehen gedachte, oder ahnte er damals schon sein Schicksal, in naher Zukunft bei Katharina der Großen in Ungnade fallen zu können?

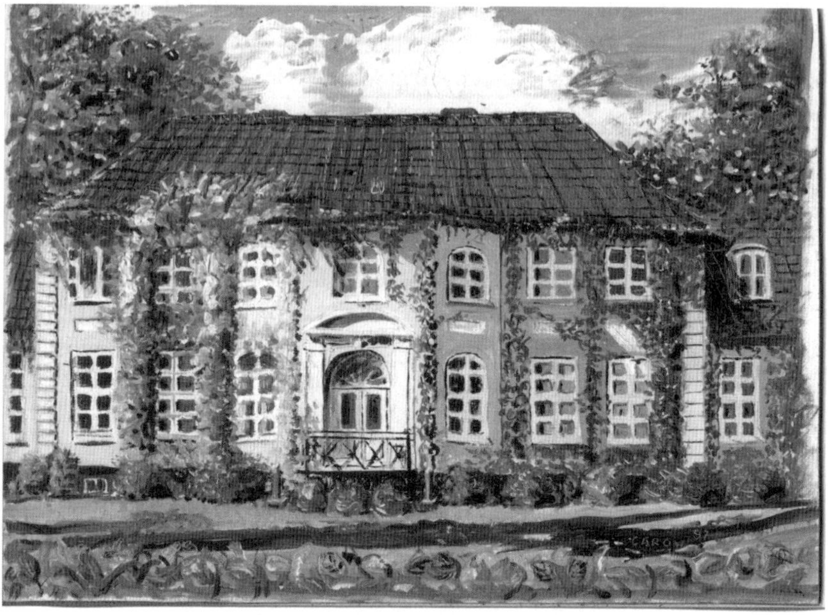

Abb. 5
Caspar-von-Saldern-Haus, Neumünster
(Ölgemälde: Sigrid Carow)

7.

Christoph Schmitz-Scholemann

Blumen vor Gericht – Berühmte Literaturprozesse[1]

I. Einführung[2]

Man kann die Geschichte der Unterdrückung von Kunst und Literatur als ein nicht endendes Panoptikum von Sünde, Wahn und Grausamkeit erzählen: Die Zunge der Poesie geknebelt durch die Staatsgewalt, das Genie, sadistisch gegängelt und gequält von promovierten Pedanten[3], wir hören das Knallen der Peitschenhiebe auf den Rücken von Sängern und Dichtern und sehen Philosophen auf dem Scheiterhaufen brennen. Aber auch das: Provokante, exaltierte Typen unter den Verfolgten – der Dichter Oskar Panizza zog sich 1905 in der Münchner Staatsbibliothek die Hosen aus und ging mitten durch die Stadt nackt zur Polizei, 2014 trieb sich der Aktionskünstler Pjotr Pawlenski vor dem Kreml

---

1 Die Vortragsform wurde beibehalten. Zu bedanken habe ich mich bei Martin Brune, Berlin, für die hier leider nur durch Zitate vertretenen Bild-und Toneinspielungen, und bei Martin Roeber, Herxheim, der beim Vortrag in Rendsburg die zahlreichen Zitate sprach.

2 Bei der Überarbeitung des Vortrags für diese Lesefassung hat mich mehr als einmal Wehmut beschlichen, weil der Mentor, Impresario und Spiritus Rektor der Rendsburger Tagungen, Hermann Weber, erklärt hat, dass er sich von seinem Amt zurückziehen will. Seit ich ihm, der damals Schriftleiter der NJW war, Ende der 80er Jahre als junger Arbeitsrichter einen Aufsatz schickte, hat er mich auf seine behutsame, freundliche und überaus kenntnisreiche Art immer wieder auf neue Themen aus dem Grenzland zwischen Recht und Literatur aufmerksam gemacht, mich mit Literaturhinweisen und Zeitungsausschnitten zu den jeweiligen Gegenständen versorgt und in persönlichen und telefonischen Gesprächen, Briefen und Emails angeleitet und ermuntert. Das ist nun vorbei. Sprach ich von Wehmut? Ja, das ist die eine Seite. Die andere ist, dass ich Hermann Weber danken möchte, sehr herzlich: Es gibt niemanden in Deutschland, der sich so nachhaltig um das wahrlich große Thema Recht und Literatur verdient gemacht hat. Das ist allgemein bekannt. Für mich persönlich füge ich hinzu: Die Aufgaben, lieber Herr Weber, die Sie mir gestellt haben, haben mir unendlich viele gute Stunden verschafft, vielleicht sogar Einsichten, jedenfalls immenses geistiges Vergnügen – es war ein Stück Lebensglück für mich. Dafür danke ich Ihnen, verehrter Hermann Weber. Und bitte – grüßen Sie Ihre liebe Frau!

3 Vgl. *William Shakespeare*, Sonnet 66: „[...] And arte made tung-tide by authoritie, / And Folly (Doctor-like) controuling skill“.

öffentlich einen Nagel durch die Hoden in das Straßenpflaster[4]. Viele Künstler brauchen Skandale[5], um ihre Schaffenskraft in Fahrt zu bringen und es ist genau dieser aufsässige Menschenschlag, der sich sehenden Auges und manchmal mit der puren Lust am Schrecklichen vor die Tribunale und in die Gefängnisse treiben lässt, unter dem Gejohle der Menge. Normal ist das alles nicht.

Dreizehn Fälle aus diesem Panoptikum habe ich herausgesucht. Nicht alle sind förmliche Gerichtsverfahren, manche sind eher Prozeduren als Prozesse, einige sind unspektakulär, vielleicht sogar etwas komisch, andere grausig, wieder andere erfunden, alle symptomatisch. Aber symptomatisch wofür? Gibt es eine Quintessenz, vielleicht sogar Lehren, die man ziehen kann – oder sind die Streitereien des Staats mit dem freien Wort nichts weiter als ein grässlich buntes, sinnloses Spektakel, aus dem wir allenfalls ableiten können, dass das Recht und die Richter nichts verstehen von all den tiefen Dingen der Seele und des Geistes, von den tausend Farben des Zorns, der Schwermut und der Sehnsucht, von den Flüchen und Seufzern der Liebe, dem Beharren auf der Blasphemie[6], den Exzessen des Denkens und der Formbesessenheit, aus denen die Literatur entsteht und besteht? Wir werden gelegentlich auf solche Fragen zurückkommen. Vorweg nur soviel: Negative Schlussfolgerungen hinsichtlich der condition humaine und Skepsis gegenüber der Nachhaltigkeit zivilisatorischer Errungenschaften wie Maß und Mitte, audiatur-et-altera-pars und sofort

4 Spiegel Online Montag, 20.10.2014–20:06 Uhr: Blutige Performance: Russischer Aktionskünstler trennt sich Ohrläppchen ab.

5 Der verbreiteten Ansicht, es gebe einen Ursachenzusammenhang zwischen „Genie und Wahnsinn", widerspricht nachdrücklich Albert Rothenberg, der im Gegenteil die besonders effektive Organisation und Kraft der Psyche schöpferischer Menschen bewundert, deren besondere Fähigkeit er darin sieht, Ideen und Gegenstände zusammenzubringen und aufeinander reagieren zu lassen, die nach allgemeiner Auffassung nicht zusammengehören. Dieser „janusische" Prozess „operates in the verbal and logical sphere; the homospatial process in the spatial sphere; and, the sep-con articulation process produces integration. To use the sep-con articulation process: Do Not: simply connect, bridge, or bring together two similar or dissimilar ideas, products or other entities nor simply hold two separate entities or ideas in mind; do not blend or fuse separates; do not simply use or combine two or more elements instead of one. DO: Connect two or more entities or ideas while keeping the specific separate parts and their qualities in mind to apply to the creation – a practice, theory, experiment, food, work of art, or business organization. Join two or more independently functioning elements as in the physical model of two separate nerves chemically connected in a synapse of the nervous system. Join kale and veal with a creamy caper sauce and serve. „*Kohl*, Kalbfleisch und Kapernsauce", in: Creativity and mental health, Oxford-University-Blog, 27. August 2015.

6 Für ein „Menschenrecht auf Blasphemie" warb der Theologe und Kunstverständige P. Friedhelm Mennekes SJ (geb. 6. März 1940) beim Kulturempfang der Diözese Erfurt am 19. Oktober 2015 in einem fulminanten Vortrag im Erfurter Dom.

drängen sich bei unserem Thema auf. Wir lernen schnell: Die Kultur fairer Streitbeilegung ist ein glänzender, aber dünner Firnis, der allzu leicht aufplatzen kann – und plötzlich kommen wieder Keulen und Brandfackeln zum Vorschein. Aber das Negative ist nicht alles. Mich hat die Lektüre rund um die Zensurprozesse auch um drei, wie ich finde, schöne Erkenntnisse reicher gemacht, die ich nicht erwartet hatte. Erstens: Auch wenn es zynisch klingt, ist es doch wahr: Viele Zensoren haben – quer durch die Geschichte – einen ausnehmend guten Geschmack. Insofern ist die Beschäftigung mit Literaturprozessen oft eine Beschäftigung mit hervorragender Literatur. „Wenn sie besser wären, wären sie verboten" soll Goethe über Georg Herweghs Gedichte gesagt haben. Wer zwischen 1559 und 1965 wissen wollte, was lesenswert ist, konnte sich auf den katholischen Index verbotener Bücher verlassen – von der Luther-Bibel bis Baudelaire, von Homer bis Casanova und Lolita. Eigentlich fast schade, dass der Vatikan seine Abteilung Literaturkritik in den 60er Jahren des 20. Jahrhunderts geschlossen hat. Zweite Erkenntnis: Die Unterdrückung kraftvoller Gedanken und schnittiger Formulierungen, ja die Unterdrückung der Wahrheit ist fast immer erfolglos. Viele verbotene Bücher haben Karriere gemacht gerade *wegen* des Verbots, das übrigens als Teil der Verkaufs-Strategie[7] manchmal regelrecht geplant wird[8]: Manchmal scheint der verfemte Poet selbst nicht recht zu wissen, ob er Heuchler oder Märtyrer ist. Drittens: Die Unterdrückung des Geistes ist der beste Beweis für die Lebenskraft des Geistes. Als Giordano Bruno verurteilt wurde, soll er seinen Richtern gesagt haben: Ihr habt mehr Angst als ich. Wovor fürchten sich all die Staatsführer und Potentaten, die Kaiser, Kalifen und Kardinäle, die Parteibonzen und Staatsanwälte? Vor Worten! Sie zittern vor einem Sonett. Ist das lächerlich? Ich glaube nicht. Sie zittern zu Recht.

---

7 Wie traurig es in den Armutsvierteln des Geistes zugehen kann, zeigt der Aufsatz von *Frank Patalong* über Dieter Bohlens Ausflug in die Welt der Literatur. „Online-Auktionen: Geldverdienen mit 23.000 zensierten Dietern", abrufbar im Internet unter http://www.spiegel.de/netzwelt/web/online-auktionen-geldverdienen-mit-23-000-zensierten-dietern-a-268538.html.

8 *Uwe Diederichsen* gebührt das Verdienst, auf die wechselseitigen Beeinflussungsversuche von Literaten und Justiz-Juristen aufmerksam gemacht, insbesondere in den Fällen Lady Chatterly und Maximilian Harden, vgl. „Literaten und Gerichte – zur Soziologie ihrer wechselseitigen Einflussnahmen", in: Susanne Friede / Ulrich Mölk: Europäische Kulturzeitschriften um 1900 als Medien transnationaler und transdisziplinärer Wahrnehmung, Bericht über das Zweite Kolloquium der Kommission 'Europäische Jahrhundertwende – Literatur, Künste, Wissenschaften um 1900 in grenzüberschreitender Wahrnehmung' (Göttingen, am 4. und 5. Oktober 2004), 237 ff., Göttingen 2006.

II. Der Fall Thersites – Prügel

Wo es um Zensur geht, geht es immer um Macht. Die übrigen Zutaten, sei es die Sexualmoral, das militärische Interesse, die Religion oder die rechtliche Einordnung, wechseln mit den Zeiten. Die Herrscher der alten Epochen bekämpften Kritik und Kritiker nicht in langen Prozessen, sondern in kurzen Schlägereien. Homer, der im 9. Jahrhundert vor Christus die Ilias schrieb, zeigt uns in diesem gewaltigen Kriegsgemälde viele rossetummelnde und lanzenkundige Helden aus dem Adel, aber auch einen einfachen Soldaten, den man als den ersten pazifistischen Dissidenten des Abendlandes bezeichnen könnte. Homer[9] beschreibt ihn so:

> „Der hässlichste Grieche vor Troja,
> säbelbeinig, hinkend auf einem Fuße,
> trichterbrüstig und bucklig und krumm,
> mit verwachsenem Kopf und spärlicher Wolle darauf."

Thersites ist der Name dieses hässlichen Mannes – und Homer, das verbergen diese Zeilen nicht, steht auf der Seite des gesunden Volksempfindens, das mit Dissidenten auch damals schon nichts zu tun haben wollte und sich in der trüben Grundsuppe seines Gemüts bis heute sicher ist, dass Menschen mit befremdlichen Meinungen auch fremd aussehen – und umgekehrt.

Wir wundern uns also nicht, dass Thersites[10] zu allem Überfluss eine spitze Fistelstimme hat und mit penetranter Boshaftigkeit immer wieder auf die eine Wahrheit zu sprechen kommt, die niemand hören will. Sie besteht in der ebenso peinlichen wie unbestreitbaren Tatsache, dass der ganze Krieg nur deshalb angezettelt wurde, weil Menelaos die Frau durchgebrannt war. „Pepones", was soviel wie „Weicheier" heißt, nennt Thersites die angeblichen Heroen, und „Achaidas", heute würde man wohl „Mädchen" sagen, eine für waffentragende Männer auch im 21. Jahrhundert noch schwerwiegende Beleidigung[11]. Für ein Gerichtsverfahren wegen Wehrkraftzersetzung blieb in der Eile des Krieges natürlich keine Zeit. Stattdessen prügelte der angeblich so kluge Odysseus den Pazifisten Thersites derart durch. dass der in der ganzen Ilias nicht mehr

9 *Homer*, Ilias, 2. Buch, 212–274.

10 Der Mann war sogar nach seinem Tod vom Pech verfolgt: Im Hades musste er sich einem Schönheitswettbewerb mit Nireus stellen, dem hübschesten Griechen vor Troja; immerhin sagt der Richter Menippos, dass Thersites sich nicht grämen muss: Als Tote sehen nämlich alle gleich aus, vgl. Der Tod als Egalitarist, Lukian von Samosata, Totengespräche, übers. v. *Christoph Martin Wieland*, 25. Gespräch.

11 Vgl. Amtsgericht Düsseldorf 26. Juni 2015 – 122 Cs 588/14: Ein Autofahrer, der einen Polizisten bei einer Verkehrskontrolle „Mädchen" nennt, begeht eine Beleidigung.

vorkommt[12]. Wohl aber in Shakespeares „Troilus und Cressida" als boshafter, tuntiger Narr.

III. Der Fall Ovid – Briefe vom Schwarzen Meer

Ebenfalls ohne Prozess schaffte sich der Kaiser Augustus den Dichter Publius Ovidius Naso (geb. 20. März 43 v. Chr. in Sulmo; gest. 17 n. Chr. in Tomis (heute Konstanza / Rumänien) vom Leibe. Im Jahre 8 nach Christus erließ Augustus die Anordnung, Ovid habe binnen kurzer Frist das Land zu verlassen, Exil also – eine auch heute noch geübte Methode, die Wirksamkeit eines Schriftstellers zu beschränken. Ovid musste ans Ende der römischen Welt, zu den skythischen Barbaren nach Tomi – heute Konstanza – an die Schwarzmeerküste.

Er hat dort weitergeschrieben, aber nahezu ausschließlich über den Schmerz der Verbannung. Entstanden sind die „Tristia" – Trauerlieder – und die „Epistulae ex Ponto" – Briefe vom Schwarzen Meer. Nichts mehr ist darin von der überschwänglichen wilden Phantasie, nichts von dem Tempo, der Erotik und der auftrumpfenden Frechheit, die sein in Rom entstandenes Werk auszeichneten – ohne das heimatliche Milieu trocknet die aufrührerische poetische Kraft aus und dem Dichter bleibt, wir erinnern uns an den großen Wolf Biermann und sein Schicksal nach der Ausbürgerung aus der DDR, nichts als Wehmut und Selbstmitleid. Im dritten Kapitel des Zweiten Buchs der Trauerlieder erinnert sich Ovid vom Schwarzen Meer aus an die letzte Nacht vor der Abreise aus Rom[13].

> „wenn das bild mir erscheint, das bild dieser schrecklich traurigen
> nacht, der letzten in rom – wenn ich das liebe seh,
> all das teure und gute, das ich zurücklassen musste,
> wird mir das auge feucht, träne auf träne rollt.
> heftiger weinend hält mich weinenden nun meine liebste.
> nass war das zarte gesicht nass wie ein regenguss.
> wo man auch hinsah war klage und jammer und seufzen,
> helles und schrilles geschrei ganz als wäre ich tot [...].
> immer wieder sagte ich, dass ich nun gehn muss und redete
> dies und jenes und gab tausende küsse und sprach
> wieder von neuem, ohne dass ich es fühlte, dieselben

12 Dafür aber in der Literatur bis heute, wenn auch manchmal an ganz versteckter Stelle, worauf mich Martin Roeber aufmerksam gemacht hat: *Ernst Penzoldt*, Die Powenzbande (Zoologie einer Familie), 1930, im Anhang heißt es: „ Nachweis der zu dem vorliegenden Werke verwendeten hauptsächlichen Literatur: [...] Gilpin, Dr. phil., Gottlieb, Der Antipowenz, eine Vernichtung. Thersitesverlag, 122 S., hübsch gebunden".

13 Tristia I, 3, 1 ff.; die Übertragung stammt von mir.

> worte. drehte mich um, einmal noch die zu sehn
> die ich so liebe, redete wieder von neuem, erfand mir
> neue gründe, nur kurz noch an der tür zu stehn [...]
> endlich verließ ich das haus und ging. ach, ich ging nicht, man
> trug mich, hastig hinaus, struppig und staubig und stumm,
> gleich einem toten. und sie verlor die besinnung, plötzlich
> sank sie zusammen und lag kalt auf dem kalten stein.“

Die Gründe für seine Verbannung wurden Ovid nie mitgeteilt. Wahrscheinlich war seine erotische Lyrik störend. Augustus versuchte damals, die Ehemoral durch Gesetze zu stärken, an die er selbst und seine Familie sich natürlich niemals gehalten haben. Quod licet Iovi, non licet bovi: Heimlich Wein trinken und öffentlich Wasser predigen ist eine über die Jahrtausende erprobte Methode der Führungseliten, mit der von ihnen selbst ersonnenen moralischen Gängelung des Volks fertig zu werden.

IV. Das Dilemma – Der Fall Sokrates

In der kleinen Schrift „Die Verteidigung des Sokrates“ hat sich der griechische Philosoph Platon (geb. 428/427 v. Chr. in Athen oder Aigina; gest. 348/347 v. Chr. in Athen) mit einem historisch verbürgten Prozess befasst. Das Verfahren fand im Jahre 399 vor Christus in Athen statt. In die Tradition der Literaturprozesse kann man die Sache nur deswegen nicht ganz bruchlos einfügen, weil der Angeklagte die Texte, derentwegen man ihm den Prozess machte, nicht aufgeschrieben hatte. Sokrates hielt es wie später Jesus von Nazareth: Er schrieb nicht, er redete. Als athenisches Stadtoriginal stänkerte der plattnasige Schuster auf dem Marktplatz gegen den Zeitgeist, die etablierten Bürger, Politiker und Intellektuellen – von denen viele gleichzeitig Richter waren[14]. Im zarten Alter von 70 Jahren wurde Sokrates angeklagt, wegen Gotteslästerung und Aufstachelung der Jugend. Darauf stand die Todesstrafe. Hier ein kleiner Ausschnitt aus der Verteidigungsrede des Sokrates, so wie Platon sie ihm nachträglich in den Mund gelegt hat:

> „[...] Daß ich bei vielen gar viel verhasst bin, – wisst nur, das ist wahr! Und das ist es auch, dem ich unterliegen werde, [...]. dem Hass der Menge, dem auch schon viele andere treffliche Männer unterliegen mussten und, glaube ich, noch ferner unterliegen werden. [...] Vielleicht aber möchte einer sagen: ‘Aber schämst du dich denn nicht, Sokrates, dass du dich mit solchen Dingen befasst hast, die dich nun in Gefahr

14 Das klassische Athen kannte nur Laienrichter; und ein Gericht konnte - je nach Schwere des Falles - durchaus mit 500 Richtern besetzt sein, die im Freien tagten, ihre Macht und das Spektakel genossen; das Amt war sehr beliebt, auch weil man vom Sitzungsgeld einigermaßen leben konnte, Zeugnis von diesen Verhältnissen gibt u.a. die Komödie „Die Wespen“ des Aristophanes, in dem die Richter als Insekten mit riesigen Phalloi über die Bühne tanzen.

> bringen zu sterben?' Ich nun würde diesem die gerechte Rede entgegnen: [...] den Tod fürchten, ihr Männer, das ist nichts anderes, als sich dünken, man wäre weise, und es doch nicht sein. Denn niemand weiß, was der Tod ist, nicht einmal, ob er nicht für den Menschen das größte ist unter allen Gütern [...]. So dass, [...], wenn ihr mir [...] sagtet: '[...] wir lassen dich los unter der Bedingung [...], dass du [...] nicht mehr nach Weisheit suchst; wirst du aber noch einmal betroffen, dass du dies tust, so musst du sterben' – wenn ihr mich also wie gesagt auf diese Bedingung losgeben wolltet, so würde ich zu euch sprechen: Ich bin euch, ihr Athener, zwar zugetan und euer Freund, gehorchen aber werde ich dem Gotte mehr als euch, und solange ich noch atme und es vermag, werde ich nicht aufhören, nach Weisheit zu suchen und euch zu ermahnen und zurechtzuweisen, wen von euch ich antreffe, mit meinen gewohnten Reden; 'Wie, bester Mann, als ein Athener aus der größten und für Weisheit und Macht berühmtesten Stadt, schämst du dich nicht, für Geld zwar zu sorgen [...] und für Ruhm und Ehre; – für Einsicht aber und Wahrheit und für deine Seele, dass sie sich aufs beste befinde, sorgst du nicht [...]?' [...] So werde ich mit Jungen und Alten, wie ich sie eben treffe, verfahren und [...] euch Bürgern, [...] zeigen, wie nicht aus dem Reichtum die Tugend entsteht, sondern aus der Tugend der Reichtum und alle andern menschlichen Güter insgesamt, eigentümliche und gemeinschaftliche [...]. Demgemäß nun, würde ich sagen, ihr athenischen Männer, – [...] sprecht mich los oder nicht, – dass ich auf keinen Fall anders handeln werde, und müsste ich noch so oft sterben!"

Die Geschworenen – es waren 501 Männer – hielten Sokrates mit knapper Mehrheit für schuldig. Nach athenischem Recht wurde danach noch einmal abgestimmt, nämlich über die Höhe der Strafe. Statt tränenreich um Milde zu bitten, beantragte Sokrates, man möge ihm die Ehrenbürgerschaft (lebenslange Speisung im Rathaus) zuerkennen. Das wurde von den ehrlichen Bürgern zu Recht als böser Spott verstanden, weswegen sie Sokrates mit nun überwältigender Mehrheit zum Tode verurteilten. Überraschend ist die Reaktion des alten Mannes auf das Urteil: Er akzeptiert es. Man muss, sagt er, die Entscheidungen der Gemeinschaft, in der man lebt und die einen hervorgebracht hat, anerkennen und befolgen, auch wenn man sie falsch findet, ja gerade dann.

Platon hat mit der Apologie das ernste Dilemma namhaft gemacht, dessen Ausdruck die meisten Literaturprozesse bis heute sind. Die Gesellschaft kann nicht ohne freie Individuen gedacht werden. Aber der Mensch ist auch zoon politikon, also Gesellschaftswesen; er muss akzeptieren, dass die Gemeinschaft Rechte über ihn hat, auch wenn sie, wie so oft, platter denkt und dümmer urteilt als der Dissident. Der Einzelne ist nie der Einzige, auch nicht in seinem Eigentum, auch nicht mit seiner Kunst. Wenn ich von individuellen Rechten gegen die Gemeinschaft spreche, dann setze ich einen Adressaten der Rechte voraus: Das kann nur die Gemeinschaft sein, in der ich lebe. Umgekehrt braucht die Gesellschaft, was sie ungerne einsieht, gerade die Widerständigen und Nachdenklichen, manchmal auch die Provokateure und Krawallmacher, wenn sie nicht einschlafen und in Routine verrotten will. Die immer neu zu verhandelnde Frage ist, wie weit die Rechte der Gesellschaft gegenüber dem Einzelnen gehen. Auch heute akzeptieren wir Zensur durchaus, wenn wir sie, wie z.B. bei harter Pornographie[15], Aufrufen zu Gewalt und Rassenhass, für notwendig halten[16].

Noch einmal zu Platon: Er war kein Anhänger des freien Worts um jeden Preis. Ganz im Gegenteil, er war ein Freund der Zensur: Im dritten Buch der voluminösen Staatsutopie „Politeia"[17] kommt er zu dem Schluss, dass die Wirkung der schönen Literatur verheerend ist, zwar nicht immer, aber immer da, wo sie schlechte Vorbilder gibt[18]. Zum Beispiel kritisiert Platon Homer. Bekanntlich ist der Götter- und Menschenvater Zeus vor allem in der Ilias ein alter Lustmolch und seine Frau Hera eine ewig geifernde, von blutrünstiger Eifersucht beherrschte Giftkröte. So sollen die Menschen nicht über Götter denken, meint Platon. Sein Ideal ist ein Zusammenleben der Menschen in Ruhe, Gerechtigkeit

---

15 Wie harte Pornographie zu definieren ist, bildet immer wieder den Gegenstand von Streitigkeiten. Berühmt ist die Äußerung des US-amerikanischen Supreme-Court-Richters Potter Stewart in den Entscheidungsgründen der Sache Jacobellis v. Ohio (378 U.S. 184 ff. (197) (1964): „It is possible to read the Court's opinion in Roth v. United States and Alberts v. California, 354 US 476, in a variety of ways. In saying this, I imply no criticism of the Court, which, in those cases, was faced with the task of trying to define what may be indefinable. I have reached the conclusion, which I think is confirmed at least by negative implication in the Court's decisions since Roth and Alberts] that, under the First and Fourteenth Amendments, criminal laws in this area are constitutionally limited to hard core pornography. I shall not today attempt further to define the kinds of material I understand to be embraced within that shorthand description, and perhaps I could never succeed in intelligibly doing so. But I know it when I see it, and the motion picture involved in this case is not that. Die Grenze überschreiten nach Auffassung des Verwaltungsgerichts Köln nicht die üblichen Sex-Anzeigen in Zeitungen und Zeitschriften wie: „Verdorbene Teeni-Göre 18 Jahre", „Oma (68) braucht ES noch täglich" oder „Heißes Vergnügen mit tabulosen Ost-Frauen" oder „Scharfe Ost-Girls! Immer bereit!", VG Köln 30. November 2007 – 27 K 4437/06 –, Rn. 23, juris).

16 Das heutige Indizierungsverfahren ist auf der Webseite der Bundesprüfstelle für jugendgefährdende Medien ausführlich dargestellt (www.bundesprüfstelle.de); die Listen werden aber nur teilweise veröffentlicht, sind im Netz, soweit ersichtlich, nicht zugänglich und ihre Veröffentlichung ist sogar strafbar. In den letzten Jahren gab es durchschnittlich um die 1.100 Verfahren; derzeit stehen rund 10.000 Werke auf den verschiedenen Listen. In den verwaltungsgerichtlichen Verfahren spielt der Kunstvorbehalt des Grundgesetzes immer wieder eine besondere Rolle, vgl. etwa Oberverwaltungsgericht für das Land Nordrhein-Westfalen, 3. Juni 2015 – 19 B 463/14 (Gangsta-Rap).

17 *Platon*, Politeia, 3. Buch, 377b–398b.

18 Die Ansicht Platons war auch in der Antike verbreitet, das 12-Tafel-Gesetz verbot Schmählieder in Tafel 8: si quis occentavisset sive carmen condidisset, quod infamiam faceret, flagitumve alteri.

und Harmonie. Diesen Zustand der Glückseligkeit zu preisen ist nach Platon[19] das Amt der Dichter, sei es, dass sie ihn als tatsächlich erreichte Wirklichkeit oder, wo es an der Realisierung noch[20] mangelt, als Ideal besingen. Platon wünschte sich eine Kunst nach Art von Engelschören oder, modern gesprochen, nach Art von Soap-Operas und Musikantenstadln. Ich fürchte, diese Meinung teilen nicht nur alle Diktatoren, sondern sie ist sogar bis heute mehrheitsfähig. Nach dem Motto: „Wenn die Wahrheit nicht dem Ideal entspricht, umso schlimmer für die Wahrheit" handeln leider auch Verleger, die aus Angst vor dem Geruch des Rassismus Worte wie „Neger" aus alten Volksliedern streichen[21].

V. Ins Feuer! Der Fall Giordano Bruno

Die römische Kirche merkte sehr bald nach Erfindung des Drucks, dass mit dem Buch ein hochwirksames Propagandainstrument geschaffen war, das auch Andersdenkende nutzen konnten. Die Geburtsstunde des Buchdrucks wurde damit auch zur Geburtsstunde der Bücherzensur und der Literaturprozesse in unserem heutigen Sinn. Im Index von 1612 hieß es:

> „Und es ist gewiß, daß durch kein anderes Mittel sich die Häresie so sehr ausbreitet und verrät als durch die Bücher, die, obwohl sie stumme Lehrer sind, ständig sprechen und zu jeder Zeit lehren."[22]

Giordano Bruno wurde im Jahre 1548 in der Nähe von Neapel geboren. Im Alter von 28 Jahren, kurz nach seiner Priesterweihe, fing er sich die erste Anklage wegen Ketzerei ein. Er hatte Zweifel an der Wandlung von Brot und Wein in Fleisch und Blut Jesu Christi geäußert. Bruno flüchtete und warb auf einer vierzehn Jahre dauernden Reise kreuz und quer durch Europa bei Gelehrten und Regenten für ein reformiertes Christentum, Gott, so schrieb er, ist überall, in der Natur, im Geschlechtstrieb, in der Astronomie. Pantheismus? Bei einer Reise nach Venedig wurde Bruno 1593 verhaftet. Trotz eines teilweisen Widerrufs liefert Venedig ihn nach Rom aus. In den Verliesen des Vatikans bearbeitet die Kurie den Dissidenten abwechselnd mit brutaler Folter und anspruchsvollen theologischen Diskursen. Dass es dem Papst im Kern um Machtfragen und nicht um theologische Dogmatik geht, illustriert ein Ausschnitt aus dem 1973

19 Der mit dem in Syrakus mehrfach (388, 366 und 361 v.Chr.) unternommenen Versuch der praktischen Umsetzung seiner Utopie scheiterte.

20 Solange das Paradies nicht da ist, mangelts freilich immer „noch".

21 *Carolin Gasteiger* in Süddeutsche Zeitung v. 28. Januar 2013: „Mit schwarzem Gesicht für den 'Neger'".

22 Zit. nach *Mariano Delgado*, Spanische Inquisition und Buchzensur, S. 467, im Internet abrufbar unter *https://www.unifr.ch/skg/assets/files/leseecke/inquis.pdf.*

gedrehten Spielfilm „Giordano Bruno – Der Ketzer muss brennen“[23]; Giordano Bruno wird aus seiner Zelle in die Amtsräume des Kardinals Bellarmin geführt. Der Kardinal ist bei weitem zu intelligent sein Gegenüber zu unterschätzen; in dessen Lehre sieht er eine Gefahr für den Machtanspruch Roms. Es geht im Kern nicht um Theologie, sondern um weltliche Herrschaft.

Kardinal Bellarmin: In Skandinavien, der Schweiz und jetzt auch in Flandern – die Herrscher sind gegen uns.

Giordano Bruno: Die Herrscher haben von der Kirche gelernt, den Glauben als Werkzeug der Macht zu benutzen. Deshalb trachtet jeder Staat nach seiner eigenen Religion.

Kardinal Bellarmin: Und deshalb sind wir gezwungen, uns mit aller Härte zu verteidigen.

Giordano Bruno: Wie verteidigen? Ihr bedient euch Spaniens, das die Reinheit des Glaubens dadurch schützt, dass es Tausende Juden und Araber verbrennt.

Kardinal Bellarmin: Spanien ist die treueste Tochter der Christenheit, es ist unser Schutzwall gegen die Ketzerei.

Giordano Bruno: Weil sie sich Spaniens bedient, gräbt die katholische Kirche derzeit einen tiefen Graben, der Europa teilen wird.

Kardinal Bellarmin: Die Aufgabe der Kirche ist, die Grundsätze des Glaubens zu verteidigen und Ketzerei, in welcher Form sie sich auch zeigt, zu bekämpfen. Jedermann, der die Macht der Kirche herausfordert, ist unser Feind. Ein Feind des heiligen Glaubens.

Giordano Bruno: Bitte veranlasst, dass ich in meine Zelle zurückgebracht werde.

Nach einem siebenjährigen, ränkevollen Prozess erging am 20. Januar des Jahres 1600 das Urteil:

> „Hierdurch verkünden wir das Urteil und erklären, dass der [...] genannte Giordano Bruno ein unbußfertiger und hartnäckiger Ketzer ist und deshalb [...] alle kirchlichen Tadel und Strafen auf sich geladen hat: [...] Wir verfügen, dass Du dem weltlichen Gericht ausgeliefert wirst, [...] obwohl wir inbrünstig beten, dass [...] der Römische Statthalter [...] die Strenge des Gesetzes [...] mildern möge, damit Du nicht getötet wirst oder Deine Glieder verstümmelt [...].“

Die am Schluss des Urteils ausgesprochene Bitte der Kirche um eine milde Bestrafung war reine Heuchelei, sie bedeutete das Gegenteil dessen, was sie

23 Mit Gian Maria Volonté, Hans-Christian Blech, Mathieu Carrière u.a. Regie Giuliano Montaldo.

dem Wortlaut nach besagte: es war die Formulierung, mit der die Kirche um größtmögliche Härte bei der Bestrafung bat. So geschah es auch. Giordano Bruno wurde am 17. Februar 1600 mit verstümmelter Zunge zum Campofiore geschafft und bei lebendigem Leibe verbrannt. Vielleicht hat er auf dem Scheiterhaufen an eines der in klassischen Distichen gehaltenen Gedichte gedacht, in die er seine Lehre zu kleiden pflegte. Es lautet wie folgt[24]:

> „an den eignen geist
> fest steht der berg und ruhig in den tiefen der erde gegründet
> aber sein gipfel ragt hoch in die sterne hinauf.
> beiden bist du verwandt mein geist dem gott wie der unteren
> welt und von beiden getrennt – also ruf ich dir zu
> wahre dein recht auf die höhen des alls und sinke nicht in die
> dunklen tiefen hinab erdschwer finster und dumpf.
> auf zur sonne! such deine heimat im freien himmel.
> wenn ein gott dich berührt wirst du flammende glut!"

VI. Wie man die Inquisition verspottet, indem man sie lobt – Der Fall Miguel de Cervantes

Das feurige Treiben der Inquisition war dem zur selben Zeit wie Giordano Brune lebenden spanischen Dichter Miguel de Cervantes Saavedra (geb. 29. September 1547 in Alcalá de Henares, gest. 23. April 1616 in Madrid) nicht verborgen geblieben – wie sollte es auch, da die Inquisition nirgendwo mit so grausamer Pedanterie vorging wie in Spanien. Außerdem war Cervantes mit dem seinerzeitigen Generalinquisitor Bernardo de Sandoval y Rojas befreundet. Das Besondere an Cervantes ist, dass sein Genie ihn in die Lage versetzte, Hohn und Spott über die Bücherzensur so liebevoll auszugießen, dass die Zensoren bei der Lektüre über sich selbst lachten, wahrscheinlich sogar ohne es zu bemerken.

Die Hauptfigur in Cervantes großem Roman ist ein verarmter Landadliger, der allgemein Don Quixote genannt wird. Er vertreibt sich die Langeweile mit Romanen – aber das viele Lesen macht ihn nicht klug, sondern krank, es stürzt ihn in tiefe geistige Verwirrung. Er identifiziert sich mit den Ritterfiguren seiner Bücher und macht sich als Ritter von der traurigen Gestalt auf, die Welt zu retten. Von seiner ersten Ausfahrt in die umliegenden Dörfer kehrt er, von den bösartigen Windmühlen zerschunden und zerschlagen, zurück. Während er nun

24 Das Gedicht findet sich in der Einleitung zu dem Werk: De la causa, principio et uno, im Internet abrufbar unter www.liberliber.it/; Übertragung von mir unter Verwendung der Übersetzung von Adolf Lasson, http://www.zeno.org/Philosophie/M/Bruno, +Giordano/ Von+der+Ursache,+dem+Princip+und+dem+Einen/Widmungsschreiben+%5BAuszug %5D/An+den+eignen+Geist.

im Bett liegt, beschließen seine Haushälterin und seine Nichte, die Ursache des Übels, nämlich die Bücher handgreiflich zu bekämpfen. Sie rufen die Ortsautoritäten in Gestalt des Barbiers und des Pfarrers herbei. Was nun passiert, lesen wir im 6. Kapitel des Ersten Teils des Don Quixote[25]. Es trägt den Untertitel:

> „Lustiger und feierlicher Gerichtstag, den der Pfarrer und Barbier im Büchersaale unsers scharfsinnigen Edlen hielten.
>
> Don Quixote war immer noch im Schlafe, als der Pfarrer sich von der Nichte die Schlüssel zu dem Zimmer geben ließ, in welchem sich die Bücher befanden. [...] Alle gingen hinein. [...] Im Zimmer standen mehr als hundert Bände. [...] Sowie die Haushälterin sie erblickte, ging sie eilig aus der Stube, kam aber sogleich mit einer Schale Weihwasser und einer Rute zurück, indem sie sagte: ‘Da, nehmt hin, Herr Pfarrer, besprengt die Stube, kein einziger von den vielen Zauberern, die in diesen Büchern stecken, soll hierbleiben und uns bezaubern, zur Strafe, weil wir [...] sie aus der Welt schaffen wollen. Wir wollen sie alle verbrennen’ [...].“

Es beginnt nun ein komödiantisches Autodafé, in dem Cervantes geschickterweise den Pfarrer als einen ausgesprochen gebildeten, liberalen und humorvollen Zensor schildert, der im Unterschied zur Haushälterin die Meinung vertritt, man müsse von Büchern wenigstens die Titel lesen, ehe man sie verbrennt. Und Cervantes lässt sich den Spaß nicht nehmen, die Bibliothek seines Romanhelden Don Quixotes sogar mit einem seiner eigenen, nämlich des Romanautors Cervantes’, Bücher auszustatten, das dem Barbier in die Hände fällt. Was denn das für ein Buch sei, fragt der Pfarrer. Ein Buch von dem Dichter Cervantes, antwortet der Barbier und der Pfarrer sagt:

> „Dieser Cervantes ist seit vielen Jahren mein guter Freund, und ich weiß, daß er geübter in Leiden als in Reimen ist. In seinem Buche ist manches gut erfunden, manches wird vorbereitet und nichts zu Ende geführt. Man muß den versprochenen zweiten Teil erwarten, vielleicht verdient er sich durch diesen die Gnade für das Ganze, die man ihm jetzt noch verweigern muß; bis dahin, Herr Gevatter, hebt das Buch in Eurem Hause auf.“

Das tut der Barbier. Und der Dichter Miguel de Cervantes entging der Zensur – jedenfalls in dem von ihm selbst geschriebenen Roman. Im richtigen Leben war die Sache etwas komplizierter. Nach Erscheinen der ersten Auflage des Don Quijote wurde Cervantes von einem lieben Schriftstellerkollegen, nämlich Lope de Vega, bei der Inquisition angeschwärzt[26]. Der Satz „Die Werke der Näch-

---

25 Zit. nach: *Miguel de Cervantes*, Der scharfsinnige Ritter Don Quixote von der Mancha (insel taschenbuch), Übersetzung anonym (möglicherweise Ludwig Tieck), 2. Auflage, Frankfurt a.M. 1975, Buch I, 6. Kapitel.

26 Vgl. *Mariano Delgado*, Dem christlichen Beruf treugeblieben? in Christoph Strosetzki, Miguel de Cervantes’ Don Quijote, Explizite und implizite Diskurse im Don Quijote, S. 59 ff.; einer der angeblich häretischen und im Jahre 1632 – also lange nach dem Tod des Autors – expurgierten Sätze lautete: „Las obras de caridad que se hacen tibia y flo-

stenliebe, die lau und nachlässig getan werden, sind nicht verdienstvoll und haben keinen Wert" sollte häretisch sein. Die Inquisition verurteilte diesen Satz auch antragsgemäß, aber erst 1632, also eineinhalb Jahrzehnte nach dem Tod des Autors.

VII. Psychopathia Criminalis – Der Fall Oskar Panizza

Bei meinen Erkundungslektüren zum Thema Literaturprozesse hat mich ein Autor besonders begeistert, von dem ich vorher nur den Namen kannte: Oskar Panizza[27]. Dieser 1853 in Kissingen geborene, streng pietistisch erzogene Mann war Nervenarzt von Beruf, wandte sich aber bald der Dichtung zu, was ihm durch ein beträchtliches Vermögen erleichtert wurde. Anfang der 90er Jahre des 19. Jahrhunderts tummelt er sich wie Frank Wedekind, Thomas Mann und manch anderer muntere Geist in der Münchner Literaturszene. Für Panizza gehört die Provokation von Kirche und Staat zum literarischen Programm, gelegentliche Verhaftungen sind eingeplant, schmerzen aber dann doch. „Die unbefleckte Empfängnis der Päpste", veröffentlicht unter dem Pseudonym „Bruder Martin O.S.B.", war natürlich schon als Titel eine Frechheit und das erste Theaterstück „Der heilige Staatsanwalt" ebenso. Für einen Skandal reichte das aber selbst in Bayern nicht.

Im Herbst 1894 erscheint dann Panizzas zweites Drama: „Das Liebeskonzil. Eine Himmelstragödie in fünf Aufzügen"[28]. Gott Vater, Maria und Jesus bitten den Teufel zum Konzil in den Himmel. Er soll ein Mittel, am besten irgend ein Gift finden, um die Menschen für ihre sexuellen Ausschweifungen einerseits empfindlich zu bestrafen, andererseits aber „erlösbar" zu halten – andernfalls ja der Himmel nichts mehr zu tun hätte. Der Teufel will anfangs nicht so recht mitmachen, aber Gottvater lässt nicht locker:

> „GOTT VATER *ostentativ orientiert*. Voyons! Voyons! mein Freund, Du mußt doch etwas machen können, was die Menschheit vergiftet, ohne sie ganz zugrunde zu richten! – Wir wollen sie dann wieder erlösen! – Nicht wahr, mein Sohn?
>
> CHRISTUS. Wir wollen sie dann wieder erlösen!

---

jamente no tienen mérito ni valen nada" („Die Werke der Nächstenliebe, die lau und nachlässig getan werden, sind nicht verdienstvoll und haben keinen Wert"); *Ders.*, Spanische Inquisition und Buchzensur, abrufbar im Netz unter https://www.unifr.ch/skg/assets/files/leseecke/inquis.pdf.

27 Sehr liebevoll und kenntnisreich ist das Buch von *Michael Bauer*, Oskar Panizza, München 1984.

28 Eine sensationelle Hörspielfassung gibt es im Hörspiel-Pool des bayerischen Rundfunks unter http://www.br.de/service/suche/suche104.html?node=www.br-online.de%2Fpodcast&query=das+liebeskonzil&x=0&y=0.

MARIA. Wir müssen sie wieder erlösen!

TEUFEL. Der Auftrag ist dann zu kompliziert! – Es soll unflätig und liebenswürdig und giftig zu gleicher Zeit sein! – Wenn ich sie in ihren geheimen, amorosen Beziehungen sogleich und heftig treffen soll, und sie in diesem Moment vergiften soll, dann muß die Seele auch mit! – Denn die Seele steckt da mit drin! –

GOTT VATER *erstaunt.* Die Seele steckt da mit drin? –

CHRISTUS *ebenso, aber mehr mechanisch repetierend.* Die Seele steckt da mit drin? –

MARIA *affirmativ, und halb für sich selbst, wie sich erinnernd.* Die Seele steckt da mit drin! –

TEUFEL *nach einer Pause zu Gott, etwas spöttisch.* Mein Gott, Du bist ja der Schöpfer! Weißt Du nichts?

GOTT VATER *unwillig.* Wir – ä erschaffen jetzt nicht mehr. – Wir sind müde! – Auch gehört dies Gebiet des Irdischen und der Sinnlichkeit in Deine Sphäre. – Also besinne Dich, wie Du es anrichtest; beflecke die Seele, aber sie muß wieder herstellbar sein!

CHRISTUS *noch immer schwach, will das letzte wiederholen, kommt aber nur bis.* Beflecke – die – Seele [...].

TEUFEL *zu Gott Vater.* Es soll sie zur Liebe anreizen, sagst Du, und sie gleichzeitig vergiften?

GOTT VATER. Natürlich, sonst beißen sie ja nicht an!

CHRISTUS *aufatmend.* In der Wollust sind sie blind, hab' ich gehört.

MARIA. Mit Speck fängt man Mäuse!

GOTT VATER. Suche in Deinem Hexenkessel! Es ist ja allerlei Zeug darin; in Deiner Hölle hast Du so manches aufgespeichert; bist doch ein Meister in solchen Kompositionen! – Kreiere, braue, zeuge, mische 'was zusammen! –

MARIA. Es muß allerdings sehr verlockend sein. – Womöglich was Frauenzimmerartiges.

CHRISTUS. Ja, sehr verlockend sein.

TEUFEL *mit einem Gedanken beschäftigt.* Lüstern und zerstörend soll es zugleich sein, sagt Ihr? – Und doch die Seele nicht definitiv zerstörend?

ALLE DREI *zugleich und untereinander.* Lüstern – zerstörend – verlockend – giftig – wollüstig – grausam – Hirn und Adern verbrennend. –

GOTT VATER. Aber nicht die Seele! – Wegen der Zerknirschung! – Wegen der Verzweiflung! –

TEUFEL *seinen Gedankengang plötzlich beendend.* Halt, da hab' ich 'was! – Will mal mit der Herodias reden! – Halblaut für sich. Lüstern und zerstörend zugleich! – Laut. Ich bring' etwas! –

MARIA. Gott sei Dank!

TEUFEL *sich zum Gehen wendend.* Ich glaub', ich hab's!

GOTT VATER. Bravo! Bravo!

MARIA. Bravo! Bravo!

CHRISTUS. Bravo! Bravo!

ALLE DREI *sich freudig erhebend, soweit es geht; leise in die Hände schlagend.* Bravo, Teufel, bravo! Bravissimo!

TEUFEL *sich empfehlend und im Abgehen ein Schnippchen schlagend.* Ich komm' bald wieder! *Ab.* –"

Und nach kurzer Zeit kommt der Teufel mit froher Botschaft zurück: Im Auftrag Gottes erfindet er die Syphilis.

Das fast in jeder Zeile blasphemische Stück wurde, wie kaum anders zu erwarten, sofort nach Erscheinen der Buchfassung verboten. Am 30. April 1895 verurteilt das Landgericht München I Oskar Panizza wegen Vergehens gegen die Religion zu einem Jahr Gefängnis[29]. Übrigens mit beherzter öffentlicher Zustimmung von Thomas Mann[30]. Der Erste Strafsenat des Reichsgerichts weist die Revision zurück. Nach Verbüßung der Freiheitsstrafe geht Panizza ins Exil nach Zürich, später nach Paris. Veranlasst durch Panizzas Familie gab es mehrfach Versuche, ihn entmündigen zu lassen. Als Begründung führte der Gutachter u.a. die Tatsache an, dass Panizza kein Bier trank, unsinnigerweise den Beruf des Arztes mit dem des Dichters getauscht hatte und überhaupt: Wer solche verrückten Stücke schreibe wie das Liebeskonzil, der müsse auch selbst verrückt sein. Panizza indes schreibt weiter, u.a. eine satirische Abhandlung, in der er zum Scherz vorschlägt, oppositionelles Verhalten prinzipiell als Geisteskrankheit zu behandeln, als „Psychopathia Criminalis".

„Die psichopatia criminalis ist eine klar umschriebene, scharf gekenzeichnete, von Richter wie Sachverständigen kaum zu übersehende, Psichose, deren Bedeutung in politisch bewegten Zeiten eine geradezu akute wird. [...] Und gerade jezt, wo die 50-jährige Erinnerung an die *revolutionären Umtriebe* [...] der Jahre 1848 und 1849 wieder eine Menge von Gedenk-Schriften und illustirten Büchern auf den Markt wirft, wird es uns [...] klar, was damals hätte vermieden werden können, wenn die Kentnis der psichopatia criminalis [...] schon im Bereich psichjatrischer Forschung gelegen hätte. Mit einem Stab geschulter Richter, wissenschaftlich gebildeter Sachverständiger, einsichtiger Geschwornen, dialektisch gewanter Staats-Anwälte und geschikter Wärter hätte all' das unnüze Blutvergiessen, das Tirannengeschrei,

29 Vgl. dazu auch *Schotthöfer*, NJW 1987, 1385.

30 In: Das 20. Jahrhundert, August 1895, 5. Jahrgang, 2. Halbband, Heft 11, S. 522 abgedruckt in: *Thomas Mann*, Essays I, Fischer Klassik, wo es heißt: Kann man denn nicht auch vom künstlerischen Standpunkt aus mit der Verurteilung einverstanden sein?; ganz anders dachte übrigens Theodor Fontane, zum Ganzen *Michael Bauer*, Oskar Panizza, München 1984, Seite 18 ff.

Zuchthaus- und Folterqualen, Emigrirung der tüchtigsten Landessöhne vermieden werden können. Ein mässig grosses Irrenhaus zwischen Nekar und Rhein, etwa von der Grösse der Pfalz, und auf eben diesem Boden, wo die turbulentesten Köpfe gediehen, errichtet, hätte über Nacht, in wenigen Wochen, die kriminelle Bewegung, ich wolte sagen: die epidemische Psichose, im Keime erstikt und unserem Vaterlande viel Leids erspart. – Die Heilung geht überraschend schnell vor sich. Die milde Behandlung, richtig temperirte Wannenbäder, die Ruhe, die Abgeschlossenheit, Nachtigallenschlag jenseits der Gitter, der gütige Zuspruch des Arztes – ein Bischen Hyoscyamin, und ein Bischen Bromkali – und die politische Einsicht all' dieser Internirter wäre bedeutend gewachsen."[31]

Die Sache Oskar Panizza nahm ein Ende, von dem man nicht genau weiß, ob man es tragisch oder komisch nennen soll: Nach einigen einsamen Jahren im Pariser Exil klagt Panizza zunehmend heftiger über Pfeifgeräusche im Ohr, die er ihn verfolgenden Spionen des deutschen Kaisers zurechnet. 1904 findet Panizza die Pfiffe so quälend, dass er aus Paris flüchtet, erst in die Schweiz, dann nach München. Aber die Geräusche bleiben, wie die Erinnyen verfolgen sie den armen Dichter. Am 19. Oktober 1904 entkleidet sich Panizza in der Münchner Staatsbibliothek bis aufs Hemd, verlässt die Bibliothek, wird von der Polizei nackt aufgegriffen und lebt dann bis zu seinem Tode im Jahr 1921 im Wesentlichen in einer vornehmen Bayreuther Nervenklinik. Er war beileibe nicht der letzte Dissident, den man im 20. Jahrhundert für verrückt erklärt hat. Knut Hamsun musste nach dem Zweiten Weltkrieg wegen seiner Sympathiebekundungen für das Dritte Reich einige Zeit in einer Irrenanstalt verbringen. Der Erfurter Dichter Jürgen Hultenreich wurde Anfang der 80er Jahre wegen versuchter Republikflucht vor Gericht gestellt. Im Prozess beantwortete er die Fragen des Richters mit Schiller-Zitaten, was ihm die richterliche Einweisung in die Psychiatrische Anstalt Pfafferode bei Mühlhausen eintrug[32].

VIII. Wer den Wind sät – The Scopes Trial

Seit dem Ende des 19. Jahrhunderts bis in unsere Tage wogt in den USA ein erbitterter weltanschaulicher Kampf. Es ist die Schlacht zwischen der Evolutionslehre Charles Darwins und den „Kreationisten", also den Menschen, die ohne rot zu werden behaupten, Gott habe die Erde aus dem Nichts hervorgezaubert wie ein Kaninchen aus dem Hut und das sogar in einem aus der Bibel exakt zu berechnenden Zeitraum, nämlich in der Woche von Montag, dem 17.

---

31 Die originelle Orthographie, deren Regeln Panizza selbst geschaffen hatte und auf die er großen Wert legte, wurde beibehalten.

32 Nachzulesen in dem autobiographischen Roman Die Schillergruft, Berlin Edition A.B. Fischer, Berlin 2012; ganz zu Recht erhielt *Hultnreich* deshalb im Jahr 2013 die Kester-Haeusler-Ehrengabe der Deutschen Schillerstiftung von 1859.

bis zum Samstag, dem 22. Oktober des Jahres 4004 vor Christus (also kurz nach oder etwa zeitgleich mit der Erfindung der Schrift und des Rades). Im Februar des Jahres 1925 (nach Christus) verbot das offenbar mehrheitlich kreationistisch gesinnte Parlament des Bundesstaats Tennessee seinen Lehrern per Gesetz,

> „irgendeine Theorie zu lehren, die die göttliche Schöpfung, wie in der Bibel gelehrt, leugnet und stattdessen zu lehren, dass der Mensch von Lebewesen niederer Ordnung abstamme."

Kurze Zeit danach wurde in dem kleinen Städtchen Dayton / Tennessee ein Lehrer namens John Scopes vor Gericht gestellt. Er hatte im Biologie-Unterricht ein Lehrbuch verwandt, dem die Evolutionslehre zugrunde lag. Sowohl für die Anklage als auch für die Verteidigung traten prominente Juristen auf, der Ankläger war sogar ein ehemaliger Präsidentschaftskandidat der Demokratischen Partei. Den Höhepunkt des Prozesses bildete ein rhetorischer Schlagabtausch zwischen Verteidiger und Ankläger. Er konnte in dieser Form nur deshalb zustande kommen, weil sich der Ankläger, also der Kreationist, aus politischem Kalkül bereit erklärt hatte, freiwillig in den Zeugenstand zu treten und sich vom Verteidiger ins Gebet nehmen zu lassen. Das Gerichtsprotokoll der Sitzung vom 20. Juli 1925 ist erhalten[33]. Es steht auch im Mittelpunkt des 1960 gedrehten Spielfilms „Wer den Wind sät" mit Spencer Tracy und Gene Kelly[34], der wiederum auf dem gleichnamigen Bühnenstück von Jerome Lawrence und Robert E. Lee beruht.

Hier ein kleiner Ausschnitt aus dem Gerichtsprotokoll (Q = Frage des Verteidigers an den Zeugen, A = Antwort des Zeugen)[35].

Q – Sie kennen sich in der Bibel aus, Sie haben sie studiert?

A – Ja, ich habs versucht.

Q – Sie würden also sagen, Sie kennen sich gut aus in der Bibel?

A – Ja, auf jeden Fall. Ich studiere die Bibel seit 50 Jahren oder sogar noch länger, und natürlich habe ich sie als Erwachsener öfter gelesen, als Kind nicht ganz so oft.

Q – Sie bestehen darauf, dass alles, was in der Bibel steht, wörtlich genommen werden muss?

---

33 Die Quellen sind gut aufbereitet und unter http://law2.umkc.edu/faculty/projects/ftrials/scopes/scopes2.htm im Internet zugänglich.

34 Voller hintergründigem Humor inszeniert von Stanley Kramer, es gibt zwei Remakes, einen von 1988 mit Kirk Douglas und einen von 1999 mit Jack Lemmon – in den USA ist das Thema immer wieder wichtig.

35 Übersetzung von Autor.

A – Ich glaube, dass alles in der Bibel genau so genommen werden muss wie es da steht. Einiges in der Bibel ist natürlich als Gleichnis gemeint. Zum Beispiel „Ihr seid das Salz der Erde.“ Ich würde nicht darauf bestehen, dass der Mensch eine Salzsäule ist, oder dass sein Fleisch aus Salz besteht, sondern das Wort Salz wird in dem Sinn gebraucht, dass Salz die Rettung für das Volk Gottes ist.

Q – Aber wenn Sie lesen, dass Jonas den Wal verschluckte – oder vielmehr dass der Wal Jonas verschlang, entschuldigen Sie bitte – verstehen Sie das wörtlich?

A – Wenn ich lese, dass ein großer Fisch Jonas verschlang – die Bibel sagt nicht, dass es ein Wal war, soweit ich mich erinnere, sie sagt: ein großer Fisch, und das glaube ich. Und ich glaube an einen Gott, der einen Wal machen kann und der einen Menschen machen kann und der machen kann, dass beide tun und lassen, was ihm gefällt.

Q – Also gut, Sie sagen, der Fisch verschlang Jonas, und der bleibt dann, also wie lange blieb er dann eigentlich in dem Fisch, vielleicht drei Tage? Und dann spuckte der Fisch den armen Jonas wieder an Land, nicht wahr? Sie glauben also der große Fisch wurde gemacht um Jonas zu verschlingen?

A – Das sage nicht ich, das sagt die Bibel.

Q – Sie wissen nicht, ob es einfach so die Art des Fisches war, Propheten zu verschlingen, oder ob er speziell hergestellt wurde, um Jonas zu verschlucken?

A – Sie können gern darüber grübeln, Ihr Evolutionisten grübelt ja überhaupt [...].

Q – Also Sie können nicht sagen, ob der Fisch zum Verschlingen von Menschen gemacht wurde oder nicht?

A – Die Bibel sagt dazu nichts, also kann ich es nicht sagen.

Q – Aber glauben Sie nicht, dass Gott den Fisch geschaffen hat – und dass er einen solchen Fisch gemacht hat, der groß genug war Jonas zu verschlingen?

A – Ja und lassen Sie mich hinzufügen: An ein Wunder zu glauben ist genauso leicht wie an alle Wunder.

Q – Kann man sagen, es ist genau so schwer zu glauben, ich meine an ein Wunder wie an alle?

A – Für Sie ist es schwer zu glauben, aber für mich ist es leicht. Wunder sind etwas, das jenseits dessen ist, was ein Mensch vermag. Wenn wir uns auf das Gebiet der Wunder begeben, dann ist es genau so leicht das Wunder von Jonas zu glauben wie jedes andere Wunder, von dem die Bibel berichtet.

Q – Also ganz einfach zu glauben, dass Jonas den Walfisch verschlang?

A – Natürlich, wenn es so in der Bibel stünde. Aber in der Bibel stehen bei weitem nicht so extreme Sachen wie das, was die Evolutionisten behaupten[...].

Q – Die Bibel sagt, dass Joshua der Sonne befahl stillzustehn um den Tag etwas zu verlängern, wenn ich mich nicht täusche. Und das glauben Sie auch?

A – Sie täuschen sich nicht. Und ich glaube es.

Q – Glauben Sie, dass zu der Zeit die Sonne sich um die Erde drehte?

A – Nein ich glaube, dass sich die Erde um die Sonne dreht.

Q – Glauben Sie, dass der Mensch, der das schrieb, dachte, dass man den Tag verlängern und die Sonne stoppen kann?

A – Ich weiß nicht, was die damals gedacht haben.

Q – Sie wissen es nicht?

A – Ich glaube, sie haben einfach die Tatsachen aufgeschrieben ohne sich weiter Gedanken zu machen oder etwas hinzuzufügen.

Q – Könnten Sie die jetzt folgende Frage direkt beantworten? Also: Wenn der Tag verlängert wurde dadurch, dass entweder die Sonne oder die Erde angehalten wurde, was denken Sie, müsste es dann nicht die Erde gewesen sein?

A – Stimmt, so müsste es gewesen sein.

Q – Nun, haben Sie sich irgendwann mal Gedanken darüber gemacht, was eigentlich hätte passieren müssen, wenn die Erde tatsächlich stillgestanden hätte?

A – Nein.

Q – Wirklich nicht?

A – Nein, der Gott, an den ich glaube, der würde sich schon drum gekümmert haben, egal was passiert.

Q – Ich verstehe. Aber haben Sie vielleicht darüber nachgedacht was mit der Erde natürlicherweise geschehen müsste, wenn sie plötzlich still stünde?

A – Nein.

Q – Wissen Sie nicht, dass sie sich in eine geschmolzene Materie-Masse hätte verwandeln müssen?

A – Nun, Sie können das sicher bezeugen, wenn Sie in den Zeugenstand gerufen werden, ich würde Ihnen gern Gelegenheit dazu geben.

Q – Glauben Sie mir nicht?

A – Ich würde lieber einen Experten dazu hören.

Q – Sie sind der Frage niemals nachgegangen?

A – Ich glaube nicht, dass mir die Frage jemals gekommen ist [...] [...].

So lächerlich uns diese Debatte zu sein scheint: Der Richter verurteilte den Lehrer Scopes zu einer Geldstrafe von 100 Dollar. Damit war einerseits den Erwartungen der konservativ fühlenden Volksseele Genüge getan, andererseits war die Strafe so niedrig, dass eine Berufung nicht in Betracht kam – dachte der Richter. Und irrte. Denn der Supreme Court von Tennessee hob das Urteil ein Jahr später auf. Allerdings nicht aus inhaltlichen Gründen, sondern aufgrund formeller Quisquilien: Die Strafe hätte nicht vom Berufsrichter, sondern nur von einer Jury bestimmt werden dürfen. „Nichts wäre gewonnen, wenn dieser bizarre Fall noch weiter in die Länge gezogen würde“, sagte der Supreme Court von Tennesse. Die Verteidigung erreichte deshalb ihr eigentliches Ziel nicht: Sie wollte vor den nationalen Supreme Court der USA. Der entschied erst am 12. November 1968[36], „dass Lehren und Lernen nicht auf die Prinzipien oder Verbote einer bestimmten Sekte oder ein bestimmtes Dogma zugeschnitten sein dürfen“[37] und der Unterrichtsstoff den Stand der Wissenschaften und nicht den des Glaubens repräsentieren muss.

IX. „Hut ab / Kopf ab“ – Der Fall Arnfrid Astel

Im Mai 2012 saß bei einer Busfahrt in Thüringen ein freundlicher Herr in vorrückendem Alter neben mir. Wir kamen ins Plaudern und es stellte sich heraus, dass es sich um einen Lyriker aus Saarbrücken handelte, dessen Namen ich aus der 68er Zeit kannte. Er wiederum kannte sich erstaunlich gut im Arbeitsrecht aus, was bei Lyrikern nach meiner Erfahrung ziemlich selten vorkommt und in seinem Fall die folgende Bewandtnis hatte.

Arnfrid Astel, so hieß mein Reisegefährte, ist 1933 in München geboren. Er schreibt wunderbare Gedichte, vor allem über Amseln, Katzen, Hühnergötter und Balsaminen[38]. 1966 wurde er Literaturredakteur beim Saarländischen Rundfunk. Unter dem Eindruck der 68er Ereignisse begann er gepfefferte politische Epigramme zu veröffentlichen. Seine Lyrikbände „Notstand“ und „Kläranlage“ erregten Aufsehen. Darin kamen immer noch Amseln, aber auch hohe Tiere aus der Politik vor, zB der damalige Bundeskanzler Kiesinger, vormals NSDAP, später CDU. Eines der Gedichte lautete:

> „Heil Hitler / Hut ab / Kopf ab / Haut ab / Grüß Gott / Herr Kiesinger.“

Das missfiel dem Intendanten des Saarländischen Rundfunks, einem gewissen Franz Mai, der bei Adenauer als Pressereferent gedient hatte: Im Juni 1971 ließ er Astel vom Redaktionstisch weg zu seinem 2 CV geleiten, gab ihm die fristlose Kündigung mit auf den Weg und erteilte Hausverbot. Politisch „unausgewogene“ Literatursendungen wurden ihm vorgeworfen, ferner ohne Erlaubnis ausgeübte Nebentätigkeiten – in Gestalt von unentgeltlichen Dichterlesungen in einer Jugendstrafanstalt. Astel zog vor das Arbeitsgericht. Er ging aufs Ganze. Obwohl ihm als jungem Vater das Wasser bis zum Halse stand, lehnte er alle Vergleichsangebote ab und führte stattdessen das Kündi-

---

36 Susan Epperson et al. v. Arkansas, 393 U.S. 97.

37 Auch der Versuch des Staates Louisiana, den Kreationismus als gleichberechtigte Lehre immer dann lehren zu lassen, wenn Evolutionismus gelehrt wird, scheiterte am Supreme Court: Der Staat muss dafür sorgen, dass der Unterrichtsstoff nach streng wissenschaftlichen Kriterien ausgesucht wird., *Edwin W. Edwards*, Governor of Louisiana, et al., Appellants v. Don Aguillard et al. 482 U.S. 578.

38 Alle im Netz abrufbar unter www.zikaden.de.

gungsschutzverfahren durch alle drei Instanzen. Der Prozess erregte die in diesen Jahren politisch scharf gespaltene Öffentlichkeit von FAZ bis SPIEGEL, zumal Astel während des Prozesses weiter Gedichte schrieb wie dies hier:

> „Auto-Mobil-Machung
> Nur Lastwagen sollen vorerst eingezogen werden
> bei der Mobilmachungsübung 1972,
> dreihundert bis fünfhundert private Kraftfahrzeuge.
> Nimmt sich da die gelegentliche Enteignung
> eines BMW-Personenkraftwagens
> durch die Baader-Meinhof-Gruppe
> nicht vergleichsweise harmlos aus?
> Wer ist nun also 'Staatsfeind Nr. 1',
> Verteidigungsminister Schmidt
> oder Ulrike Meinhof (bzw. Andreas Baader)?"

Das war heftig[39]. Dennoch erklärte das Bundesarbeitsgericht am 7. Dezember 1972[40] die Kündigung für unwirksam, übrigens ohne die Grundrechte auf Meinungsfreiheit und Kunstfreiheit überhaupt nur zu erwähnen: Die Vorwürfe seien nicht substantiiert, die Gedichte hätten nichts mit dem Arbeitsverhältnis zu tun und Astels Lyrik könne überdies zum Nachdenken anregen. Immerhin. Arnfrid Astel war vom Arbeitsrecht so begeistert, dass er ihm acht Jahre lang als ehrenamtlicher Richter diente.

X. „[...]ist es Privatpersonen nicht gestattet, eigenmächtig Gedichte zu verfassen" – Der Fall Wulf Kirsten

Staatliche Repressionen gegen Schriftsteller gab es in der alten Bundesrepublik zuletzt kaum noch[41]. Der Druck auf anspruchsvolle Literatur kommt heute eher vom Markt, vor allem von einer medialen Unterhaltungswut, die man getrost als großangelegte Dealphabetisierungskampagne bezeichnen kann. Die DDR ging, bis sie 1989 innerhalb weniger Stunden zerstäubte, einen streng materialisti-

---

39 Heute, da wir alle wissen, welchen Weg die Baader-Meinhof-Band genommen hat, kann man den Text leicht als unangemessen einordnen. Als er geschrieben wurde und erschien, wirkte er auf mich eher wie ein – um Distanz durch Sarkasmus bemühter – Aufschrei, der die Position einer sehr kleinen Minderheit gegen einen überaus robust und schneidig auftrumpfenden Staat pointierte.

40 BAG 7. Dezember 1972 – 2 AZR 235/72 – BAGE 24, 468.

41 Vgl. zur Lage in den 50er und frühen 60er Jahren: *Stephan Buchloh*, „Pervers, jugendgefährdend, staatsfeindlich" – Zensur in der Ära Adenauer als Spiegel des gesellschaftlichen Klimas, Frankfurt am Main, 2002.

schen Weg[42]. Sie setzte bei den Produktionsmitteln an, beim Papier und bei den Druckereien. Papier gab es nur mit Druckgenehmigung. Und einer Druckgenehmigung bedurfte es für alles und jedes und für den Rest auch, einschließlich Traueranzeigen, Visitenkarten und Weihnachtsgrüße. Im November 1971 beantragte der damals wie heute in Weimar lebende Lyriker Wulf Kirsten (geb. 21. Juni 1934) beim Rat des Bezirks Erfurt die Genehmigung für einen Weihnachtsgruß mit drei Gedichten. Die Antwort des zuständigen Abteilungsleiters ließ nicht lange auf sich warten und lautete folgendermaßen:

> „[...] teilen wir Ihnen mit, dass wir Ihren Antrag auf Erteilung einer Druckgenehmigung für Gedichte nicht genehmigen können, da dieses Druckerzeugnis verlagsrechtlich gebunden ist.
>
> Aus diesem Grunde ist es Privatpersonen nicht gestattet, eigenmächtig Gedichte zu verfassen und zu popularisieren.
>
> Unterschrift: Hartmann, Abteilungsleiter“

Mit dieser Antwort gab sich Wulf Kirsten, der mir den Briefwechsel für diesen Vortrag zur Verfügung gestellt hat, nicht zufrieden.

> „Mir war bis dato unbekannt, dass es nicht gestattet ist, eigenmächtig Gedichte zu verfassen. Demnach dürfte es überhaupt verboten sein, als Schriftsteller zu arbeiten. [...] Wie erklären Sie es sich dann aber, dass der Rat des Bezirkes Erfurt mir einen Literaturpreis zugesprochen hat? [...] Ich werde mir nun notgedrungen die Freiheit nehmen, anstelle der drei Gedichte Kopien Ihres Briefes zu versenden.
>
> Mit eigenmächtigen Grüßen
>
> Wulf Kirsten“

XI. Rechtsstaat und Kosakenmoral – Der Fall Pussy Riot

Am 21. Februar 2012 betraten in großer Eile zehn junge Frauen die Christ-Erlöser-Kathedrale in Moskau. Was dann geschah, kann man in einem youtube-Video sehen[43]. Drei der Frauen tanzen vor dem Altar einen sonderbaren Tanz, dazu erklingt ein Lied, das sich anfangs wie ein frommer Choral anhört und kurz danach in ein wildes, rhythmisches Geschrei übergeht. Das Lied hat einen Text, der auf Deutsch wie folgt lautet:

> „Heilige Mutter Gottes, du Jungfrau, schaff uns Putin vom Hals!
> Heilige Mutter Gottes, du Jungfrau, schaff uns Putin vom Hals!
>
> Schwarzer Priesterrock, goldene Schulterklappen,

---

42 Aus der inzwischen umfangreichen Literatur: *Ernst Wichner / Herbert Wiesner*: Zensur in der DDR, Ausstellungsbuch, Literaturhaus Berlin 1991; interessant auch: *Mark Lehmstedt*, Die geheime Geschichte des Digedags, 2. Auflage Leipzig 2010

43 Pussy Riot punk prayer – https://www.youtube.com/watch?v=fW92sPezOMs.

> alle Pfarrkinder kriechen zur Verbeugung,
> das Gespenst der Freiheit im Himmel,
> Homosexuelle werden in Ketten nach Sibirien geschickt.
>
> Der KGB-Chef ist euer oberster Heiliger,
> er steckt die Demonstranten ins Gefängnis.
> Um den Heiligsten nicht zu betrüben, müssen Frauen gebären und lieben.
>
> Göttlicher Dreck, Dreck, Dreck!
>
> Mutter Gottes, du Jungfrau, werde Feministin, werde Feministin!
>
> Kirchlicher Lobgesang für verfaulte Führer,
> Kreuzzug aus schwarzen Limousinen.
> In die Schule kommt der Pfarrer, bring ihm Geld.
>
> Der Patriarch glaubt an Putin,
> Besser sollte er, der Hund, an Gott glauben.
> Der Gürtel der seligen Jungfrau ersetzt keine Demonstrationen,
> die Jungfrau Maria ist bei den Protesten mit uns!
>
> Heilige Mutter Gottes, du Jungfrau, schaff uns Putin vom Hals!
> Heilige Mutter Gottes, du Jungfrau, schaff uns Putin vom Hals!“

Während des Gesangs greifen zivile Ordnungshüter ein und versuchen die jungen Frauen vom Altar weg und aus der Kirche zu zerren. Pussy Riot heißen die Frauen, die einer studentischen Künstlergruppe angehören. Drei von ihnen wurden alsbald nach der Aktion in Untersuchungshaft genommen und im August 2012 zu drei Jahren Straflagerhaft verurteilt. Grundlage des Urteils war Artikel 213 des russischen Strafgesetzbuches, der „Rowdytum“ unter Strafe stellt. „Rowdytum“ ist danach:

> „eine grobe, die deutliche Missachtung der Gesellschaft zum Ausdruck bringende Verletzung der öffentlichen Ordnung, wenn sie durch religiösen Hass oder Feindseligkeit oder durch Hass oder Feindseligkeit gegen eine soziale Gruppe motiviert ist.“

Der juristische Streit im Prozess ging um drei Fragen, nämlich erstens, ob den Frauen der für den Tatbestand des Deliktes entscheidende „religiöse Hass“ als subjektive Einstellung zur Last gelegt werden konnte, zweitens, ob nicht die Anwendung zweier in der Strafandrohung wesentlich milderer Normen in Betracht zu ziehen war und drittens, ob nicht die auch nach der russischen Verfassung geschützte Meinungsfreiheit das Verhalten der jungen Frauen rechtfertigte[44]. Das Moskauer Gericht erster Instanz machte nicht viel Federlesens und befand, die Handlungen der Angeklagten „zeugten klar und eindeutig von Hass auf die Religion und Feindschaft [...]“. Im Berufungsverfahren wurde

---

44 *Caroline von Gall*, Vorerst gescheitert: Pussy Riot und der Rechtsstaat in Russland, abzurufen auf der Webseite der Bundeszentrale für politische Bildung, bpb.de.

die Strafe einer der Angeklagten zur Bewährung ausgesetzt. Im Dezember 2013 – kurz vor Beginn der olympischen Winterspiele in Sotschi – hob das oberste Gericht der russischen Föderation die Urteile der Vorinstanzen auf und praktisch zeitgleich erließ Präsident Wladimir Putin eine Amnestie für alle wegen Rowdytums verurteilten Straftäter. Auch die Pussy-Riot-Mädchen waren damit wieder frei. Sie reisten nach Sotschi, um dort am 19. Februar 2014 einen Straßenauftritt zu absolvieren. Die Polizei griff nicht ein. Stattdessen stürzte sich eine Gruppe der in Russland mit staatlicher Duldung agierenden Kosaken auf die jungen Frauen und verprügelte sie mit Peitschen. Ich habe lange gedacht, Pussy Riot habe mit Kunstfreiheit und Meinungsfreiheit nicht viel zu tun, sondern einfach mit der Frechheit und Respektlosigkeit junger Menschen gegenüber Glauben und Gläubigen. Diese Meinung war auch in den deutschen Leitmedien verbreitet, gerne verbunden mit dem unterschwelligen Hinweis auf die Notwendigkeit guter Wirtschaftsbeziehungen. Ein russicher Geistlicher ist ganz anderer Meinung[45]:

> „Die 'Pussiki' sind Hooligans, das leugne ich nicht. Aber sie sind Hooligans, die man heiligsprechen sollte. Pussy Riot hat eingeschlagen wie eine Bombe, wie ein Meteor, ein Meteo-Riot. Sie haben diese gigantische chinesische Mauer attackiert, hinter der sich die othodoxe Kirche verschanzt hat. Ich werde jetzt einen unschönen Ausdruck verwenden, mit einer bewusst leicht sexuellen Färbung: Sie haben ins Herz der „Kopulation" zwischen Kirche und Staat getroffen. Da ist ein nahezu erotisches Machtverhältnis zwischen dem Patriarchen Kyrill und Putin. Das ist ein Verbrechen. Und dagegen ist Pussy Riot angetreten."

Ich glaube, ich muss dem russischen Geistlichen zustimmen. Ob es wirklich ein Menschenrecht auf Blasphemie geben sollte, wie der Priester und Kunstverständige P. Friedhelm Mennekes SJ kürzlich im Erfurter Dom sagte, weiß ich noch nicht so genau. Aber wenn der Staatsapparat selbst eine auf Dauer angelegte organisierte Gotteslästerung ist, dann sind blasphemische Gesänge das Mildeste, was man ihm entgegenhalten muss. Und im Übrigen gilt: Gott vergibt die Blasphemie eher als die Heuchelei, wie der spanische Dichter Antonio Machado sagte.

---

45 Er trat als Sachverständiger in dem wunderbaren Film „Moskauer Prozesse" von Milo Rau auf. Rau ließ in einer Moskauer Fabrikhalle den Prozess um Pussy Riot mit interessierten Laien spielen. Die Vorgabe war, dass – anders als im offiziellen Verfahren – alle Meinungen zur Sprache kamen, es sollte ein, wenn auch nicht echter, so doch fairer Prozess sein, in dem nicht nur Menschenrechtler, sondern auch Vertreter der Kirche und der staatlichen Gewalt auftraten. Das Ergebnis ist eine spannende und faszinierende court-room-story.

XII. Das Volksgericht spricht – Liu Xiao Bo

Auszug aus dem Urteil Nr. 3901 des Volksgerichts Peking vom 25. Dezember 2009[46]:

> „Die Klageschrift der Volksstaatsanwaltschaft Peking, Abteilung eins beschuldigt den Angeklagten Liu Xiao Bo, dass er aus Unzufriedenheit mit der Staatsmacht unseres Staates, der demokratischen Diktatur des Volkes, und dem sozialistischen System seit 2005 aufhetzerische Artikel über das Internet [...] publizierte [...]. Das Gericht stellt fest, dass der Angeklagte Liu Xiao Bo mit dem Ziel des Umsturzes [...] sich die Besonderheiten des Internet zunutze machte, nämlich Informationen schnell, in großer Menge und mit großer gesellschaftlicher Wirkung und hoher öffentlicher Aufmerksamkeit zu verbreiten [...] diese seine Handlungen stellen [...] das Verbrechen einer Aufstachelung zum Umsturz der Staatsmacht dar [...].
>
> Angesichts der [...] Verbrechen des Liu Xiao Bo [...] beschließt dieses Gericht [...] folgendes Urteil:
>
> 1. Der Angeklagte Liu Xiao Bo [...] wird zu elf Jahren Haft verurteilt [...]. die Haftzeit endet am 21. Juni 2020.
>
> [...].
>
> Vorsitzender Richter Jia Lianchun, Beisitzende Richter Zheng Wenwei und Zhai Changxi
>
> 25. Dezember 2009.“

Im Herbst 2010 wurde Liu Xiao Bo der Friedensnobelpreis in Abwesenheit verliehen. Zu seinem 55. Geburtstag veröffentlichte die Tageszeitung taz am 28. Dezember 2010 das folgende Gedicht, mit dem sich Liu Xiao Bo aus dem Gefängnis an seine Frau wandte.

> „Warte mit dem Staub auf mich (Für meine Frau, die auf mich wartet)
>
> Es bleibt dir nichts übrig,
> als mit dem Staub auf mich zu warten.
> Schicht um Schicht
> füllt er die Ecken.
> Du lässt die Vorhänge zu.
> Die Sonne soll den Staub nicht stören.
>
> Auf den Bücherregalen verschwinden die Zeichen im Staub,
> die Muster im Teppich, vom Staub vollgesogen.
> Wenn du mir schreibst,
> tauchst du den Stift gern in den Staub,
> die Staubkörner stechen dann in meine Augen.
>
> Du sitzt den ganzen Tag da,
> und willst nicht umhergehen,

46 Frankfurter Allgemeine Zeitung Mittwoch 30. Dezember 2009 Nr. 302, Seite 3.

damit deine Füße den Staub nicht verletzen.
Du atmest ganz ruhig,
schreibst mit deinem Schweigen eine Geschichte
in dieser erstickenden Zeit.
Nur der Staub bleibt dir noch treu.

Der Staub erfüllt
dir den Blick, den Atem, die Zeit.
In deiner Seele
baut er Tag um Tag ein Grab,
Zoll um Zoll,
angefangen bei den Füßen
bis zur Brust und bis zur Kehle.

Du weißt, das Grab
ist deine beste Zuflucht.
Niemand stört dich,
wenn du dort auf mich wartest.
Du hast eben eine besondere Beziehung zum Staub.
In der Dunkelheit in der erstickenden Stille,
warte, bitte, warte auf mich.

Warte auf mich mit dem Staub,
verweigere die Sonne, die Strömung der Luft,
bis der Staub dich ganz begräbt.
Lass dich einschlafen im Staub,
bis du erwachst,
wenn ich zurück bin,
wischst du den Staub von der Haut, von der Seele
und stehst auf wie durch ein Wunder."

Das Gedicht wurde von Martin Winter ins Deutsche übersetzt. Liu Xiao Bo sitzt bis heute (Dezember 2015) im Gefängnis. 2014 beantragte ein Abgeordneter des US-Kongresses, die Straße, an der die chinesische Botschaft in Washington liegt, in Liu Xiao Bo – Plaza umzubenennen. Dem Antrag wurde allgemein Ablehnung zuteil, gerne auch verbunden mit dem unterschwelligen Hinweis auf die Notwendigkeit guter Wirtschaftsbeziehungen.

XIII. Grammatik – Der Fall Brian Cohen

Wenn der Staat die Berufsausübung kontrolliert, tut er das im Allgemeinen aus Gründen der Qualitätssicherung. Im Fall des Berufsstands der Poeten ist das interessanterweise anders. Es ist sogar umgekehrt. Man kann ein schlechter Dichter sein, z.B. mit Genitiven und Konjunktiven und den Regeln des Satzbaus entschieden auf dem Kriegsfuß stehen, ohne dass die Zensur einschritte. Es gibt allerdings Ausnahmen. So hat mir ein befreundeter Sinologe erzählt, der chinesische Kaiser Qianlong habe im 18. Jahrhundert stilistisch misslungene Werke aus den Bibliotheken entfernen und verbrennen lassen. Ein weiteres

Beispiel grammatisch orientierter Zensur ist von der englischen Komikertruppe Monty Python erfunden worden. Der Film „Das Leben des Brian“ spielt in Palästina zur Zeit des Pontius Pilatus. In Jerusalem kämpfen mehrere rivalisierende Gruppen gegen die Römer. In einer Nachtaktion pinselt der unbedarfte Befreiungskämpfer Brian Cohen, den man später allgemein für Gottes Sohn hält, aufrührerisch gemeinte Graffiti an die Klagemauer: „Romanes Eunt Domus“. Ein Trupp römischer Wachleute erwischt den Mauerschänder und zieht ihm buchstäblich die Ohren lang. Allerdings nicht wegen Römerfeindschaft, sondern wegen ungenügender Lateinkenntnisse. Wie ein Pauker aus dem 19. Jahrhundert lässt der römische Soldat den jüdischen Aufrührer deklinieren und konjugieren, bis er schließlich darauf kommt, dass „Römer geht nach Hause“ nicht „Romanes Eunt Domus“ sondern richtig „Romani Ite Donum“ heißt. Diesen Satz – und das ist die vom Soldaten ausgesprochene Strafe – muss Brian nun 100 Mal an die Klagemauer schreiben – was er auch tut.

XIV. Blumen vor Gericht[47] *– Der Fall Baudelaire*

Recht und Poesie sind zwei Töchter des menschlichen Geistes, die, wie wir gesehen haben, manchmal nur schwer Frieden halten können[48]. Beide suchen, jeder in seinem Gebiet, nach Schönheit, nach Wahrheit und nach guter Ordnung selbst im Chaos. Die Poesie ist, mit wieviel Inbrunst des Einzelnen sie auch geschaffen sein mag, auch ein kulturelles, also überindividuelles und damit gesellschaftliches Phänomen, ganz ähnlich wie das Recht. Schon die Sprache selbst, ohne die weder Recht noch Literatur auskommen, ist sowohl individuell als auch kollektiv – wie die Atemluft. Und der Dichter ist erst dann zufrieden, wenn sein Werk eine für die Gemeinschaft sichtbare Realität und Objektivität darstellt und dadurch mehr und anderes bedeutet als sein Schöpfer sich träumen lassen konnte. Dichter müssen sich deshalb gefallen lassen, dass der Geist der Gemeinschaft, und sei es in der Form eines Prozesses, mit ihnen über ihr Werk spricht. Literaturprozesse sind eine Blüte griechischer und römisch-katholischer

---

47 Dieses Kapitel ist im Wesentlichen die Kurzfassung meines Aufsatzes, der 1989 in der Neuen Juristischen Wochenschrift mit identischer Überschrift erschien. NJW 1998, 1363 ff. m.w.N.

48 Abgesehen von den bereits genannten Werken habe ich hauptsächlich zu Rate gezogen: *Werner Fuld*, Das Buch der verbotenen Bücher, Universalgeschichte des Verfolgten und Verfemten von der Antike bis heute, Berlin 2012; *Boso Plachta*, Zensur, Reclam, Stuttgart 2006; *Ders.* Damnatur Toleratur Admittitur, Studien und Dokumente zur literarischen zensur im 18. Jahrhundert; *Jonathan Green*, The Encyclopedia of Censorship, New York-Oxford-Sydney 1990; *Bernd Ogan* (Hrsg.) Literaturzensur in Deutschland, Arbeitstexte für den Unterricht, Reclam, Stuttgart 1988; *Elisabeth Ladenson*, Dirt for Art’s Sake, Books on Trial from Madame Bovary to Lolita, Ithaca & London 2007.

Kultur. Ob man sie, die Prozesse, als Blumen des Bösen bezeichnen sollte, weiß ich nicht. Die Hartnäckigkeit, mit der Bücherprozesse immer wieder geführt werden, legt jedenfalls die Vermutung nahe, dass sie anthropologisch unvermeidlich sind.

Auch der Prozess, von dem nun die Rede ist, hat seine trüben Seiten. Immerhin aber wurde er kultiviert geführt und nimmt, wenn auch postmortal, ein irgendwie versöhnliches Ende, wie es vermutlich nur in einem Land der Welt zustande kommen kann, nämlich in Frankreich. Charles Baudelaire wurde am 9. April 1821 geboren. Er war ein intelligenter, aber einsamer Schüler in einem schmutzigen Internat bei Lyon, brach sein Jura-Studium an der Sorbonne rasch ab, rauchte, trank, nahm Opium, schwankte zwischen Rausch und Suizidgedanken, ein schwermütiger, sarkastischer, scharfsinniger und zerrissener Charakter, der unter Vermögensvormundschaft gestellt wurde, weil er sich wirtschaftlich zugrunde richtete. Mit 36 Jahren sah er aus wie ein Endfünfziger[49] und war auf dem besten Weg, endgültig eine verkrachte Existenz zu werden, als im Juni 1857 sein erstes Gedichtbuch erschien, die Fleurs du mal – Blumen des Bösen. Wenige Wochen später brachte der Pariser Figaro eine Rezension; über das Werk und seinen Autor heißt es da:

> „Noch nie hat man so glänzende Gaben so töricht vergeuden sehen. Es gibt Augenblicke, da man an Herrn Baudelaires Verstand zweifelt; und andere, da man nicht mehr zweifelt. [...] Hier findet man das Niedrige Seite an Seite mit dem Widrigen, das Abstoßende im Verein mit dem Ekelerregenden. Noch nie hat man auf so wenigen Seiten in soviel Brüste beißen und sie gar zerkauen sehen; noch nie hat man einer solchen Heerschau von Dämonen, Fötussen, Teufeln, Chlorosen, Katzen und Gewürm beigewohnt [...] nichts kann einen Mann über dreißig rechtfertigen, dergleichen Ungeheuerlichkeiten durch ein Buch an die Öffentlichkeit zu bringen […].“

Manche behaupten, dieser Artikel sei aus Justizkreisen inspiriert worden, weil man einen Anlass suchte, um gegen Baudelaire vorzugehen. Dem sei nun wie ihm sei – der Generalstaatsanwalt fackelte nicht lange. Anfang August schon wurden Baudelaire und sein Verleger Poulet-Malassis einbestellt und vom Untersuchungsrichter verhört. In einem Brief an eine Freundin schreibt Baudelaire:

> „Am vergangenen Donnerstag habe ich meine Richter gesehen. Ich will nicht behaupten, sie seien nicht schön; sie sind ganz abscheulich häßlich; und ihre Seele gleicht bestimmt ihrem Gesicht.“

49 Wenn man sich Bilder im Internet anschaut, erkennt man eine erstaunliche Ähnlichkeit zwischen Baudelaire und Houellebecq.

Baudelaire und sein Verleger versuchten, die öffentliche Meinung auf ihre Seite zu ziehen. Baudelaire schrieb an Prosper Merimée, auf dessen Novelle Carmen die gleichnamige Oper beruht, und der, wie man sagte, das Ohr der Kaiserin hatte. Merimée antwortete nicht. In einem Brief an eine Freundin verriet Merimée, wie man bei Hofe über Baudelaire dachte:

> „Ich habe keine Schritte unternommen, um den von Ihnen erwähnten Dichter vor dem Verbranntwerden zu bewahren, außer daß ich dem Minister sagte, andere verdienten noch eher verbrannt zu werden. Sie meinen doch wohl das unter dem Titel Les fleurs du mal erschienene Buch, in dem sich einige Funken Poesie finden, wie sie bei einem armen Burschen vorkommen mögen, der das Leben nicht kennt und seiner überdrüssig ist, weil eine Nähmamsell ihn betrogen hat!“

Am 20. August 1857 verhandelt die 6. Strafkammer des Tribunal de la Seine gegen Baudelaire und andere wegen Verletzung der guten Sitten und Verletzung der religiösen Moral. Baudelaire macht auf die Richter einen verwirrten Eindruck. Er sieht nicht eigentlich gefährlich aus, aber sonderbar bis zur Unheimlichkeit. Hier einige Auszüge aus den Plädoyers des Staatsanwalts Ernest Pinard, nachmaligen Innenministers, und des Verteidigers Gustave Chaix-d'Est-Ange. Der Staatsanwalt:

> „Ein Buch vor Gericht zu ziehen, weil es gegen die öffentliche Moral verstößt, ist stets eine heikle Angelegenheit. Führt das Verfahren zu keiner Verurteilung, so bereitet man dem Verfasser einen Erfolg, ja fast ein Piedestal; er triumphiert und man hat ihm gegenüber den Schein des Verfolgers auf sich genommen. […] Und dennoch, meine Herren, zögere ich nicht, mich dieser Aufgabe zu unterziehen. Nicht über den Menschen sollen wir ein Urteil sprechen, sondern über sein Werk, nicht das Ergebnis des Strafantrags interessiert mich hier, sondern einzig und allein die Frage, ob er mit Grund erfolgt oder nicht […].“

Der Verteidiger:

> „Charles Baudelaire ist nicht nur der große Künstler, der tiefe und leidenschaftliche Dichter, dessen Talent vor der Öffentlichkeit anzuerkennen der ehrenwerte Vertreter der Staatsanwaltschaft selber für angebracht hielt. Er ist mehr: er ist ein aufrechter Mensch, und darum ist er ein überzeugter Künstler. Sein Werk ist die Frucht reiflicher Überlegung, die Frucht von mehr als acht Jahren Arbeit; er hat es mit Liebe in seinem Geist getragen und es reifen lassen, wie eine Mutter in ihrem Leib das Kind ihrer Zärtlichkeit trägt. [...] Er hat alles schildern wollen. [...] er hat alles entblößen wollen [...] wo liegt da die Schuld, ich bitte Sie [...] worin kann das Verbrechen bestehen, wenn er das Böse übertreibt, um es zu brandmarken, wenn er das Laster mit starken, packenden Tönen schildert, weil er Ihnen einen desto tieferen Haß dagegen einflößen möchte? [...].“

Und wieder der Staatsanwalt:

> „Und was halten Sie von diesen drei Strophen des Gedichts Nr. 39 […], wo der Liebhaber seine Geliebte folgendermaßen anredet:

'So auch möchte ich eines Nachts, wenn die Stunde der Wollüste schlägt, zu deines Leibes Schätzen wie ein Feigling lautlos schleichen,

Um dein frohes Fleisch zu züchtigen, um deine verschonte Brust zu geißeln und deiner überraschten Flanke eine klaffend tiefe Wunde zu schlagen,

Und, süß taumelnder Rausch! durch diese neuen Lippen, heller und schöner leuchtende, mein Gift dir einzuflößen, meine Schwester'!

Von Seite 187 bis Seite 197 sind die beiden Gedichte Nr. 80 und 81, mit den Überschriften Lesbos und Die verdammten Frauen [...] zu lesen. Sie finden dort bis in die allerintimsten Einzelheiten das Treiben der Lesben geschildert."

Und wieder der Verteidiger:

„Und was die 'Verdammten Frauen' betrifft, die der Vertreter der Staatsanwaltschaft die beiden Lesben genannt hat!!! was einen drastischen Sprachgebrauch bekundet [...] und wir unsrerseits hätten es gewiß niemals gewagt, uns solcher Worte vor dem hohen Gerichtshof zu bedienen – was also die 'Verdammten Frauen' betrifft, denn ich bitte um die Erlaubnis, den Ausdruck meines Klienten dem des Herrn Staatsanwalts vorzuziehen –, so hören Sie folgende Strophen:

'Beim bleichen Lichtschein matter Lampen, auf tiefen, ganz von Duft durchtränkten Kissen, sann Hippolytha den machtvollen Liebkosungen nach, die den Schleier ihrer jungen Unschuld hoben.

Mit sturmverstörtem Auge suchte sie ferne ihrer Einfalt schon entrückten Himmel, wie ein Reisender das Haupt noch einmal wendet nach den blauen Horizonten, die er in der Frühe hinter sich gelassen.

Der erloschenen Augen trägquellende Tränen, die Gebrochenheit, die Starre, die düstre Lust, ihre besiegten Arme, hingeworfen wie eitle Waffen, alles steigerte, alles schmückte ihre zerbrechliche Schönheit [...].'"

Und ein letztes Mal der Staatsanwalt:

„[...] Meine Herren, ich glaube genügend Stellen angeführt zu haben, um behaupten zu können, daß hier ein Verstoß gegen die öffentliche Moral vorliegt. Entweder gibt es kein Schamgefühl, oder die Grenze, die es vorschreibt, wurde hier dreist überschritten. Als erstes wird man mir entgegenhalten: 'Es handelt sich um ein trauriges Buch [...] heißt es nicht Fleurs du mal? Sehen Sie eine Lehre darin, statt eine Beleidigung [...]' eine Lehre! Das Wort ist rasch gesagt. Aber hier entspricht es nicht der Wahrheit. Glaubt man, es sei bekömmlich, die schwindelerregenden Düfte gewisser Blumen einzuatmen? Das Gift, das sie mit sich führen, hat nichts Abschreckendes; es steigt zu Kopf, es betäubt die Nerven, es erregt Verwirrung und Taumel, es kann tödlich sein. [...] Wer wüßte nicht, wie leicht der Leser an geilen Unziemlichkeiten Gefallen findet, ohne sich um die Lehre zu kümmern, die der Verfasser hineinlegen will. [...] Ein zweiter Einwand ist erhoben worden: man hat darauf hingewiesen, daß es in der Vergangenheit manches Buch gegeben hat, das ebensosehr gegen die öffentliche Moral verstieß und das nicht verfolgt wurde. Dem halte ich entgegen, daß, de jure, dergleichen Präzedenzfälle für die Staatsanwaltschaft keinerlei Verbindlichkeit besitzen, und daß, de facto, es Rücksichten gibt, die oftmals die Enthaltung erklären und sie rechtfertigen. [...] Doch diese Zurückhaltung der Staatsanwaltschaft kann nicht, anderntags, als Argument gegen sie verwendet werden [...] Meine Herren. [...] Seien Sie nachsichtig mit Baudelaire, der eine unruhige, schwankende Natur ist. [...] Aber sprechen Sie, indem Sie wenigstens einige Gedichte des Buches verurteilen, eine dringend nötige Warnung aus."

Das noch am Verhandlungstage verkündete Urteil lautete – in Auszügen – so:

„Hinsichtlich des Vergehens der Verletzung der religiösen Moral: In Erwägung, daß eine Schuld nicht nachgewiesen wurde, werden die Angeklagten freigesprochen. Hinsichtlich der Verletzung der öffentlichen Moral und der guten Sitten: In Erwägung, daß der Irrtum des Dichters, in der Verfolgung seines Zieles und auf dem dabei eingeschlagenen Wege, unerachtet seiner stilistischen Bemühungen [...] nicht dazu angetan ist, die verderbliche Wirkung der dem Leser vorgeführten Bilder aufzuheben, welche in den betreffenden Stücken durch einen das Schamgefühl verletzenden krassen Realismus notwendigerweise zur Aufreizung der Sinne führt [...] werden [...] Baudelaire zu einer Geldstrafe von 300 Francs, Poulet-Malassis und de Broise von je 100 Francs verurteilt [...]."

Ferner wurden sechs Gedichte verboten und die Angeklagten in die Kosten (17 Francs 35 Centimes zzgl. 3 Francs Porto-Auslagen) verurteilt. Zehn Jahre später stirbt Charles Baudelaire, bettelarm, körperlich verwüstet und geistig verwirrt. Das Leben des Dichters ist damit beendet, nicht aber der Prozeß Fleurs du mal. Knapp 90 Jahre nach dem Urteil verabschiedete die französische Nationalversammlung das folgende Gesetz, das nur aus einem einzigen Artikel bestand:

„Die Wiederaufnahme des Verfahrens findet statt gegen Urteile wegen Verletzung der guten Sitten, begangen durch Veröffentlichung eines Buches, wenn seit Rechtskraft des Urteils zwanzig Jahre vergangen sind [...]".

Zweck des Gesetzes war offenkundig, das Urteil gegen Baudelaire und seine Verleger aus dem Jahre 1857 zu kassieren. Drei Jahre dauerte es, bis die Cour de Cassation entschied. Berichterstatter war der Richter Falco. Seine Empfehlung an die Kammer ist erhalten.

„Meine Herren! Der Wiederaufnahmeantrag in Sachen Baudelaire, über den zu entscheiden Sie heute aufgerufen sind, stützt sich auf Tatsachen, die zu bekannt sind, als daß ich mich lange dabei aufhalten müßte. Es dürfte genügen, wenn ich Ihnen ins Gedächtnis rufe, daß 1857 ein Jahr großer juristischer Sittenstrenge war, einer Sittenstrenge, die sich ihre Opfer nicht eben geschickt aussuchte, sollten doch Flaubert und Baudelaire, nachdem sie im Abstand von wenigen Monaten auf die Anklagebank gesetzt worden waren, in den Parnaß der unsterblichen Dichter eintreten, während das Ansehen des Staatsanwalts, dem die Anklagevertretung in beiden Fällen oblag, nur sehr vorübergehend glänzte – um das Beste darüber zu sagen. Aber seien wir nicht zu streng mit Staatsanwalt Pinard und seinen Kollegen aus dem zweiten Kaiserreich. [...] Wie kämen wir dazu, ihnen ihren Gehorsam gegenüber dem Rigorismus der Gesetzgebung vorzuwerfen. [...] Und was gäbe uns das Recht, sie anzuklagen, weil sie, aufgescheucht von der Blüte der Blumen des Bösen, nicht vorhersahen, daß ihre Nachfolger seelenruhig und ungerührt dem Sprießen von Blumen zusähen, deren Bosheit alles bisher dagewesene in den Schatten stellte? Man kann sich [...] durchaus fragen, ob diese ganze Rehabilitierungs-Prozedur wirklich notwendig ist, und ob sie nicht den Anschein erweckt, als ob es ihr weniger darum ginge, einen Dichter reinzuwaschen, der vom Urteil der Gebildeten und durch Beschluß der Nachwelt längst freigesprochen ist, als vielmehr darum, daß die Justiz selbst es ist, die sich hier reinigen will [...].“

Am 31. Mai 1949 hob die cour de cassation die 1857 erfolgte Verurteilung des Dichters Charles Baudelaire auf. Tatsächlich kann man das Urteil als einen freilich späten, aber doch noblen Akt der Selbstreinigung der Justiz ansehen. Im Jahre 2013 übrigens spielten Studenten und Professoren der Sorbonne im Rahmen eines Rhetorik-Wettbewerbs der Vereinigung Lysias Paris 1 den Prozess Fleurs du Mal minutiös nach[50].

Wir erkennen, wie tief der Prozess Fleurs du Mal in das kollektive Bewusstsein Frankreichs eingewachsen ist. Recht ist Kultur, ein immaterielles Gemeingut. Das gilt genauso für die einst so gefährlich schimmernden Blüten der Poesie des Charles Baudelaire: Auch sie sind längst domaine public geworden, also Gemeingut. Dass dies nicht nur im juristischen Sinne des Begriffs zutrifft, kann erfahren, wer das schmale Grab Baudelaires auf dem Pariser Friedhof Montparnasse besucht: Es ist zu jeder Jahreszeit besät mit Blumen, mit Briefen und Karten, in allen Farben des Zorns, der Schwermut und der Sehnsucht, beschrieben mit Flüchen und Seufzern, mit Gedichten in allen Sprachen der Welt, meist von erkennbar jugendlicher Hand – und einmal las ich einen Satz, den der zehnjährige Knabe Baudelaire in der schmutzigen Einsamkeit seiner frühen Tage vielleicht sehr gern gehört hätte: Charles, je t’aime!

---

50 Le procès des Fleurs du Mal par Maître Bonnant, Maître Périer et Maître Schnerb, zu bewundern auf you tube: https://www.youtube.com/watch?v=qbAlqvHE0Ao.

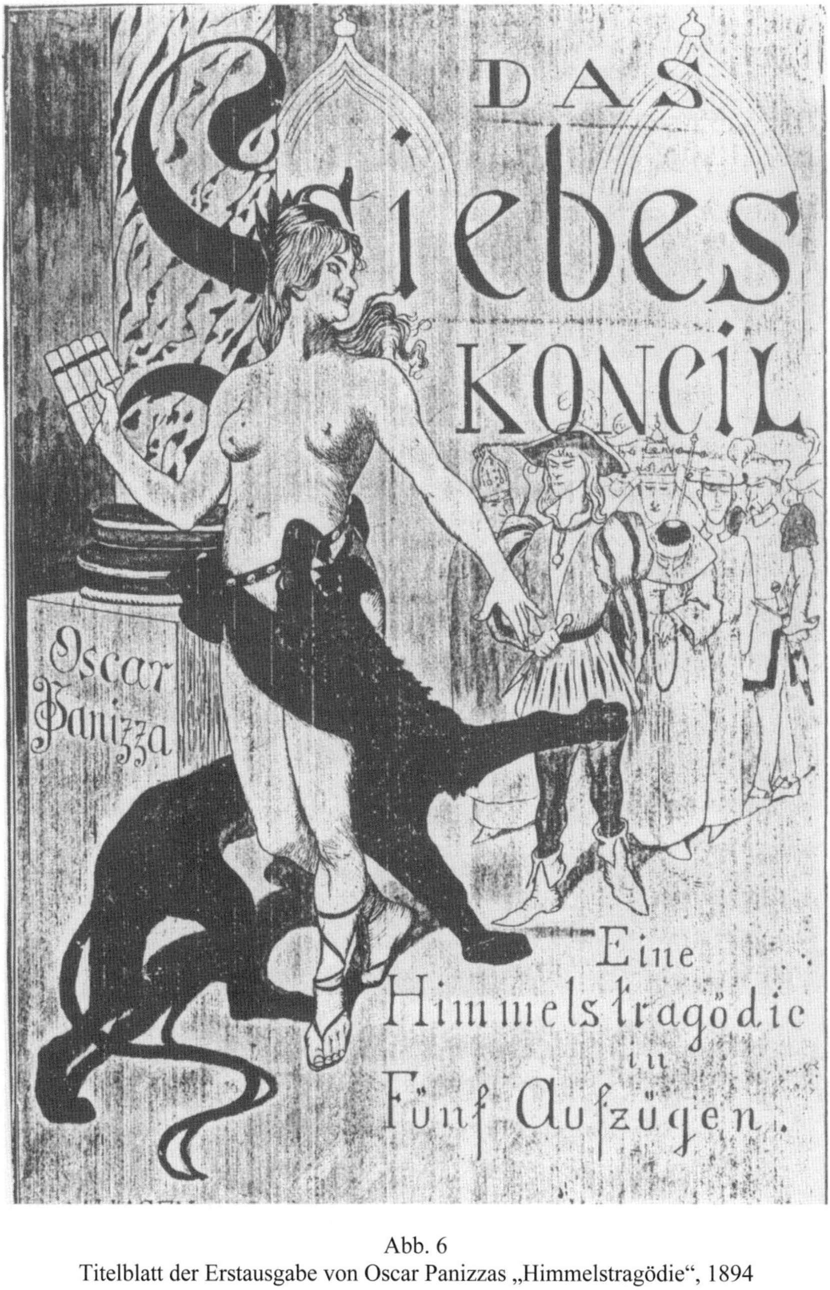

Abb. 6
Titelblatt der Erstausgabe von Oscar Panizzas „Himmelstragödie“, 1894

8.

Ein Gespräch mit Janko Ferk und Bernd Schroeder
(geleitet von Hermann Weber und Britta Lange)

Über Recht und Literatur

LANGE: Bernd Schroeder ist 1944 in Aussig (damalige CSSR) geboren und wuchs im oberbayerischen Dorf Fürholzen auf. Er studierte Theatergeschichte, Germanistik und Volkskunde in München. Seit 1968 arbeitet er als freier Autor und Regisseur zahlreicher Hör- und Fernsehspiele. 1985 erhielt er den Adolf-Grimme-Preis, 1992 den Bundesfilmpreis für das Buch zum Film „Pizza Colonia“ – einer Krimikomödie über die Mafia und etwas verbotene Liebe, die mit Mario Adorf und Willy Millowitsch verfilmt wurde.

Nach dieser Ehrung verließ er das Fernsehgeschäft und wechselte das Genre: 1993 erschien mit „Versunkenes Land“ sein erster Roman, dem viele weitere folgten, darunter zum Beispiel „Unter Brüdern“ (1995) sowie die „Kleine Philosophie der Passionen: Handwerken“ (1999). Als Co-Autor und intelligenter Fragesteller war Bernd Schroeder darüber hinaus an verschiedenen Interviewbänden beteiligt, unter anderem mit Hanns Dieter Hüsch, Reinhard Mey und Dieter Hildebrandt („Ich musste immer lachen“ [2008]). Zusammen mit Elke Heidenreich entstanden die Geschichten „Rudernde Hunde“ (2002) und der Roman „Alte Liebe“ (2009).

Da es unmöglich ist, heute Abend auf alle einzelnen der zahlreichen Veröffentlichungen einzugehen, möchte ich mich – neben dem 2006 publizierten Roman „Hau“, der im Mittelpunkt des heutigen Abends stehen wird – auf die Zusammenfassungen der beiden zuletzt erschienenen Romane beschränken:

„Auf Amerika“, veröffentlicht 2012, erzählt die Geschichte eines Jungen, der während der Nachkriegsjahre im oberbayerischen Hausen aufwächst. Seine Mutter stammt aus gutem Berliner Hause, der Vater ist ein Taugenichts mit Nazivergangenheit, von der der Junge zunächst nichts ahnt. Nur langsam kommt er dahinter, was sein Vater wirklich getan hat. Im Dorf hat er nur einen Vertrauten, den Knecht Veit, den niemand wirklich kennt, weil er von außerhalb kommt, der aber eine große Geschichte hat: Er war in Amerika. „Auf Amerika“ erzählt von der Beengtheit und den Grenzen der ländlichen Idylle sowie dem Wunsch nach dem Aufbruch in eine neue Welt und trägt doch zugleich die Melancholie über etwas in sich, das es nicht mehr gibt:

„'Auf Amerika' […] ist eine Erzählung für all diejenigen, die sich, wie der Autor selbst, mit ungeheurer Anstrengung von der Provinz gelöst haben und nun, da das Land ihrer Kindheit verschwunden ist, dorthin zurückschauen. Anders als Autoren wie etwa Josef Winkler, die das Dorf als Schauplatz der Unterdrückung und der Gewalt zeigen, blickt Schroeder durchaus mit Wehmut zurück. Dass etwas an Wert gewinnt, wenn wir es verlieren, ist eine Erkenntnis seines Romans."[1]

In seinem jüngsten Roman „Wir sind doch alle da" (2015) erzählt Bernd Schroeder die Geschichte einer Familie, deren Mitglieder eigentlich nichts mehr miteinander zu tun haben wollten, die der Unfall des sechzehnjährigen Benny aber doch noch einmal zusammenführt, ans Krankenbett des im Koma liegenden Enkels, Sohns und Freunds. Mit sprachlicher Präzision und feiner Ironie zeichnet Schroeder ein lebensnahes Bild der Menschen, die sich keiner aussucht, die aber für jeden das Leben bestimmen. Ich erwähne dies jüngst erschiene Buch, weil es zum einen Gegenstand der morgigen Lesung sein wird, zum anderen, weil es mich, wie übrigens auch die Kritiker, auf Grund seiner knappen, präzisen und lebensnahen Darstellung in seinen Bann gezogen hat.

Darüber hinaus verbindet die Werke „Auf Amerika" und „Wir sind doch alle da" eine meisterhafte und genaue Figurenzeichnung, die auch in Bernd Schroeders 2006 erschienenem Werk „Hau" zum Tragen kommt, in dem der Autor die historische Figur Carl Hau, der am 6. November 1906 in Baden-Baden seine Schwiegermutter Josefine Molitor ermordet haben soll, sowie den zu dem Mordfall geführten Indizienprozess zu neuem literarischem Leben erweckt:

In „Hau" geht es um einen spektakulären Justizfall, der die Gemüter bis weit in die Weimarer Republik und darüber hinaus erregt hat. Im folgenden Gespräch werden wir uns mit dem historischen Fall sowie mit dem literarischen Werk „Hau" noch ausführlich befassen und dabei auch den Autor Bernd Schroeder noch ein wenig genauer kennen lernen. Ich gebe damit zunächst ab zu Herrn Prof. Weber und der Vorstellung von Janko Ferk.

WEBER: Mit Janko Ferk haben wir – nach dem aus Südtirol stammenden (als Jurist freilich zeitlebens in Deutschland tätigen) Herbert Rosendorfer – auf unserer Tagung erstmals einen Autor und Juristen aus unserem Nachbarland Österreich zu Gast, zudem einen – nicht zuletzt auch wegen seiner slowenischen Herkunft – besonders interessanten. Ob es sich bei Janko Ferk um einen Dichterjuristen oder aber um einen Juristendichter handelt (und was diese Begriffe überhaupt bedeuten) können wir vielleicht im anschließenden Gespräch klären. Hier – wie üblich – nur einige knappe Daten zu Person und Werk

1 *Sandra Kegel*, Einspruch gegen die Dorfautoritäten! In: Frankfurter Allgemeine Zeitung vom 20.04.2012. Zitiert nach: http://www.faz.net/aktuell/feuilleton/buecher/rezensionen/belletritik/bernd-schroeder-auf-amerika-einspruch-gegen-die-dorfautoritaeten-11724611.html.

(wobei das Internet, insbesondere die Wikipedia, als Quelle mancher Information nicht verschwiegen sei):

Janko Ferk ist am 11. Dezember 1958 als Kärntner slowenischer Herkunft im reizvollen St. Kanzian am Klopeiner See im südlichen Kärnten geboren und in dieser Region aufgewachsen. Nach dem Abitur studierte er an der Universität Wien zum einen Rechtwissenschaften, zum anderen aber auch Deutsche Philologie und Geschichte und beendete beide Studiengänge mit einem akademischen Abschluss (als Magister bzw. Dr. jur.). Heute ist Janko Ferk nicht nur Richter des Landgerichts Klagenfurt, sondern auch Honorarprofessor für Literaturwissenschaft an der Alpen-Adria Universität (ebenfalls in Klagenfurt); darüber hinaus ist er immer wieder in vielfältiger Form als Schriftsteller und Übersetzer hervorgetreten.

Neben seiner richterlichen Tätigkeit war Ferk in unterschiedlichen Gremien auch rechtspolitisch aktiv. Genannt seien hier seine Mitwirkung in der Kommission zur Wahrung des Rundfunkgesetzes im österreichischen Bundeskanzleramt und seine Teilnahme an der „Arbeitsgemeinschaft Ethik" der Vereinigung österreichischer Richterinnen und Richter. Deren vor allem in Österreich viel beachtete Ethikerklärung aus dem Jahre 2007 (die so genannte „Welser Erklärung") hat er mitverfasst. Darüber hinaus hat Ferk zahlreiche juristische Fachaufsätze und zuletzt 2011 in deutscher und slowenischer Sprache ein Lehrbuch „Grundzüge des Unternehmens- und Vertragsrechts Österreich / Slowenien" publiziert. Hervorzuheben ist schließlich noch seine Tätigkeit als internationales Redaktionsmitglied des Jahrbuchs der Juridischen Fakultät der Universität Ljubljana (Laibach).

Auf der anderen, literaturwissenschaftlichen Seite zu erwähnen sind neben den Lehrveranstaltungen an der Klagenfurter Universität Ferks Rezensionen deutschsprachiger Literatur (viele davon in dem Band „Luft aus der Handtasche. Rezensionen zur deutschsprachigen Literatur", 2013), seine Übersetzungen literarischer Texte aus dem Slowenischen ins Deutsche und umgekehrt aus dem Deutschen ins Slowenische und seine Tätigkeit im Beirat für literarische Übersetzer. Recht und Literatur schließlich verbinden Arbeiten zu seinem besonderen Spezialinteresse: zu Franz Kafka. Genannt sei hier vor allem sein erstmals 1999, in zweiter Auflage 2006 erschienenes Buch „Recht ist ein 'Prozeß'. Über Kafkas Rechtsphilosophie", ferner die Essaysammlungen „Kafka und andere verdammt gute Schriftsteller" (2005) und „Wie wird man Kafka" (2008). Mit einem – freilich kleinen – Beitrag zu Kafka („Der Richter in Kafkas 'Prozeß'"[2]) ist Ferk zudem schon im Jahre 2000 in der Neuen Juristi-

2 NJW 2000, 2177.

schen Wochenschrift in Deutschland in Erscheinung getreten (und mir aus diesem Anlass damals zum ersten Mal begegnet).

Ganz unterschlagen habe ich bis jetzt das – in Deutschland anders als in Österreich bis heute nicht allzu bekannte, nichtsdestoweniger umfangreiche – literarische Werk Janko Ferks. Neben einer bereits 1978 mit dem Band „kühles feuer“ eingeleiteten umfangreichen Reihe von Bänden mit Lyrik und kleinerer Prosa besteht es aus Romanen und Novellen wie „Der verurteilte Kläger“ (1981), „Brief an den Staatsanwalt“ (2008) und „Eine forensische Trilogie. Drei Novellen“ (2010): Bücher, bei denen noch einmal – schon im Titel – die für Ferk typische gegenseitige Befruchtung von Recht und Literatur erkennbar wird. Ferk war sich aber auch nicht zu schade, solchen – im engeren Sinn literarischen – Werken Bücher zwischen den Genres wie den erstmals 2013, bereits 2014 in dritter Auflage erschienenen Reiseführer „Die Parenzana. Von Triest bis Poreč“ und die Biographie „Ulrich Habsburg-Lothringen. Aristokrat Demokrat Grüner“ (2011) hinzuzufügen.

Sein mit zahlreichen Preisen (darunter zuletzt dem Literaturpreis des P.E.N.-Clubs Liechtenstein) ausgezeichnetes literarisches Werk hat Ferk pünktlich zum Weltkriegsjubiläum mit dem Roman „Der Kaiser schickt Soldaten aus“ (2014) gekrönt. Das Buch schildert – an der Grenze von Roman und (auf umfangreichen Archivstudien beruhender) Dokumentation – Vorgeschichte, Ausführung und Folgen des Attentats von Sarajevo. Im Mittelpunkt stehen dabei auf der einen Seite die Personen des ermordeten österreichischen Thronfolgers Franz Ferdinand und des jugendlichen Anführers der Attentäter Gavrilo Princip, auf der anderen Seite der nach Ferk weithin verknöcherte, zur Einfühlung in serbische Mentalitäten unfähige Beamtenapparat der Habsburger Monarchie (der keine Bedenken dagegen sieht, den Besuch des Thronfolgers ausgerechnet auf den St. Veits-Tag, den 28. Juni, im Jahr 1914 den 525. Jahrestag der Niederlage der Serben gegen die Osmanen in der Schlacht auf dem Amselfeld, zu legen), und der von Kenntnissen weithin ungetrübte national-serbische Fanatismus der Terroristen, die zum Opfer ausgerechnet den von ihnen als schlimmsten Feind Serbiens ausgemachten, in Wahrheit eher slawophilen Franz Ferdinand wählen. Das Buch wird so zum knappen, aber umso eindrucksvolleren Gegenbild zu Bruno Brehms deutschnationaler Interpretation derselben Ereignisse in dessen manchen Älteren vielleicht noch vertrauten Weltkriegstrilogie „Die Throne stürzen“ (1931 bis 1933) – einem in seiner politischen (deutschvölkischen) Tendenz aus heutiger Sicht sicher nicht mehr akzeptablen, in seinen literarischen Qualitäten nichtsdestoweniger wohl eher unterschätzten Werk. Vielleicht können wir auch über dies Gegenbild in der Diskussion noch einmal sprechen.

Ferk: Ich bedanke mich herzlich. Ich bin es gewöhnt, dass Sie sehr genau sind, Sie waren bei mir übergenau, es war alles richtig, und ich muss dazu sagen, dass ich selten so umfangreich vorgestellt werde. Danke!

Lange: Vielen Dank auch von mir. Wir wenden uns zunächst Bernd Schroeder und seinem Werk „Hau“ zu, mit dem wir uns im Folgenden etwas genauer befassen möchten.

Vielleicht ist es hilfreich, den historischen Fall kurz noch einmal zusammenzufassen: Carl Hau wurde im Juli 1907 in Karlsruhe wegen Mordes an seiner Schwiegermutter Josefine Molitor zum Tode verurteilt. Der Indizienprozess erregte große öffentliche Aufmerksamkeit. Hau wurde später zu lebenslanger Zuchthausstrafe begnadigt und nach 17 Jahren Haft auf Bewährung freigelassen. Er hat zwei Bücher verfasst. Im ersten[3] schildert er den Prozess aus seiner Sicht, das zweite[4] ist den Erlebnissen seiner Haftzeit gewidmet. Mit einem der Bücher hat er bereits im Gefängnis begonnen, oder? Durfte er dort schreiben?

Schroeder: Ja. An dem Buch über den Prozess und das Todesurteil hat er schon im Gefängnis geschrieben, wobei das schwierig war, weil ja alles konfisziert wurde. Richtig geschrieben hat er das Buch erst nach der Entlassung. Aber Notizen hat er sich wohl gemacht. Tagebuchnotizen.

Lange: Beide Werke sind damals im Ullsteinverlag erschienen und wurden zu Bestsellern. Die Bücher des Carl Hau sind für den weiteren Verlauf des Falles nicht unbedeutend: 1925 widerrief das badische Justizministerium die Aussetzung der Strafe. Als Grund für die Aufhebung der Straffreiheit wurden unter anderem diese Werke herangezogen, worauf es, knapp 20 Jahre nach dem Prozess, erneut zu Pressedebatten über den Fall sowie über die Meinungsfreiheit von Häftlingen kam. Nach dem Widerruf der Strafaussetzung flüchtete Carl Hau nach Italien, wo er am 5. Februar 1926 Selbstmord beging. Der spektakuläre Indizienprozess erregte die Gemüter bis weit in die Weimarer Republik:

> „Schroeder thematisiert eine Erfahrung, die zur Jahrhunderterfahrung werden sollte: die Unmöglichkeit, so etwas wie Wahrheit zu begründen. Indizien reichen nicht aus, um Gewissheit herzustellen. Vermutlich war es diese Verunsicherung, die den Prozess zu einem Massenereignis werden ließ. Die allgemeine, hypernervöse Erregbarkeit war ein Symptom der Zeit. Freuds Hysterikerinnen und der militärisch gepanzerte Mann sind die Repräsentanten der Epoche, die schließlich im Weltkrieg untergehen sollte.“[5]

---

3 *Carl Hau*, Das Todesurteil. Die Geschichte meines Prozesses, 1925.

4 *Carl Hau*, Lebenslänglich. Erlebtes und Erlittenes, 1925.

5 *Jörg Magenau*, Schuldiger gesucht. Buchkritik / Archiv, Beitrag vom 10.11.2006; *Bernd Schroeder*, „Hau“, Hanser Verlag, München und Wien 2006, 366 Seiten.

Auch die Tatsache, dass Carl Hau eine ebenso schillernde wie durchaus widersprüchliche Persönlichkeit war, spielte bei der Aufmerksamkeit, die der Fall erregte und die Bevölkerung in zwei Lager teilte, sicherlich eine Rolle. Auf die historische Person Hau werden wir noch zu sprechen kommen. In seinem Roman – der 2006, hundert Jahre nach dem Mord – erschien, nimmt sich Bernd Schroeder des Falls Hau an. Dabei kann er – neben den erwähnten Büchern – aus zahlreichen weiteren Quellen schöpfen: Verhörprotokolle, Gerichtsakten, Briefe, die Haus Frau Lina aus Amerika an ihre Mutter schrieb und nicht zuletzt auch Haus eigene Darstellungen erweisen sich als wertvolle und ergiebige Zeugnisse der Zeit. Ergänzt und ausgeschmückt werden die historischen Zeugnisse im Roman durch fiktive Elemente, wie z.B. die Ausarbeitung der Figuren und ihrer Beziehungen untereinander sowie die Erfindung von einigen wenigen Nebenfiguren. Hier sei die Figur des Ferdinand Wöhrle – ehemaliger Freund des Vaters Molitor sowie Nebenbuhler Haus – genannt, der später zu einem wertvollen Prozessbeobachter wird. Trotz allem Argwohn gegenüber Hau bleibt Wöhrle bis zum Ende unentschlossen, wie er sich zu dessen Fall stellen soll. Damit steht er exemplarisch für die Verunsicherung, die Fall und Person in großen Teilen der Gesellschaft hervorriefen. Nebenfiguren und Nebengeschichten lassen den Stoff zu einem breitangelegten, detailreichen Gesellschaftspanorama der Kaiserzeit werden. Erzählt wird die Geschichte nicht linear. Die Anordnung der einzelnen Erzählstränge erinnert zeitweise an ein Kartenspiel, bei dem die Zeitebenen immer wieder neu gemischt werden. Auf den Aufbau des Romans werden wir noch ausführlicher zu sprechen kommen. Zunächst möchte ich Herrn Schroeder bitten, die ersten eineinhalb Seiten zu lesen, damit Sie einen ganz kleinen Eindruck von der beschriebenen Figur und der Atmosphäre bekommen

SCHROEDER: Ich lese:

> „*Ajaccio, Korsika, Mai 1901.* Der junge Mann im Leinenanzug, die Jacke über die Schulter gehängt, schlendert mit aufreizender Selbstverlorenheit über den jetzt zur Mittagszeit menschenleeren Strand, als wüßte er, daß zwei Augen jede seiner Bewegungen beobachten, als spürte er das Herzklopfen, als ahnte er etwas von dem, was Olga später, als er um die Ecke des Grandhotels gebogen, außer Sichtweite ist, in das unter ihrer intimsten Wäsche versteckte Buch schreiben wird. Wieder eines jener Gedichte, die sie selbst kaum halb laut zu lesen wagt, den vielen anderen hinzugefügt.
>
> Wieder werden Reime, mit einem lilafarbenen Band verschnürt, ihre Sehnsüchte zusammenhalten müssen. Mit dem Schlüssel stenographischer Zeichen vor Mutter und Schwester verborgen, schlummern da Geständnisse, die sie nur sich selbst zu machen wagt. Die aufregenden Entdeckungen am eigenen Körper, das Ahnen, Vermuten und heimliche Beobachten der Männer, die Sehnsucht nach Berührungen, Umarmungen, Küssen. Die Eifersucht auf Lina, die ältere Schwester, die von den

Männern schon als Frau wahrgenommen wird, während sie immer die Kleine, das Küken, das Nesthäkchen ist. Und nur dieses Büchlein, verschnürt unter der Wäsche, weiß, wie sehr Olga schon Frau ist und sein will. Hat nicht Betty, die älteste der sechs Schwestern, schon in ihrem Alter den Oberst Bachelin geheiratet? Diesen steifen, knorrigen Militärkopf, der sich sehr schnell als Familientyrann entpuppte? Und! Olga hat das ausgerechnet: Betty war schon schwanger, als sie mit neunzehn Jahren vor den Traualtar trat. Hatte damals mit einem Mann schon alle Intimität erlebt, von der Olga noch träumt.

Und jetzt dieser Jüngling! Wie ein Engel vom Himmel geschwebt, wie ein Prinz aus den Wellen des Meeres an Land gekommen, tauchte er vor ein paar Tagen plötzlich hier auf, saß einen Tisch weiter im Hotelrestaurant, schlenderte durch die Halle oder am Strand entlang, sprach mit niemandem, war Blickfang für die Frauen, hatte etwas Geheimnisvolles. Schon hatte sich Olga gelangweilt. Seit Jahren verbrachten sie die Sommermonate in Ajaccio. Olga hatte sich schon nach den Baden-Badener Alleebäumen gesehnt, den einzigen Zuhörern, denen sie ihre Gedichte vorzulesen pflegte, nach der stillen, schattigen Villa Molitor oben am Hügel über der Stadt, nach der behäbigen Ruhe des Badeortes. Da tauchte er auf. Blaß, schmal, mit großen durchdringenden Augen, vielleicht so alt wie sie, achtzehn oder neunzehn Jahre, mit der Eleganz des erfahrenen Mannes, die man auch Hochmut hätte nennen können, wäre man nicht wie Olga und ein paar andere junge Frauen vom ersten Blick auf ihn verzaubert gewesen, wenn nicht sogar verliebt.“[6]

LANGE: Soviel zur Person Carl Hau in der Beschreibung von Bernd Schroeder. Sie ahnen es nach dem Gehörten vielleicht bereits: Lina und Olga, die Schwestern Molitor, verlieben sich beide in den schönen, interessanten Carl Hau. Hau entscheidet sich für Lina, die ältere und reifere der beiden Schwestern. Die Mutter ist gegen die Verbindung ihrer Tochter mit diesem jüngeren Mann, weshalb Hau mit Lina flieht und die Heirat erzwingt. Das Ehepaar zieht nach Amerika, wo Hau ein Jurastudium beginnt. In ihren Briefen an die Mutter schildert Lina Hau als einen treuen Ehemann. Der Leser allerdings weiß bereits, dass der zur Hochstapelei neigende Carl Hau sich auf zahlreichen Reisen unter anderem mit Prostituierten vergnügt und Linas Erbe verschleudert. Die wirtschaftliche Lage wird bald prekär. Und diese prekäre wirtschaftliche Lage ist es dann auch, hinter der das Motiv für den Mord Carl Haus an seiner Schwiegermutter vermutet wird.

Die Vorgeschichte, das Kennenlernen und die Hochzeit bilden den ersten Erzählstrang des Romans. Ein zweiter Erzählstrang, der in den ersten hineingewoben wird, beginnt viele Jahre später auf Carl Haus Flucht. Rückblickend wird hierin das Leben während der Zuchthausjahre bis zum Urteilsspruch geschildert. In der Schilderung des Prozesses treffen die beiden Erzählstränge schließlich immer wieder aufeinander.

---

6 *Bernd Schroeder*, Hau, 2006, 1. Kapitel (S. 7 f.).

Zurück zum Fall: 1906 taucht ein auffällig gekleideter Mann mit schlecht sitzender Perücke und angeklebtem Bart in Baden-Baden auf. Ein Schuss fällt, und Josefine Molitor ist tot. Wer den Schuss abgegeben hat, lässt sich nicht mit Sicherheit sagen. Auch der Autor Bernd Schroeder – dies sei gleich vorweg genommen – bietet zum Leidwesen vieler Leser keine Lösung zu dem Fall an. Er schildert die Tatsachen, unterschiedliche Zeugenaussagen und zeichnet Hau als schillernde Figur, faszinierend und abstoßend zugleich. Ob er tatsächlich schuldig ist, darüber mag sich der Leser am Ende selbst ein Urteil bilden. Herr Schroeder, bitte erzählen Sie uns doch kurz, wie Sie überhaupt auf diesen Stoffe gestoßen sind.

SCHROEDER: Ich bin 1972 nach Baden-Baden gezogen. Dort habe ich 10 Jahre oberhalb der Lindenstaffeln gelebt und bin von dort jeden Tag in die Stadt runtergegangen. Eines Tages, das war 1972, steht da so ein alter Mann und sagt: „Ja wissen Sie eigentlich, was hier passiert ist?“, und erzählt mir von dem Fall Hau. Dieser Mann hat in einer Villa nebenan gewohnt, er war damals ungefähr 72. Er war als Sechsjähriger aus dem Haus gelaufen, als er den Schuss hörte, und hat dann die ganze Geschichte mitbekommen. Das hat mich interessiert, dann bin ich einmal nach Karlsruhe in ein Zeitungsarchiv gegangen und habe mir ein paar Unterlagen zu dem Fall angesehen. Zu der Zeit habe ich, wie ja schon gesagt wurde, Drehbücher geschrieben und mit Peter Beauvais, einem inzwischen verstorbenen Regisseur, gearbeitet. Mit ihm wollte ich diesen Fall Hau verfilmen. Kurz gesagt, ich habe ein Exposé geschrieben, das wir dem Südwestfunk eingereicht haben. Beauvais und ich haben uns an einem Sonntag noch einmal getroffen, um das Exposé noch ein bisschen zu besprechen. Einige Tage später wollte ich es in sein Hotel bringen, aber als ich es hinbrachte, wurde mir mitgeteilt, dass er an dem Tag gestorben war. Daraufhin war für mich dieser Fall erledigt. Ich habe dann weiter an meinen Fernsehfilmen geschrieben und habe begonnen Romane zu schreiben und irgendwann, gerade als ich dann Romane geschrieben habe, habe ich immer wieder an diesen Fall gedacht, der mich nicht losgelassen hat. Und dann kam ich mit einem anderen Roman nicht zurecht. Ich habe den hingeschmissen und gesagt: „So, jetzt mach ich den Hau.“ Der Fall ist unglaublich gut dokumentiert, es gibt die Briefe aus den USA und eine Fülle an anderen Materialien im Landesarchiv in Karlsruhe Da habe ich dann wochenlang gesessen, um zu recherchieren und naja, dann habe ich den Roman geschrieben.

WEBER: Vielleicht sind wir damit schon bei einem Thema, das uns nachher auch bei Ihnen, Herr Ferk, interessieren wird. Dieser Ihr Roman ist ja, anders als mancher andere, keine reine Erfindung, er knüpft im Gegenteil ganz an einen konkreten, realen, viel diskutierten, viel beschriebenen Fall an, der – wie zwischendurch vielleicht noch bemerkt werden kann – noch in verschiedenen anderen literarischen Verarbeitungen auftaucht. *Der Fall Maurizius* von Jakob Wassermann soll weitgehend an ihm ausgerichtet sein.

Schroeder: Das hat Jakob Wassermann selbst bestritten.

Weber: Ja, Wassermann hat es bestritten, und es ist nicht die reale Schilderung des Falls, aber es ist durchaus denkbar, dass er Elemente von ihm verwendet hat. Georg M. Oswald hat den Fall ins München der fünfziger Jahre transponiert, und es gibt noch einige andere, weniger bedeutende literarische Darstellungen. Darüber hinaus existiert natürlich auch eine umfangreiche juristische Literatur zu dem Fall, wobei schon seit der Zeit des Prozesses bis heute gestritten wird, ob Hau schuldig war oder nicht. Interessanterweise kann man nicht wie bei vielen anderen Fällen beobachten, dass die progressiveren Juristen eindeutig der Meinung sind, das war ein Fehlurteil, während die Konservativen behaupten, das war sehr richtig, die Meinungen gehen vielmehr ohne Rücksicht auf die jeweiligen Vorverständnisse quer durch Konservative und Liberale. Der Fall ist einfach so unklar, dass auf beiden Seiten Verfechter der einen und der anderen These existieren. Daher die Frage, wie man vorgeht, wenn man einen solchen Roman in einer solchen Situation schreibt, das heißt, wenn man nicht dasitzt und sich selbst einen Plot ausdenkt. Wie viel ist dann im Endeffekt, ähnlich wie in einem juristischen Aufsatz oder einem juristischen Buch zu dem Fall, Darstellung von Tatsachen, wie viel ist Fantasie? Wo fängt die Fantasie an, wo geht der Autor über die Quellenlage seiner Forschung, über seine Archivstudien hinaus?

Schroeder: Eigentlich habe ich nur etwas hinzugefügt, indem ich mich mit den Figuren weiter auseinandergesetzt habe, über das hinaus, was das Material sowieso anbietet. Aus vielen Briefen zum Beispiel, die Lina Hau, die Frau von Hau, aus Amerika an ihre Mutter geschrieben hat, kann man sich ein Bild zurechtlegen, wie die Frau war und wie sie gedacht hat. Alle Gerichtsverhandlungsgeschichten sind in verkürzter Form wiedergegeben, sie sind ebenso original wie die Briefe. Bei allem, was ich dokumentiere, sage ich, wo es steht. Bei der ganzen Recherche des Falls bin ich einfach nicht dazu gekommen, eindeutig zu sagen, er war es oder er war es nicht. Aber darum geht es auch überhaupt nicht. Mir ging es darum, das zu zeigen, was das Material eindeutig hergibt. Und wenn man weiß, wie dieser Prozess gelaufen ist und wie Zeugen zurückgewiesen oder nicht beachtet worden sind, die geeignet gewesen wären, gegen eine Verurteilung zu sprechen, dann kommt man einfach zu der Meinung, dass das ein Indizienprozess war – und ich glaube, darüber reden die Juristen ja hauptsächlich – der nicht ausreichte, Carl Hau schuldig zu sprechen. Man hätte ihn wahrscheinlich freisprechen müssen. Das heißt nicht, dass ich mir sicher bin, dass er es nicht gewesen ist. Man hat ja zum Beispiel nicht mehr weiterverfolgt, ob er das Verbrechen unter Umständen mit Olga, seiner Schwägerin, zu der er ein leidenschaftliches Verhältnis hatte und wegen der er in der geschilderten Maskierung noch mal nach Baden-Baden gekommen ist, gemeinsam geplant hat. Das alles hat während des Prozesses nicht mehr interessiert. Ein Geschworenengericht, in dem sich Geschworene abends am Stammtisch die Meinung der Leute holten, ein Prozess, in dem Richter und Staatsanwälte vorzeitig Sachen an die Presse gaben und behaupteten, es habe ein Geständnis gegeben, was gar nicht stimmte – all das zeigt, dass dieser Hau möglicherweise zu Unrecht verurteilt worden ist. Und darum ging es mir.

WEBER: Das heißt also, die Fantasie des Romanautors tritt in diesem Fall nur bei der Ausfüllung der Charaktere der Mitwirkenden in Aktion?

SCHROEDER: Ich nenne Ihnen einmal ein Beispiel. Hau hat ja Lina, nachdem sie sich auf Korsika kennen gelernt hatten, mit ihrem Einverständnis aus Baden-Baden entführt. Sie hat 2000 Mark von einem Konto abgenommen, das ist alles bekannt. Die beiden sind dann in die Alpen nach Realp in die Schweiz gefahren. Sie sind in einem Hotel abgestiegen, in dem sie übernachtet haben. In der Nacht fiel ein Schuss, und Lina war verletzt. Es hat sich nie geklärt, was tatsächlich vorgefallen ist. Wahrscheinlich wollten die beiden aus dem Leben scheiden. Hau hat auf Lina geschossen, aber er hat nicht getroffen und hat sich dann nicht mehr getraut. Damit er nicht festgenommen wird, behauptete Lina jedoch, sie hätte geschossen. Das sind die Fakten. Ich als Autor beschreibe, was diese Frau, die zum ersten Mal mit einem Mann in einem Hotel absteigt, dort empfunden hat, und wie der Mann sich nach dem, was man von ihm und seiner Psyche weiß, verhalten haben könnte. Das musste ich mir eben ausdenken, und das habe ich beschrieben.

WEBER: Vielleicht noch eine Frage. Wie weit mussten Sie sich, Sie sind ja kein Jurist, in die juristischen Dinge einarbeiten, wie weit ist das in einem solchen Zusammenhang notwendig?

SCHROEDER: Eigentlich musste ich mich gar nicht einarbeiten. Ich habe die Fakten, die Gerichtsprozesse und die Verhöre gelesen, ich hab die Verhöre, die in Amerika gemacht wurden, gelesen, ich habe das ganze Material gelesen und habe das dargestellt. Und ich habe mir aus dem Ganzen meine Meinung gebildet, die sich auch ein Nichtjurist bilden kann: So kann man einen Menschen eigentlich nicht verurteilen.

WEBER: Was eigentlich auch schon wieder ein juristisches Urteil ist.

FERK: Er hat, wie soll ich es sagen, geurteilt wie ein Geschworener. Dazu muss er kein Jurist sein. Darf er kein Jurist sein.

Lange: Sie meinen, auch wenn ich mir jetzt als Leser eine Meinung bilde und diese öffne, ist das bereits ein juristisches Urteil? Wenn ich zu dem Ergebnis käme, dass der Prozess nicht richtig geführt wurde? Ist das so?

Weber: Ja, das würde ich sagen. Jedenfalls dann, wenn Sie sagen, die Beweislage war nicht so, dass man ihn verurteilen konnte. Und wenn Sie sagen, es sind prozessuale Fehler gemacht worden, indem bestimmte Zeugen nicht vernommen worden sind, ist auch das schon ein juristisches Urteil. Die Frage ist, wie weit man dazu detaillierte, juristische Fachkenntnisse braucht.

Lange: Bei der Vorbereitung dieses Gesprächs habe ich auch darüber nachgedacht, wie weit dieser Fall, den Sie einen Tatsachenfall nennen und aus dem Sie einen Roman machen, indem Quellen fiktionalisiert und die Figuren ausgeschmückt werden, an ein Thema anknüpft, über das wir vor zwei Jahren hier gesprochen haben. Ich meine die Diskussionen, die wir an Hand von Ursula Krechels „Landgericht" und Ralf Eggers „Nesselkönig" geführt haben, inwieweit der Schriftsteller an die Methoden der Wissenschaft gebunden ist, also an die Verpflichtung, nicht ohne Belege zu arbeiten. Ich habe dann für mich entschieden, dass diese Frage im Fall von Bernd Schroeder nicht relevant ist, weil die Tatsachen, also der Prozess, um den es geht, und die Prozessakten genauso beschrieben werden, wie sich die Dinge zugetragen haben, und eben nur die Sachen darum herum, wie das persönliche Miteinander der Menschen, das Romanhafte ausmachen. Dennoch bleibt die interessante Frage an jeden Autor, wie weit er sich verpflichtet fühlt, kenntlich zu machen, was Fiktion und was Quellenmaterial ist.

Schroeder: Ich denke, dass man das sieht.

Lange: Ja, bei Ihnen sieht man es.

Schroeder: In Teilen ist man schon verpflichtet. Es beginnt schon, wenn man mit wirklichen Namen arbeitet. Ich schreibe jetzt gerade einen Roman über den letzten Film des dritten Reichs, und der einzige Name, der stimmt, ist Goebbels. Da bin ich natürlich verpflichtet, dass das Material und die Zitate stimmen. Ich hätte jetzt auch hergehen können und sagen, der Fall Hau, der spielt in den fünfziger Jahren, die Personen heißen alle anders, ich zeige aber trotzdem, wie so ein Indizienprozess läuft, dann bin ich zu gar nichts verpflichtet. Aber in meinem Fall fühlte ich mich dem historischen Material verpflichtet. Außerdem ist dieses Material, das muss man ja auch mal sagen, so spannend und so schön gewesen. So eine Geschichte kann man sich gar nicht ausdenken. Im Verlag haben alle gesagt: „Schreib' Kriminalroman drauf", aber ich habe das nicht drauf geschrieben, weil der Roman kein Krimi ist. Es ist kein Kriminalroman, weil ich keine Lösung anbiete. Ich biete ja nicht den Täter, und ich verrate den

Mörder nicht. Es hat mir einen ungeheuren Spaß gemacht, mit diesem Material umzugehen. Das Leben ist manchmal sehr viel interessanter als die Fantasie der Autoren.

WEBER: Ich möchte jetzt mit Herrn Ferk nicht gleich wieder dasselbe Problem diskutieren, obwohl ich die Frage der Grenzen, Gemeinsamkeiten, methodischen Unterschiede von Dokumentationen und Romanen sehr spannend finde.

FERK: Ich könnte das gern, wenn Sie wollen.

WEBER: Ich will einmal ganz woanders anfangen. Sie sind ja bis heute aktiver und tätiger Jurist mit voller juristischer Beschäftigung. Ich hatte vorher etwas scherzhaft zwischen Dichterjuristen und Juristendichtern unterschieden, wobei man vielleicht sagen kann, Dichterjuristen sind diejenigen, die ihren juristischen Beruf, denn Juristen steht am Schluss, voll ausüben und nebenbei dichten. Die Juristendichter sind solche, die irgendwann mal Juristen waren und davon, wie ich ja gestern erwähnte, später entweder wenig oder aber gar nichts mehr wissen wollen und ganz in die Zunft der Literaten und Dichter übergegangen sind. Nach dieser Definition wären sie sicher kein Juristendichter, sondern Dichterjurist.

FERK: Ich habe zwischen Dichterjuristen und Juristendichtern eigentlich nie unterschieden. Für mich hat es immer nur einen richtigen lesbaren Begriff gegeben, das ist der Dichterjurist, und für mich ist ein Dichterjurist jemand, der sein juristisches Studium abgeschlossen hat und neben seiner juristischen Arbeit schreibt, egal ob das jetzt Lyrik, Prosa oder welche Literaturgattung auch immer ist. Das ist für mich ein Dichterjurist, und in diesem Sinn ist mein Landsmann auch aus der näheren Heimat, Peter Handke, kein Dichterjurist, weil er sein Studium nicht abgeschlossen hat, er wird aber hin und wieder als solcher bezeichnet.

WEBER: Ich glaube, dass wir uns dann in der Sache nicht unterscheiden. Aber jetzt eine ganz andere Frage, oder besser eine nicht ganz andere, sondern verwandte. Wie weit wirkt sich das eine auf das andere aus? Wie weit wirkt sich die juristische Tätigkeit aus? Hat sie Einfluss auf die schriftstellerische Tätigkeit oder umgekehrt: Hat auch die schriftstellerische Tätigkeit Einfluss auf den Juristen? Es ist ja beides möglich.

FERK: Ich würde sagen, dass ich meine beiden Berufe – ich werde natürlich immer wieder danach gefragt –, den des Dichters und den des Schriftstellers, in keiner Weise verbinde, weil ich meine richterliche Arbeit nicht in die Literatur transportieren will. Ich will eines nicht verursachen: Dass sich jemand, mit dem ich beruflich zu tun habe, sei es auch mit einem fremden Namen, mit einem anderen Namen, in der Literatur wieder findet, und ich kann die Sprache, die ich in meinen Gedichten, zum Beispiel, gebrauche, nicht in Entscheidungen, Beschlüssen oder Urteilen anwenden oder in Protokollen, das geht natürlich nicht, obwohl, ich darf hier pointiert sagen, obwohl mich mein erster Ausbildungsrichter, der mich eigentlich dazu bewegt hat, diesen Beruf zu wählen, aufgefordert hat, das letzte Konzept, das ich für ihn erarbeitet habe, in Reimen abzufassen. Ich habe das nicht getan, weil ich gesagt habe, es wäre einige Arbeit damit verbunden und es landet ohnehin nur in der Ablage 7. Ich schreibe lieber etwas anderes, was man dann auch gebrauchen kann.

Ursprünglich bin ich natürlich, Sie haben es erwähnt, zum Schreiben und zum Juristischen über Franz Kafka gekommen. Ich habe in unserer, relativ kleinen Hausbibliothek doch einen Kafka gefunden, und zwar den „Prozess". Damals war ich 12, 13, 14 Jahre alt, ich kann das nicht genau sagen, aber jedenfalls in der Unterstufe des Gymnasiums habe ich zuhause den „Prozess" gefunden. Nicht dass Sie jetzt denken, dass dieser „Prozess" gezielt gekauft worden ist, er war ganz offensichtlich die Zusendung einer Buchgemeinschaft, nachdem das Quartalsbuch nicht ausgewählt wurde, und dieser – ja , es war wirklich so – dieser Zufall hat mir eigentlich mein Leben seit dem 14. oder 15. Lebensjahr irgendwie gewiesen. Ich habe das Buch damals aufgemacht, und schon beim ersten Satz habe ich gewusst, dieses Buch wird mich interessieren, das ist meine Literatur. Ich habe das Buch damals natürlich nicht durchgelesen, weil ich seinen Inhalt noch nicht erfassen konnte, aber zwei, drei Jahre später habe ich es wieder zur Hand genommen und bin bis heute bei Kafka geblieben. Und dieser Buchgemeinschaftsband – die Buchgemeinschaft heißt bei uns Donauland, ich glaube, die hat es in Deutschland nicht gegeben, da gibt es andere Buchgemeinschaften – dieses Buch, in blaues Leinen gebunden mit einem schönen, goldenen Lesebändchen, ist heute noch ein zentraler Bestandteil meiner Hausbibliothek.

Weber: Eine glänzende Rehabilitierung der Buchgemeinschaften, deren Ruf ja ansonsten eher mäßig ist. Dann vielleicht doch noch einmal die angesprochene Frage. Ihr Weltkriegsroman ist ja auch ein Buch, das an reale Vorgänge anknüpft, und da stellen sich ähnliche Fragen, wie wir sie eben mit Herrn Schroeder besprochen haben.

Ferk: Absolut.

Weber: Wie sehen Sie das Verhältnis von Fiktion und Dokumentation in Ihrem Roman, einem Weltkriegspanorama? Ist das ähnlich zu sehen wie in dem Roman von Herrn Schroeder zu einem einzelnen historischen Kriminalfall?

Ferk: Die Ausgangslage und die juristische oder tatsächliche Problematik sind meiner Ansicht nach dieselben. Ich muss eines sagen: Ich habe mich selbstverständlich an alle geschichtlichen Fakten gehalten, ich habe aber zum Beispiel private Gespräche zwischen Franz Ferdinand und seiner Ehefrau natürlich nirgendwo finden können, weil so etwas nicht dokumentiert ist, und ich habe natürlich keine Gesprächsunterlagen zwischen Franz Ferdinand und der Fürstin, die er auf dem Weg nach Sarajevo noch besucht hat, finden können, weil es solche Unterlagen nicht gibt. Das habe ich erfunden. Alle anderen Fakten aber habe ich in Protokollen, auch in Zeitungsartikeln, in Prozessunterlagen und so weiter gefunden und habe alles in den Roman eingearbeitet. Ich werde morgen ein Kapitel daraus vorlesen, und da ist zum Beispiel ein Telegramm, das Franz Ferdinand auf dem Weg nach Sarajevo an seine Kinder richtet, auch von mir zitiert. Dieses Telegramm hat er tatsächlich so abgeschickt. Alles, was ich an Fakten finden konnte, habe ich verarbeitet. Gewisse Dinge, auch Gespräche unter den Attentätern – es hat nicht nur Gavrilo Princip als Attentäter gegeben, sondern mehrere – musste ich mir dagegen aufgrund der Unterlagen, die ich finden konnte, ausdenken. Dabei konnte man etwa aus den Aussagen der Attentäter vor dem Untersuchungsrichter und im Prozess Rückschlüsse ziehen, und ich konnte dann Gespräche herbeiphantasieren, also ausdenken, wie sie vielleicht vor dem Attentat stattgefunden haben. Das ist natürlich auch Fiktion, und ich nenne diese Literaturgattung, die ich für den Sarajevo-Roman angewendet habe, Faction, also weder Fiktion noch Fakten sondern – das ist für mich Faction. Ich habe Faction erarbeitet.

SCHROEDER: Das Fernsehen nennt es heute Dokusoap.

FERK: Naja, gegen den Begriff Soap muss ich mich natürlich wehren, weil ich das Buch auf diesem Niveau nicht geschrieben habe, aber ich glaube, Faction wäre der richtige Begriff dafür.

SCHROEDER: Das ist eigentlich dasselbe, wie es bei mir vorkommt. Genau dasselbe. Wo das Dokument da war, habe ich es genutzt, und ebenso die ersten Verhöre beim Untersuchungsrichter und so weiter. Die waren eben einfach da, die habe ich vielleicht verknappt, weil sich manches im Kreis drehte, aber das wird halt Material, mit dem man umgeht. Und manchmal hat man sich die Dialoge dann eben auch ausgedacht.

FERK: Sie haben auch das Recht, sich das auszudenken. Auf dem Buch steht „Roman“, und im Roman darf ich ja alles erfinden, weil ich schon mit dem Literaturbegriff oder Gattungsbegriff „Roman“ sage, dass es bei dem Buch nicht um einen Tatsachenbericht oder eine Dokumentation oder um eine Dokusoap geht, sondern um einen erfundenen Text, den ich mir ausgedacht habe. Vielleicht darf ich noch aus meiner Werkstatt etwas sagen. Ich bin im Frühjahr 2012 mit einem Freund zusammengesessen, den Sie vielleicht kennen, auch einen

Kärntner slowenischer Abstammung – Wolfgang Petritsch, Botschafter zuletzt bei der OECD in Paris, High Representative in Bosnien und Herzegowina und so weiter und so weiter, das ist ein guter Freund von mir, der auch aus Kärnten stammt. Er war lang in Sarajevo tätig, und mit ihm habe ich mich über Sarajevo unterhalten und er hat mir im Frühjahr 2012 erzählt, er werde ein Buch über Sarajevo 1914 schreiben. Ich habe dann einfach pointiert einmal hingeworfen: Wenn du ein Sachbuch schreibst, schreibe ich einen Roman. Damit war das eigentlich erledigt, das war im Mai 2012, und im August habe ich dann die Idee gehabt, diesen Roman doch zu schreiben, weil mich die Idee nicht ausgelassen hat. Ich bin zum Verlag gefahren und habe erzählt, was ich mir vorstelle. Der Verlag hat sofort gesagt, er würde es gern machen, aber es müsse halt rechtzeitig erscheinen.

Daraus sind auch meine späteren Probleme entstanden, weil ich mich schon bei meinem Studium insbesondere für die österreichische Geschichte von der Pragmatischen Sanktion – Sie wissen also, Maria Theresia, Vater der Maria Theresia und so weiter – bis zum Ende des ersten Weltkriegs interessiert habe. Die Geschichte – 1713 oder 1714 bis 1918 – hat mich immer sehr interessiert, und deshalb hat mich auch das Attentat von Sarajevo sehr interessiert und ich habe begonnen, meine Unterlagen zu studieren, habe gelesen, gelesen, gelesen. Im Sommer 2013 hat mich dann der Lektor angerufen, ob er jetzt schon den Roman bekommt, also das Manuskript, weil er eigentlich mit dem Lektorat anfangen muss. Da hatte ich noch keine Zeile geschrieben. Er hat mich am Handy erwischt, als ich vom Gericht zu Fuß nach Hause gegangen bin. Das mache ich immer gern so, als Nachdenkphase. In meiner allergrößten Not ist mir eingefallen, wie man diesen Roman aufbauen kann, gleichsam in Tagebuchform, und als ich diese Idee hatte, war es kein Problem mehr, das Buch zu schreiben. Ich habe es bis Dezember 2013 fertig geschrieben, im Januar 2014 ist es erschienen, weil der Verlag das Buch unbedingt ein halbes Jahr vor dem Attentat herausbringen wollte. Ich habe zuerst gedacht, vernünftiger wäre es im Juni 2014, habe aber Gott sei Dank auf den Verlag gehört, weil im Juni 2014 das Thema dann mehr oder weniger erledigt war: Alles rund um den ersten Weltkrieg, um das Attentat von Sarajevo hat sich zwischen Juli 2013 und Juli 2014 abgespielt. Und in dieser ersten Phase ist das Buch auf großes Interesse gestoßen. Danach ist das Interesse mehr oder weniger abgeklungen, weil das Thema dann erledigt war. Es wird, glaube ich, noch einmal zum Ende des ersten Weltkriegs im Jahr 2018 kommen, aber das wird dann wieder eine andere Thematik sein.

WEBER: Ich vermute auch, die Diskussion wird dann andere Akzente haben. Hat der Freund das Buch geschrieben?

Ferk: Danke für die Frage. Das wollte ich natürlich auch erzählen. Mein Freund hat das Buch nicht geschrieben. Ich habe ihn irgendwann mal angerufen und ihn gefragt, ob wir unsere Bücher gemeinsam präsentieren können. Er hat kleinlaut sagen müssen, dass er es nicht geschrieben hat, aber ich habe immer wieder erwähnt, dass er mich auf diese Idee gebracht hat, weil ich ihm dafür sehr dankbar bin. Es war eine sehr spannende und interessante Arbeit.

Lange: Wo wir gerade von Jahrestagen sprechen: „Hau“ ist im Jahr 2006 erschienen, und ich bin fest davon ausgegangen, dass es genau hundert Jahre nach dem Mord an Frau Molitor erscheinen sollte und Sie, Herr Schroeder, ähnlich wie Herr Ferk genau auf ein Datum hingeschrieben haben. Und ich habe ein bisschen gehofft, dass wir nun auch von Ihnen hören, wie man es schafft, auf den Punkt genau fertig zu werden, aber da müssen wir die Zuhörer enttäuschen, denn es war wohl Zufall. Richtig?

Schroeder: Ja, es war reiner Zufall. Ich habe 2004 oder so mit dem Buch angefangen, aber ich habe den Gedanken überhaupt nicht gehabt, dass der Fall hundert Jahre alt war. Als das Buch dann beim Verlag fertig war, habe ich gesagt: „Übrigens, das passt ja gut. Es sind ja genau hundert Jahre nach dem Fall.“ Aber während des Schreibens hatte ich das Datum nicht im Kopf, das hat mir keinen Druck gemacht. Auch so geht’s.

Lange: Ich habe noch eine Frage. Ich habe ja schon angedeutet, dass der Roman nicht linear erzählt ist. Ist das eine Entscheidung, die Sie bereits von Anfang an getroffen haben, um dem Material gerecht zu werden und mit den verschiedenen Zeitebenen spielen zu können? Oder ergibt sich so etwas beim Schreiben? Ähnlich wie bei der Entscheidung von Herrn Ferk, der irgendwann wusste, dass es in Tagbuchform funktionieren wird.

Ferk: Bei mir war es eine Entscheidung aus der Not heraus.

Lange: Ja, aber es war eine Entscheidung, die Sie vor dem Schreiben getroffen haben und die dann funktioniert hat.

Schroeder: Ja, ehe Hau verurteilt wird, auf Seite 340 oder so etwa wird er verurteilt, beschreibe ich schon, wie er im Gefängnis sitzt. Das heißt, ich habe das alles, die ganze Zeitfolge, etwas durcheinander gewürfelt. Nun haben wir ja schon gesagt, dass ich vom Drehbuchschreiben komme. Und ich habe immer auch bei einem Roman so zwei Meter an der Wand, auf denen ich mir die Sachen aufschreibe. Weil ich nicht chronologisch schreibe, sondern mal da ein Kapitel, mal da ein Kapitel, muss ich immer alles zusammenfügen. Da hat es mir dann plötzlich Spaß gemacht, zu sagen: „Das ist langweilig, die Liebesgeschichte, Amerika, Fall, Prozess, 17 Jahre Gefängnis, rausgekommen.“ Mich hätte das gelangweilt. Und ich habe schnell gemerkt, dass das nicht-lineare

Erzählen funktioniert. Es hat mir auch niemand gesagt, dass er Schwierigkeiten damit hätte. Es hat sich bewährt, das so mosaikartig zusammenzusetzen.

Lange: Das bewährt sich in jedem Fall. In einer Kritik habe ich gelesen, Bernd Schroeder übertrage damit die Methodik, nein das Verfahren des Indizienprozesses auf die Methodik des Erzählens. So kann man es auch interpretieren.

Weber: Vielleicht noch eine Frage, eine ganz andere zum Fall Hau. Es gibt ja, und das halte ich für richtig, in vielen juristischen Analysen des Prozesses die These, dass es sich um einen der ersten Prozesse handelt, in dem die Massenmedien einen ganz erheblichen Einfluss auch auf den Prozessausgang auszuüben versucht haben oder sogar ausgeübt haben. Es liegt schon ziemlich lange zurück, dass ich Ihren Roman gelesen habe. Ich erinnere mich nicht, ob dieser Aspekt darin auftaucht. Wenn ja aber (und auch wenn nein): Sehen Sie das nach Ihren Studien in diesem Fall auch so?

Schroeder: Ja natürlich. Es ist nicht nur so, dass die Medien versucht haben, Einfluss zu nehmen, auch die Staatsanwaltschaft hat ihrerseits gezielt die Presse beeinflusst. Das ging so weit, dass der Chefredakteur der Zeitung mit dem Staatsanwalt am Stammtisch saß. Dort haben sich Staatsanwalt und Chefredakteur besprochen und dann entschieden: „Jetzt lancieren wir mal ein Geständnis und dann warten wir mal die Reaktionen ab.“ Dann stand in der Zeitung, dass es ein Geständnis gab. Es gab aber nie eins. Das war schon eine unglaublich geschickte Art der badischen Justiz, mit der Presse zu arbeiten. Dem gegenüber standen natürlich auch andere, die dagegen geschrieben haben. Das war vor allem Herr Lindau aus Österreich von der Wiener Presse, der das aufgegriffen hat. Dieser Fall ging ja bis Amerika. Weil Hau in Amerika als junger Jurist wirklich Karriere gemacht hat, war dieser Fall auch in Amerika wahnsinnig interessant und ging dort durch die Presse. Also das Medieninteresse war nicht nur da, es war bewusst gewollt.

Weber: Dann eine Frage noch einmal an Herrn Ferk. Ich hatte vorher Ihre früheren Romane mit stark juristischen Titeln erwähnt und schon einmal vorweg gebeten, dass Sie uns sagen, um was es in diesen Romanen geht. Können wir das jetzt nachholen?

Ferk: Ja, ich würde zur forensischen Trilogie erzählen, dass es dabei im Wesentlichen um Franz Kafka und seine dreimalige Verlobte Felice Bauer geht. Es ist eine Geschichte, die auf dieser Beziehung beruht. Im weitesten Sinn ist es ein Buch, das aus drei Briefen besteht, die eben dieser Franz K. zunächst einmal an den Staatsanwalt schreibt, dann an den Richter und zuletzt an seine – in Anführungszeichen – „Geliebte“ oder „Freundin“ oder „Verlobte“ oder was auch immer F. Es geht bei dieser forensischen Trilogie darum, dass Franz K. in einer Auseinandersetzung seine Geliebte F. verletzt hat. Es kommt zu gerichtlichen Untersuchungen. Franz K. will mit dem ersten Brief den Staatsanwalt überzeugen, dass keine Anklage erhoben wird. Der Staatsanwalt erhebt Anklage, deshalb schreibt er an den Richter, dass er unschuldig ist. Es geht dabei um eine Auseinandersetzung mit dem, was Franz Kafka über Recht und Unrecht und vor allem über Gerechtigkeit und Ungerechtigkeit geschrieben oder nicht geschrieben, zumindest nicht direkt geschrieben hat, sondern was man aus seiner Literatur zu diesen Fragen herauslesen kann. Mit dem letzten Brief, den K. an die F. schreibt, will er sie gleichsam zurückgewinnen. Das Ende bleibt offen, aber ich habe vieles in diese Trilogie, in diese Novellen eingearbeitet, was ich aus den Briefen Franz Kafkas an Felice Bauer herauslesen konnte. Es gibt ein Buch im S. Fischer Verlag mit den gesamten Briefen, die Kafka an Felice geschrieben hat. Das sind ungefähr 800 Seiten. Ich habe immer wieder über Kafka gearbeitet, deshalb konnte ich die Begrifflichkeit des Rechts und Unrechts und vor allem der Gerechtigkeit und Ungerechtigkeit in die Trilogie einarbeiten. Dabei bin ich dann für mich selber auf ein neues Wort gestoßen. Es geht bei dieser Auseinandersetzung nicht um Gerechtigkeit, oder um das Gerichtswesen, sondern um so etwas wie Gerichtigkeit. Wenn man zwischen das Gerichtswesen und die Gerechtigkeit ein Plus setzt und nach dem „Ist-gleich-Zeichen" ein neues Wort hinzufügen will, dann kommt man auf die Gerichtigkeit.

Weber: Dankeschön. Vielleicht kann man nach alledem nun doch fragen, ob bei diesen Überlegungen zu Kafka und bei allem, was dazu in Ihrem Buch steht, die Tatsache, dass Sie Jurist sind, nicht doch eine erhebliche Rolle spielt. Ich meine nicht Ihre juristische Praxis und nicht die einzelnen von Ihnen zu entscheidenden Fälle, die man sicher nicht zum Gegenstand von Romanen machen sollte, aber wie weit bringt einen die Tatsache, dass man Jurist ist, dazu, sich mit den geschilderten Dingen zu beschäftigen und in dieser Form zu ihnen zu schreiben?

Ferk: Das ist absolut richtig, das ergibt sich selbstverständlich daraus, dass ich ein juristisches Studium absolviert habe. Ein anderer Autor, der sich damit nie beschäftigt hat und aus anderen Bereichen kommt, aus welchen auch immer, aber kein Jurist ist, wird sich mit diesem Begriff nicht auseinandersetzen und wird wahrscheinlich nicht so darüber schreiben wollen. Mich hat natürlich der philosophische Hintergrund genauso interessiert, wie man eben in einem solchen Buch über das Gerichtswesen und über die Gerechtigkeit philosophieren kann. Alles das steckt in der „Forensischen Trilogie", und die Grundlage all dessen ist natürlich, dass ich eben Jura studiert und ich mich mit Franz Kafka beschäftigt habe. Ohne das Jurastudium hätte ich eine juristische Trilogie in dieser Weise nicht geschrieben, das ist eindeutig. Das muss ich natürlich bestätigen.

LANGE: Ich möchte noch einmal auf den „Hau“ und speziell auf dessen Titel zurückkommen. Titelvergaben sind ja in Verlagen oft mit Diskussionen verbunden: Die vom Autor gewählten Titel, werden aus den verschiedenen Gründen oft nicht übernommen. Haben Sie sich den Titel gewünscht und wenn ja, war es schwierig, ihn durchzusetzen?

SCHROEDER: Es gab nie einen anderen Titel. „Hau“ hieß der Titel von Anfang an. Das war nie eine Diskussion. Ich kümmere mich aber so ein bisschen um die Einbände meiner Bücher, manchmal entwerfe ich die auch, und in diesem Fall wollte ich von vorneherein dieses Foto haben[7]. Ich bekam dann vom Verlag einen Umschlagentwurf mit einer Calla in einer Vase. Den Entwurf habe ich mit der Frage zurückgeschickt, ob sie das ernst meinen. Das Foto hatte ich dem Verlag aber schon gegeben, und ich finde, dass es wirklich etwas aussagt. Wenn man sich mit Carl Hau beschäftigt hat, sowieso.

LANGE: Haben Sie Fragen an Janko Ferk oder Bernd Schroeder oder an den Fall Hau, bevor wir natürlich noch zu der Frage kommen, die gestellt werden muss, ob Herr Schroeder Hau für schuldig hält oder nicht.

PUBLIKUM: Könnte denn aus dem Kafkabuch auch mal ein Stück gelesen werden?

FERK: Ja gern, ich lese Ihnen da etwas vor:

> „Mit dem Versuch, das Recht begrifflich zu bestimmen, fangen schon die Schwierigkeiten an. Mit rein juristischen Mitteln kann die Frage ‘Was ist Recht?’ nicht beantwortet werden. Die Begriffsbestimmung orientiert sich an mehreren wissenschaftlichen Disziplinen. Ein umfassender Rechtsbegriff kann nur abstrakt und relativ unbestimmt definiert werden. Recht ist die an der Idee, der Gerechtigkeit ausgerichtete, allgemeinverbindliche, abstrakte Ordnung typischer zwischenmenschlicher Beziehungen innerhalb einer gesellschaftlichen beziehungsweise politisch-sozialen Gruppe. Das Recht in diesem Sinn zeigt sich äußerlich als Macht-Abgrenzung. Im Unterschied zur bloßen Machtordnung liegt das Wesen der Rechtsordnung zumindest im Tendieren zu einer Verwirklichung der Gerechtigkeit. In der Literatur finden sich die verschiedensten Zugänge beziehungsweise Antwortversuche auf die Frage ‘Was ist Recht?’. Für Bockelmann ist das ‘Recht selbst unsichtbar’. Er liefert aber zugleich mehrere Definitionen neben jener, dass es ‘nur eine im geistigen Sinn lebende Macht’ sei: ‘Es ist eine Ordnung von Normen, die Sollensforderungen an die Menschen stellen, und zwar für ihr Verhalten zueinan-

7 Der Schutzumschlag zeigt ein historisches Porträt von Carl Hau.

der'. Eine weitere lautet: 'Das Recht ist ein Inbegriff von Normen für das Gemeinschaftsleben der Menschen'."[8]

Jetzt während der Lektüre bin ich erst darauf gekommen, was Sie mit dem Kafkabuch meinen. Sie haben natürlich an die „Forensische Trilogie" gedacht, und ich habe eben an dieses Kafkabuch, meine Dissertation, gedacht, die vor mir liegt. Ich habe die „Forensische Trilogie" nicht da, deshalb kann ich daraus nicht vorlesen und ich kann sie auch nicht auswendig, sonst hätte ich etwas zitiert.

PUBLIKUM: Sie lesen aus dem Kafkabuch Sätze, die Kafka so sicher nie geschrieben hat und auch nie geschrieben hätte.

FERK: Das sind keine Sätze von Kafka.

PUBLIKUM: Nein, das ist mir schon klar, aber Kafka hätte auch so nie geschrieben.

FERK: Habe ich nicht behauptet.

PUBLIKUM: Nein, ich will nur feststellen, dass Herr Schroeder so etwas wohl kaum schreiben würde, denn dazu muss man Jurist sein, und da ist für mich die Frage, ob der Jurist dann, wenn er wirklich auf nahezu rechtsphilosophische Wertungsdefinitionen kommt, sich nicht doch für den Normalleser, ich bin leider Gottes ja auch Jurist und damit nicht ganz normal, zu weit von den Interessen des Lesers entfernt? Wäre ich ein Normalleser, hätte ich das genauso überlesen, wie ich als Kind bei Karl May alles überlesen habe, was über die Religion geschrieben wurde.

FERK: Robert Musil hätte gesagt, es gibt keine halbnormalen Menschen, es gibt nur Normale oder Nichtnormale.

PUBLIKUM: Das zitierte Buch ist doch eine Dissertation und kein Roman.

FERK: Das wollte ich gerade sagen. Ich hätte das jetzt aufgeklärt, nachdem das zu einer Initialzündung von Fragen geführt hat. Ich muss dazu eines sagen. Meine lebenslange Beschäftigung mit Kafka hat mich vor vielen Jahren dazu geführt, dass ich die zitierte rechtsphilosophische Dissertation über Franz Kafka geschrieben habe und zwar beim Wiener Rechtsphilosophen Gerhard Luf – ich hoffe, dass er auch hier ein Begriff ist –, der mir, als ich mit dem Thema zu ihm kam, sagte: „Endlich schreibt einer eine ordentliche Dissertation". Die Dissertation hat ihn sehr interessiert, mich natürlich auch. Ich habe lang daran gearbeitet, und ich habe mich mit ihrem Thema vor allem deshalb beschäftigt, weil Franz Kafka aus allen Richtungen ausgelegt und definiert und interpretiert wird.

8 *Janko Ferk*, Recht ist ein „Prozess", 2. Aufl. [2006], S. 75 f.

Aus der rechtphilosophischen Perspektive hat sich nie jemand mit ihm beschäftigt, außer Hans Helmut Hiebel, ein Grazer Germanist, der dies wiederum auf eine ganz andere Weise getan hat, als es bei mir der Fall ist. Ich habe mich vor allem mit dem „Prozess" beschäftigt und habe in meiner Dissertation über die Begriffe des Rechts, des Unrechts, der Gerechtigkeit und der Ungerechtigkeit gearbeitet. Wobei ich vielleicht noch sagen darf, dass Kafka, wenn man seinen „Prozess" auslegt, ganz eindeutig der Meinung ist, dass es keine Gerechtigkeit gibt. Ich schließe mich seiner Meinung an.

Publikum: Ich habe eine Frage an Herrn Schroeder. Wenn ich Sie recht verstanden habe, nehmen Sie in Ihrem Buch „Hau" keine Stellung dazu, ob die Indizien reichen oder nicht, ob richtig entschieden ist oder falsch. Das sagen Sie, habe ich offen gelassen. Richtig? Haben aber, wenn ich das richtig im Ohr habe als allgemeines Fazit, Zweifel am Indizienprozess. Und wenn ich Sie da recht verstanden habe, reizt es mich zu sagen, dass ich Jahrzehnte lang als Strafrichter beschäftigt war und nur aufgrund von Indizien verurteilt und aufgrund des Mangels von Indizien freigesprochen habe. Was ist denn der Gegenbegriff? Wahrscheinlich, ich weiß es nicht, man hört ja in dieser Tendenz zuweilen, ist der Gegenbegriff das Geständnis. Nun ist das Geständnis auch nichts weiter als ein Indizium, ein Anzeichen, es kann ja falsch sein. Mit Geständnissen haben totalitäre Systeme gerne gearbeitet, sie waren damals freilich meistens falsch. Geständnisse müssen geprüft werden, weil sie wie jedes Indizium nur ein Anzeichen sind, so dass ich dieses Ihr Fazit eigentlich nicht verstehe. Denn der Gegenbegriff zum Indizium ist ja nur, dass das Gericht selbst die Tat gesehen hat. Wenn das Gericht aber selbst gesehen hat, ist es inhabil, dann kann der Richter als Zeuge vernommen werden, und das ist wieder ein Indiz, vielleicht ein starkes.

Ferk: Darf ich kurz etwas sagen. Meinen Sie nicht, dass der Gegenbegriff zum Indiz der Beweis ist?

Publikum: Nein.

Ferk: In der Rechtstheorie und Rechtslehre haben wir immer gesagt, Beweis ist der Gegenbegriff. Ein Zeuge kann aussagen, dass er den Mord gesehen hat, er legt aber kein Geständnis ab. Fingerabdrücke sind vielleicht Indizien, vielleicht auch Beweise. Ich war nur kurz Strafrichter, ich wollte nie Strafrichter sein, musste es aber, um einen anderen Posten zu bekommen, und für mich ist der Beweis ein Antonym zum Indiz, würde ich meinen. Ich glaube, dass mir da auch einige Leute zustimmen.

Lange: Da ist noch eine weitere Frage.

Publikum: Ich hatte auch die Frage zu den Indizien und warum sie nicht ausreichen sollen. Ich wundere mich. Ich habe seit bei meiner Referendarzeit kein Strafrecht mehr gemacht, aber ich habe das einmal so gelernt: Indizien sind Hilfstatsachen, und den Gegensatz zum Beweis, den würde ich nach dem, was ich früher einmal gelernt habe, überhaupt nicht sehen. Das ist ein Mittel der Beweisführung. Es gibt die geschlossene Kette der Beweise – Zeugenaussage, Urkunden und so. Das sind die direkten Tatsachen, und Indizien sind Hilfstatsachen, aus denen man Folgerungen zieht. So habe ich das einmal gelernt, aber ich habe auch über einen Praktiker gehört, dass Indizien bei der Presse immer als Beweismittel zweiter Klasse gelten. Aber viele Praktiker haben mir gesagt, viel besser als Zeugenaussagen sind die Indizien. Ob es stimmt, weiß ich nicht, ich habe ja die Erfahrung nicht. Die Frage, ob sie dann auch immer ausreichen, ist noch einmal eine andere. Aber das ist ja eigentlich immer die Frage. Die allgemeine Deklassierung von Indizienprozessen dagegen ist nicht unbedingt gerechtfertigt, habe ich mir sagen lassen. Ihre Beurteilung kann trotzdem richtig sein, und die Indizien in dem Fall können insuffizient sein.

Lange: Darf ich kurz antworten? Ich glaube, dass sich die Beurteilung von Herrn Schroeder auf diesen speziellen Prozess bezieht, der nun einmal ein Indizienprozess war und bei dem tatsächlich Zeugen nicht berücksichtigt wurden, die den Verurteilten hätten entlasten können. Noch eine Frage?

Publikum: Vielleicht darf ich gleich daran anknüpfen. Was hat Sie, Herr Ferk, an dem Prozess gereizt, den Sie jetzt gerade in Ihrem neuen Buch beschreiben. Da haben wir ja Augenzeugen, die den Princip gesehen haben, das sind ja keine Indizien mehr, der Mann war schuldig, also was ist in dem Roman, über den wir jetzt leider gar nicht viel gehört haben, was ist da das Spannende? Was hat Sie an dem Thema gereizt? Seine Schuld stand doch fest, oder?

Ferk: Bei Princip hat es ja nicht der Zeugen bedurft, er hat es selber zugegeben, dass er das gemacht hat, das schien völlig klar. Gerade das aber stelle ich im Buch in Frage. War Princip tatsächlich der Täter oder war er es nicht? Zum Schluss arbeite ich das heraus und stelle diese Frage, ohne sie dann zu beantworten. Sie müssen eines bedenken: Princip war damals ein junger Mensch, der noch nicht einmal seine Matura gehabt hat, der nicht beim Militär war, der nie eine Ausbildung an einer Waffe mitgemacht hat, der von der crna ruka (der „Schwarzen Hand"), also von diesem Geheimpakt in Serbien, als Jungterrorist aufgenommen wurde. Und dieser Mensch soll dort in ein fahrendes Auto geschossen und zwei Menschen umgebracht haben, in wenigen Sekunden, mit einer Pistole, mit einer Browning, mit der er ein paar Schüsse in einem Wald bei Sarajevo abgegeben hat, also das sind alles unter Anführungszeichen Indizien, die mich sehr skeptisch gemacht haben. Ich habe natürlich nicht darüber gemutmaßt, wer der tatsächliche Täter sein kann, aber wenn man meinen Roman liest, wird man sich einige Gedanken machen können, bei wem Franz Ferdinand sehr unbeliebt war, wer ihn nicht mochte und so weiter und so weiter. Das Spannende an dem Buch ist die ganze Geschichte an sich, wie sie sich zu diesem Attentat steigert, und ich habe von Leserinnen und Lesern oft gehört, dass sie das Buch wie einen Krimi gelesen haben, obwohl sie ganz genau wussten, was passieren wird. Gerade die Tagebuchform schafft meiner Meinung nach eine gewisse Spannung. Die Spannung entsteht dadurch, dass man sich fragt, wie kommt es zu dem Attentat, warum haben sich diese jungen Burschen dazu entschieden, wie wird geschossen, wo wird geschossen und so weiter, und die Spannung entsteht beim Leser auch deshalb, weil man eigentlich nur weiß, dass Franz Ferdinand und Sophie umgebracht worden sind, aber man kennt in der Regel die näheren Umstände nicht. Es hat kaum jemand wirklich eine Ahnung, was sich da vorher abgespielt hat. Ich habe mir diese Ahnung erst erarbeiten müssen, natürlich in einem monatelangen Studium. Das war eine sehr faszinierende Zeit, und ich hätte lieber weitergelesen und die Quellen studiert, als das Buch schreiben zu müssen. Ich habe 60 Bücher darüber gelesen, habe Quellen studiert, und wenn ich hergehen würde und den Ersten Weltkrieg in dieser Form studieren würde, müsste ich wahrscheinlich lange Jahre und 3000 Bücher lesen. Dabei gibt es über das Attentat von Sarajevo nicht nur die 60 Bücher, die ich gelesen habe, sondern eine Unmenge weiterer Literatur. Natürlich wiederholt sich sehr vieles, und in der Literatur wird davon ausgegangen, dass Princip Franz Ferdinand und Sophie erschossen hat, was wahrscheinlich auch richtig sein wird, aber, wenn man die ganze Literatur studiert, regt das doch sehr zum Nachdenken an.

SCHROEDER: Ich möchte noch etwas sagen zum „Hau“. Wenn man jetzt einmal den Begriff Indizienprozess benutzt – ich kritisiere gar nicht den Indizienprozess als solchen. Mir hat die Beschäftigung mit dem Material gezeigt, dass hier ein Prozess geführt wurde, in dem es um Vorverurteilung ging, in dem Zeugen nicht vernommen oder nicht ernst genommen wurden und in dem die Beweisergebnisse praktisch, meines Erachtens, nicht ausreichten, den Angeklagten zu verurteilen. Darum ist es mir gegangen.

PUPLIKUM: Ich habe Ihr Buch bisher leider nicht gelesen. Ich finde es aber sehr differenziert, dass Sie sagen, ich weiß selbst nicht, ob Hau der Täter war, vielleicht war er es ja. Nur das Urteil, das gegen ihn gesprochen wurde, war nach der Gesamtheit der Beweise nicht gerechtfertigt, weil diese Beweise nicht ausreichten.

PUBLIKUM: Ich möchte noch einmal Herrn Schroeder fragen, ob er sein Thema, den Prozess gegen Hau, vielleicht auch aufgegriffen hat mit dem Wissen, dass Vorverurteilungen in der Presse ein aktuelles Thema sind?

SCHROEDER: Nein überhaupt nicht. Ich bin darauf erst bei näherer Befassung mit dem Material gestoßen. Mich hat einfach der Fall interessiert. Dieser Mann, der mir – wie ich schon erzählt habe – berichtet hat, was da auf den Lindenstaffeln in Baden-Baden passiert ist, und andere ältere Menschen – 1972 war das –, die das noch erlebt haben und die ich gefragt habe, wie das war (und das war ein Riesengesprächsstoff dort damals, ein Riesenskandal), das hat mich einfach interessiert. Ich habe in dieser Stadt gelebt, der Fall ist dort passiert, und ich kannte die ganzen Begebenheiten dort. Ich habe zu der Zeit nicht gewusst, ob der Hau zu Recht verurteilt worden ist oder nicht. Und die Leute, mit denen ich geredet habe, die waren Kinder zu der Zeit der Tat und des Prozesses – da hat der eine gesagt, ja der Hau war der Mörder, und der andere hat gesagt, nein; es ist sogar einer aufgetaucht, der als Jugendlicher gesagt hatte, er habe den Hau schießen sehen, und es gab alle möglichen komischen Geschichten dazu. Erst die Beschäftigung mit dem Material im Archiv, wo ich gesehen habe, dass es Zeugenaussagen gibt, die im Prozess keine Rolle mehr spielen, Zeugen, die gar nicht mehr gehört werden, die den Hau an einer ganz anderen Stelle gesehen haben, die ihn identifiziert haben, andere aber, die ernst genommen werden, die ihn ebendort nicht wiedererkannt haben, und so weiter, erst dadurch kam ich darauf, dass da irgendwie etwas nicht stimmt.

FERK: Ich habe meine Frage früher schon einmal vergessen, deswegen möchte ich sie jetzt an Herrn Schroeder richten, bevor ich sie ein zweites Mal vergesse: Der Mann, der Sie angesprochen hat, hat Sie der als Schriftsteller angesprochen oder war das ein Zufall?

SCHROEDER: Zufall, reiner Zufall. Das war ein Badener, und der hatte mich schon öfter mal gesehen, da beim Runtergehen: „Ja wo kommen Sie denn her“, und dann habe ich gesagt, aus Bayern komme ich, und irgendwann hat er dann einmal gesagt: „Sie gehen immer da runter, da unten ist das und das passiert. Da war ich sechs Jahre alt und habe in dem Haus gewohnt, da wohne ich immer noch, und habe einen Schuss gehört, bin rausgelaufen und da ist einer runtergelaufen.“

FERK: Aber noch einmal zu der früheren Diskussion: Ich sehe mich überhaupt nicht als Historiker, es wäre vermessen, wenn ich das behaupten würde. Ich kann mich nur als Schriftsteller sehen, der vielleicht auch ein geschichtliches Interesse hat, aber als Historiker sicher nicht.

SCHROEDER: Ich finde diese ganze Diskussion völlig überflüssig.

FERK: Ja, warum, sie ist doch interessant.

PUBLIKUM: Sie haben alles erreichbare dokumentarisch erreichbare Material herangezogen, und das ist die typische Arbeit eines Historikers.

FERK: Der Herr Schroeder hat das auch so gemacht und ich glaube nicht, dass er behaupten würde, dass er Historiker ist.

SCHROEDER: Weder Historiker noch Jurist.

FERK: Nun, ich sage ja, mein Buch ist ein Roman, ich wollte aber natürlich die Tatsachen nicht vernachlässigen, es wäre sinnlos, wenn man aus dem 28. Juni den 31. Juni machen würde.

SCHROEDER: Denken Sie einmal an einen Jahrhundert-Roman wie den „Erfolg“ von Lion Feuchtwanger, einen Roman, der fast seherisch voraussieht, was mit diesem Hitler dort passiert und so weiter. War Feuchtwanger Historiker, war er Romancier? Ist doch völlig egal. Wenn ich an meinem heutigen Roman schreibe, dann bin ich vielleicht ein politischer Mensch, weil ich mich mit politischen Themen beschäftige.

PUBLIKUM: Sie müssen immer daran denken, dass wir keine Schriftsteller sind, gerade deswegen sind die Fragen, die wir an Sie stellen, neugierige Fragen.

FERK: Ich verstehe Sie, ich verstehe Sie vollkommen richtig, ich will Ihre Fragen beantworten, auch wenn Franz Kafka sagt, wer alle Fragen beantwortet, hat die Prüfung nicht bestanden.

PUBLIKUM: Wir wissen doch alle, dass Thomas Mann bei „Joseph und seine Brüder“, das ist ja reine Fiktion gewesen, unglaublich viel Forschungsarbeit geleistet hat. Der Anteil dessen, was im allerweitesten Sinne in irgendeiner Form Forschungsarbeit ist, ist offenbar nicht unwesentlich, auch um gute Fiktion zu machen.

FERK: Wenn ich über Geschehenes schreibe, schreibe ich immer auch über Geschichte, und insofern wäre dann jeder Historiker. Es wäre freilich vermessen, wenn ich das sagen würde. Es hätte mich natürlich schon interessiert, ein historisches Buch über das Attentat zu schreiben, aber dazu bin ich nicht befähigt. Im Gegensatz dazu halte ich mich für befähigt, einen Roman über Sarajevo beziehungsweise über das Attentat zu schreiben.

SCHROEDER: Schiller hat den Fiesko geschrieben und war Historiker zugleich. Sonst hätte er ihn gar nicht schreiben können.

LANGE: Jetzt wird es interessant und Sie kennen das schon, wenn es interessant wird, dann breche ich ab und verlege das Ganze gerne in den Kanalkeller, um weiter zu diskutieren. Aber Herr Schroeder wollte gern noch ein Schlusswort lesen.

SCHROEDER: Ganz kurz, das möchte ich Ihnen vorlesen, das hatte ich mir vorgenommen, ganz kurz. Als der Hau eben entlassen war und seine beiden Bücher schrieb, hat die badische Justiz die Begnadigung aufgehoben, und er wurde wieder steckbrieflich gesucht, und ein Max Alsberg, ein Jurist in Berlin, ein Anwalt, wollte ihn vertreten und hat das so hingestrickt: Hau sollte quasi die Olga bezichtigen, die Mutter umgebracht zu haben. Dieser Max Alsberg hat auch Carl von Ossietzky in seinen Prozessen betreut, und es gibt ein Zitat von Ossietzky zu dieser Situation vom 16. November 1925, zu der Situation der Aufhebung der Begnadigung. Und da schreibt er:

> „Carl von Ossietzky schreibt in einem Artikel vom 25. November 1925:
>
> 'Auch Hitler hat ein umfangreiches Buch geschrieben. Er schreibt und aggregiert fleißig mitten in seiner „Bewährungsfrist“. Hitler bedeutet ständige Bedrohung der Staatssicherheit. Was ist Karl Hau dagegen? Man wird das peinliche Gefühl nicht los: Hätte Hau seine Frist benutzt, um in einer hakenkreuzgeschmückten Bande zu demonstrieren, die Weisen von Zion hätten ihn ins Zuchthaus gebracht, um einen Vertreter der langschädligen, arischen Edelrasse zu ruinieren, er könnte heute in Karlsruhe friedlich spazierengehen'.“[9]

LANGE: Ich danke allen Beteiligten für das Gespräch.

9 *Bernd Schroeder*, Hau (o. Fußn. 6), S. 127.

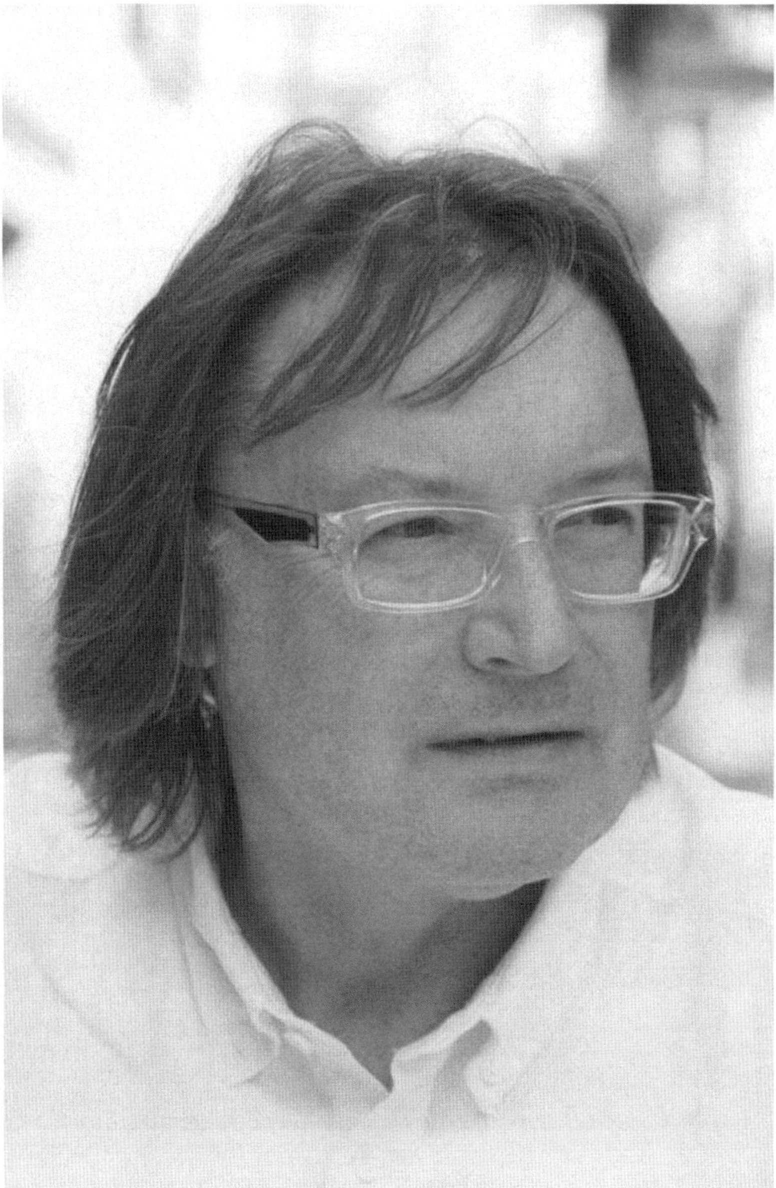

Abb. 7
Janko Ferk
(Foto: Sandra Agnoli)

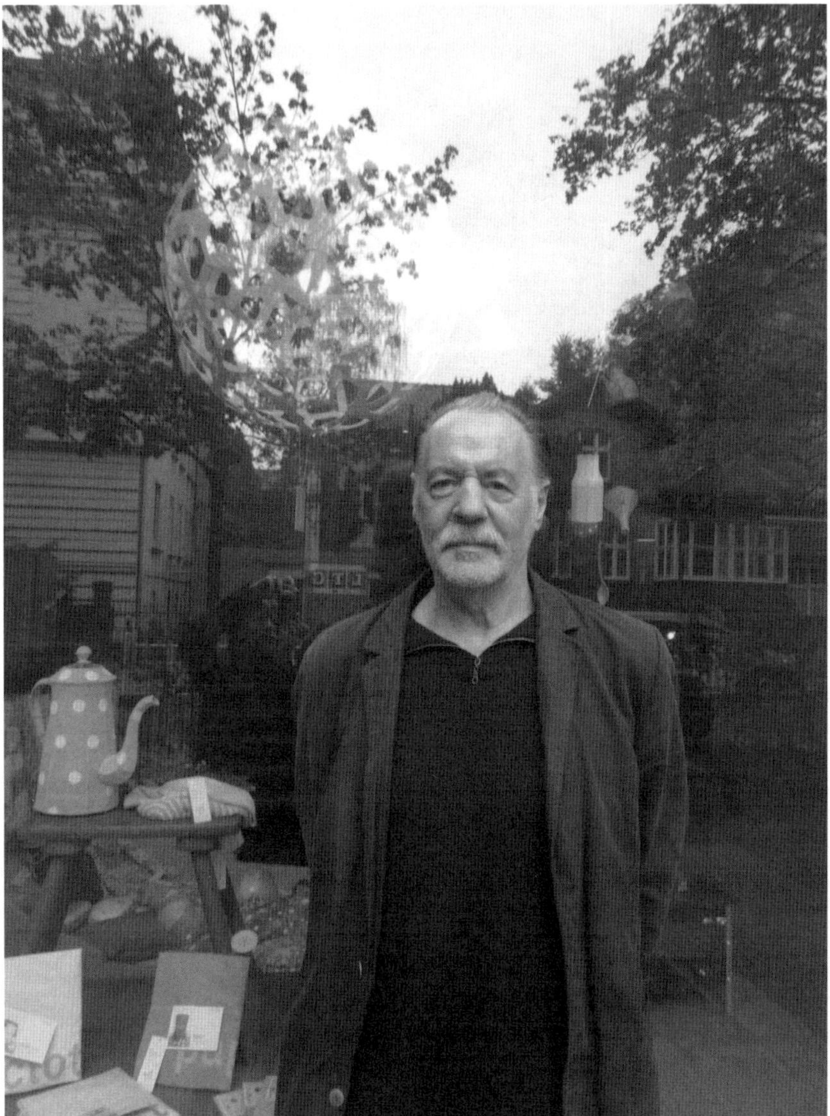

Abb. 8
Bernd Schroeder
(Foto: Franziska Koch)

Autorenverzeichnis

ERDMANN-DEGENHARDT, ANTJE
Richterin am Amtsgericht im Ruhestand in Neumünster. *Forschungs- und Interessenschwerpunkte*: Landeskunde Schleswig-Holstein.

FLOR, BERNHARD
Dr. jur., Präsident des Schleswig-Holsteinischen Landesverfassungsgerichts und des Landgerichts Itzehoe.

FERK, JANKO
Prof. Dr. jur., Richter des Landgerichts Klagenfurt, Professor an der Alpen-Adria-Universität Klagenfurt / Universa v Celovcu und Schriftsteller. *Forschungs- und Interessenschwerpunkte*: Literaturwissenschaften mit dem Schwerpunkt Franz Kafka und Rechtswissenschaften.

GRUBER, JOACHIM
Prof. Dr. jur., Professor an der Westsächsischen Hochschule Zwickau. *Forschungs- und Interessenschwerpunkte*: Europarecht und Französisches Recht.

HOEREN, THOMAS
Prof. Dr. jur., Professor an der Westfälischen Wilhelms-Universität Münster. *Forschungs- und Interessenschwerpunkte*: Informations-, Telekommunikations- und Medienrecht.

LANGE, BRITTA
Fachbereichsleiterin Literatur & Medien des Nordkollegs Rendsburg.

SCHMIDT, KARSTEN
Prof. Dr. jur., Dr. h.c. mult., Professor an der Bucerius Law School in Hamburg. *Forschungs- und Interessenschwerpunkte*: Unternehmensrecht (Handels- und Gesellschaftsrecht), Wirtschaftsrecht (Kartellrecht), Insolvenzrecht, Zivil- und Zivilprozessrecht.

SCHMITZ-SCHOLEMANN, CHRISTOPH
Richter am Bundesarbeitsgericht a.D. und Autor in Weimar, Mitglied des PEN-Zentrums Deutschland. *Forschungs- und Interessenschwerpunkte*: Individualarbeitsrecht, Grenzfragen zwischen Literatur und Recht.

SCHROEDER, BERND
Schriftsteller in Berlin.

WEBER, HERMANN

Prof. Dr. jur., Rechtsanwalt a.D. in Berlin, Honorarprofessor für Öffentliches Recht an der Johann Wolfgang Goethe-Universität in Frankfurt am Main. 1974–2001 Schriftleiter der Neuen Juristischen Wochenschrift. *Forschungs- und Interessenschwerpunkte*: Staatskirchenrecht, Recht und Literatur.

Bildnachweis

Umschlagbild: Mit freundlicher Genehmigung des Suhrkamp Verlags, Berlin.

Abb. 1: Mit freundlicher Genehmigung der Landesbibliothek Kiel sowie von Herrn Prof. Dr. Günther Fielmann, Schierensee.

Abb. 2: Mit freundlicher Genehmigung des Suhrkamp Verlags, Berlin.

Abb. 5: Mit freundlicher Genehmigung von Sigrid Carow.

Abb. 7: Mit freundlicher Genehmigung der Verlagsgruppe Styria, Wien, Graz, Klagenfurt.

Abb. 8: Mit freundlicher Genehmigung des Hanser Verlags, München.

Die übrigen Abbildungen stammen aus den Archiven des Herausgebers bzw. der Verfasser. Nicht in allen Fällen konnte mit Sicherheit ausgeschlossen werden, dass an den verwendeten Bildvorlagen Urheberrechte Dritter bestehen; eventuelle Inhaber solcher Rechte werden gebeten, sich mit dem Verlag in Verbindung zu setzen.

Juristische Zeitgeschichte

Herausgeber: Prof. Dr. Dr. Thomas Vormbaum, FernUniversität in Hagen

Abteilung 1: Allgemeine Reihe

1 *Thomas Vormbaum (Hrsg.):* Die Sozialdemokratie und die Entstehung des Bürgerlichen Gesetzbuchs. Quellen aus der sozialdemokratischen Partei und Presse (1997)
2 *Heiko Ahlbrecht:* Geschichte der völkerrechtlichen Strafgerichtsbarkeit im 20. Jahrhundert (1999)
3 *Dominik Westerkamp:* Pressefreiheit und Zensur im Sachsen des Vormärz (1999)
4 *Wolfgang Naucke:* Über die Zerbrechlichkeit des rechtsstaatlichen Strafrechts. Gesammelte Aufsätze zur Strafrechtsgeschichte (2000)
5 *Jörg Ernst August Waldow:* Der strafrechtliche Ehrenschutz in der NS-Zeit (2000)
6 *Bernhard Diestelkamp:* Rechtsgeschichte als Zeitgeschichte. Beiträge zur Rechtsgeschichte des 20. Jahrhunderts (2001)
7 *Michael Damnitz:* Bürgerliches Recht zwischen Staat und Kirche. Mitwirkung der Zentrumspartei am Bürgerlichen Gesetzbuch (2001)
8 *Massimo Nobili:* Die freie richterliche Überzeugungsbildung. Reformdiskussion und Gesetzgebung in Italien, Frankreich und Deutschland seit dem Ausgang des 18. Jahrhunderts (2001)
9 *Diemut Majer:* Nationalsozialismus im Lichte der Juristischen Zeitgeschichte (2002)
10 *Bianca Vieregge:* Die Gerichtsbarkeit einer „Elite“. Nationalsozialistische Rechtsprechung am Beispiel der SS- und Polizeigerichtsbarkeit (2002)
11 *Norbert Berthold Wagner:* Die deutschen Schutzgebiete (2002)
12 *Miloš Vec:* Die Spur des Täters. Methoden der Identifikation in der Kriminalistik (1879–1933), (2002)
13 *Christian Amann:* Ordentliche Jugendgerichtsbarkeit und Justizalltag im OLG-Bezirk Hamm von 1939 bis 1945 (2003)
14 *Günter Gribbohm:* Das Reichskriegsgericht (2004)
15 *Martin M. Arnold:* Pressefreiheit und Zensur im Baden des Vormärz. Im Spannungsfeld zwischen Bundestreue und Liberalismus (2003)
16 *Ettore Dezza:* Beiträge zur Geschichte des modernen italienischen Strafrechts (2004)
17 *Thomas Vormbaum (Hrsg.):* „Euthanasie“ vor Gericht. Die Anklageschrift des Generalstaatsanwalts beim OLG Frankfurt/M. gegen Werner Heyde u. a. vom 22. Mai 1962 (2005)
18 *Kai Cornelius:* Vom spurlosen Verschwindenlassen zur Benachrichtigungspflicht bei Festnahmen (2006)
19 *Kristina Brümmer-Pauly:* Desertion im Recht des Nationalsozialismus (2006)
20 *Hanns-Jürgen Wiegand:* Direktdemokratische Elemente in der deutschen Verfassungsgeschichte (2006)
21 *Hans-Peter Marutschke (Hrsg.):* Beiträge zur modernen japanischen Rechtsgeschichte (2006)

22 *Katrin Stoll:* Die Herstellung der Wahrheit (2011)
23 *Thorsten Kurtz:* Das Oberste Rückerstattungsgericht in Herford (2014)
24 *Sebastian Schermaul:* Die Umsetzung der Karlsbader Beschlüsse an der Universität Leipzig 1819–1848 (2013)

Abteilung 2: Forum Juristische Zeitgeschichte

1 *Franz-Josef Düwell / Thomas Vormbaum (Hrsg.):* Themen juristischer Zeitgeschichte (1) – Schwerpunktthema: Recht und Nationalsozialismus (1998)
2 *Karl-Heinz Keldungs:* Das Sondergericht Duisburg 1943–1945 (1998)
3 *Franz-Josef Düwell / Thomas Vormbaum (Hrsg.):* Themen juristischer Zeitgeschichte (2) – Schwerpunktthema: Recht und Juristen in der Revolution von 1848/49 (1998)
4 *Thomas Vormbaum:* Beiträge zur juristischen Zeitgeschichte (1999)
5 *Franz-Josef Düwell / Thomas Vormbaum:* Themen juristischer Zeitgeschichte (3), (1999)
6 *Thomas Vormbaum (Hrsg.):* Themen juristischer Zeitgeschichte (4), (2000)
7 *Frank Roeser:* Das Sondergericht Essen 1942–1945 (2000)
8 *Heinz Müller-Dietz:* Recht und Nationalsozialismus – Gesammelte Beiträge (2000)
9 *Franz-Josef Düwell (Hrsg.):* Licht und Schatten. Der 9. November in der deutschen Geschichte und Rechtsgeschichte – Symposium der Arnold-Freymuth-Gesellschaft, Hamm (2000)
10 *Bernd-Rüdiger Kern / Klaus-Peter Schroeder (Hrsg.):* Eduard von Simson (1810–1899). „Chorführer der Deutschen" und erster Präsident des Reichsgerichts (2001)
11 *Norbert Haase / Bert Pampel (Hrsg.):* Die Waldheimer „Prozesse" – fünfzig Jahre danach. Dokumentation der Tagung der Stiftung Sächsische Gedenkstätten am 28. und 29. September in Waldheim (2001)
12 *Wolfgang Form (Hrsg.):* Literatur- und Urteilsverzeichnis zum politischen NS-Strafrecht (2001)
13 *Sabine Hain:* Die Individualverfassungsbeschwerde nach Bundesrecht (2002)
14 *Gerhard Pauli / Thomas Vormbaum (Hrsg.):* Justiz und Nationalsozialismus – Kontinuität und Diskontinuität. Fachtagung in der Justizakademie des Landes NRW, Recklinghausen, am 19. und 20. November 2001 (2003)
15 *Mario Da Passano (Hrsg.):* Europäische Strafkolonien im 19. Jahrhundert. Internationaler Kongreß des Dipartimento di Storia der Universität Sassari und des Parco nazionale di Asinara, Porto Torres, 25. Mai 2001 (2006)
16 *Sylvia Kesper-Biermann / Petra Overath (Hrsg.):* Die Internationalisierung von Strafrechtswissenschaft und Kriminalpolitik (1870–1930). Deutschland im Vergleich (2007)
17 *Hermann Weber (Hrsg.):* Literatur, Recht und Musik. Tagung im Nordkolleg Rendsburg vom 16. bis 18. September 2005 (2007)
18 *Hermann Weber (Hrsg.):* Literatur, Recht und (bildende) Kunst. Tagung im Nordkolleg Rendsburg vom 21. bis 23. September 2007 (2008)
19 *Francisco Muñoz Conde / Thomas Vormbaum (Hrsg.):* Transformation von Diktaturen in Demokratien und Aufarbeitung der Vergangenheit (2010)
20 *Kirsten Scheiwe / Johanna Krawietz* (Hrsg.): (K)Eine Arbeit wie jede andere? Die Regulierung von Arbeit im Privathaushalt (2014)

Abteilung 3: Beiträge zur modernen deutschen Strafgesetzgebung. Materialien zu einem historischen Kommentar

1 *Thomas Vormbaum / Jürgen Welp (Hrsg.):* Das Strafgesetzbuch seit 1870. Sammlung der Änderungen und Neubekanntmachungen; Vier Textbände (1999–2002) und drei Supplementbände (2005, 2006)

2 *Christian Müller:* Das Gewohnheitsverbrechergesetz vom 24. November 1933. Kriminalpolitik als Rassenpolitik (1998)

3 *Maria Meyer-Höger:* Der Jugendarrest. Entstehung und Weiterentwicklung einer Sanktion (1998)

4 *Kirsten Gieseler:* Unterlassene Hilfeleistung – § 323c StGB. Reformdiskussion und Gesetzgebung seit 1870. (1999)

5 *Robert Weber:* Die Entwicklung des Nebenstrafrechts 1871–1914 (1999)

6 *Frank Nobis:* Die Strafprozeßgesetzgebung der späten Weimarer Republik (2000)

7 *Karsten Felske:* Kriminelle und terroristische Vereinigungen – §§ 129, 129a StGB (2002)

8 *Ralf Baumgarten:* Zweikampf – §§ 201–210 a.F. StGB (2003)

9 *Felix Prinz:* Diebstahl – §§ 242 ff. StGB (2003)

10 *Werner Schubert / Thomas Vormbaum (Hrsg.):* Entstehung des Strafgesetzbuchs. Kommissionsprotokolle und Entwürfe. Band 1: 1869 (2002); Band 2: 1870 (2004)

11 *Lars Bernhard:* Falsche Verdächtigung (§§ 164, 165 StGB) und Vortäuschen einer Straftat (§ 145d StGB), (2003)

12 *Frank Korn:* Körperverletzungsdelikte – §§ 223 ff., 340 StGB. Reformdiskussion und Gesetzgebung von 1870 bis 1933 (2003)

13 *Christian Gröning:* Körperverletzungsdelikte – §§ 223 ff., 340 StGB. Reformdiskussion und Gesetzgebung seit 1933 (2004)

14 *Sabine Putzke:* Die Strafbarkeit der Abtreibung in der Kaiserzeit und in der Weimarer Zeit. Eine Analyse der Reformdiskussion und der Straftatbestände in den Reformentwürfen (1908–1931), (2003)

15 *Eckard Voßiek:* Strafbare Veröffentlichung amtlicher Schriftstücke (§ 353d Nr. 3 StGB). Gesetzgebung und Rechtsanwendung seit 1851 (2004)

16 *Stefan Lindenberg:* Brandstiftungsdelikte – §§ 306 ff. StGB. Reformdiskussion und Gesetzgebung seit 1870 (2004)

17 *Ninette Barreneche†:* Materialien zu einer Strafrechtsgeschichte der Münchener Räterepublik 1918/1919 (2004)

18 *Carsten Thiel:* Rechtsbeugung – § 339 StGB. Reformdiskussion und Gesetzgebung seit 1870 (2005)

19 *Vera Große-Vehne:* Tötung auf Verlangen (§ 216 StGB), „Euthanasie" und Sterbehilfe. Reformdiskussion und Gesetzgebung seit 1870 (2005)

20 *Thomas Vormbaum / Kathrin Rentrop (Hrsg.):* Reform des Strafgesetzbuchs. Sammlung der Reformentwürfe. Band 1: 1909 bis 1919. Band 2: 1922 bis 1939. Band 3: 1959 bis 1996 (2008)

21 *Dietmar Prechtel:* Urkundendelikte (§§ 267 ff. StGB). Reformdiskussion und Gesetzgebung seit 1870 (2005)

22 *Ilya Hartmann:* Prostitution, Kuppelei, Zuhälterei. Reformdiskussion und Gesetzgebung seit 1870 (2006)

23 *Ralf Seemann:* Strafbare Vereitelung von Gläubigerrechten (§§ 283 ff., 288 StGB). Reformdiskussion und Gesetzgebung seit 1870 (2006)

24 *Andrea Hartmann:* Majestätsbeleidigung (§§ 94 ff. StGB a.F.) und Verunglimpfung des Staatsoberhauptes (§ 90 StGB). Reformdiskussion und Gesetzgebung seit dem 19. Jahrhundert (2006)

25 *Christina Rampf:* Hausfriedensbruch (§ 123 StGB). Reformdiskussion und Gesetzgebung seit 1870 (2006)

26 *Christian Schäfer:* „Widernatürliche Unzucht" (§§ 175, 175a, 175b, 182, a.F. StGB). Reformdiskussion und Gesetzgebung seit 1945 (2006)

27 *Kathrin Rentrop:* Untreue und Unterschlagung (§§ 266 und 246 StGB). Reformdiskussion und Gesetzgebung seit dem 19. Jahrhundert (2007)

28 *Martin Asholt:* Straßenverkehrsstrafrecht. Reformdiskussion und Gesetzgebung seit dem Ausgang des 19. Jahrhunderts (2007)

29 *Katharina Linka:* Mord und Totschlag (§§ 211–213 StGB). Reformdiskussion und Gesetzgebung seit 1870 (2008)

30 *Juliane Sophia Dettmar:* Legalität und Opportunität im Strafprozess. Reformdiskussion und Gesetzgebung von 1877 bis 1933 (2008)

31 *Jürgen Durynek:* Korruptionsdelikte (§§ 331 ff. StGB). Reformdiskussion und Gesetzgebung seit dem 19. Jahrhundert (2008)

32 *Judith Weber:* Das sächsische Strafrecht im 19. Jahrhundert bis zum Reichsstrafgesetzbuch (2009)

33 *Denis Matthies:* Exemplifikationen und Regelbeispiele. Eine Untersuchung zum 100-jährigen Beitrag von Adolf Wach zur „Legislativen Technik" (2009)

34 *Benedikt Rohrßen:* Von der „Anreizung zum Klassenkampf" zur „Volksverhetzung" (§ 130 StGB). Reformdiskussion und Gesetzgebung seit dem 19. Jahrhundert (2009)

35 *Friederike Goltsche:* Der Entwurf eines Allgemeinen Deutschen Strafgesetzbuches von 1922 (Entwurf Radbruch) (2010)

36 *Tarig Elobied:* Die Entwicklung des Strafbefehlsverfahrens von 1846 bis in die Gegenwart (2010)

37 *Christina Müting:* Sexuelle Nötigung; Vergewaltigung (§ 177 StGB) (2010)

38 *Nadeschda Wilkitzki:* Entstehung des Gesetzes über Internationale Rechtshilfe in Strafsachen (IRG) (2010)

39 *André Brambring:* Kindestötung (§ 217 a.F. StGB). Reformdiskussion und Gesetzgebung seit 1870 (2010)

40 *Wilhelm Rettler:* Der strafrechtliche Schutz des sozialistischen Eigentums in der DDR (2010)

41 *Yvonne Hötzel:* Debatten um die Todesstrafe in der Bundesrepublik Deutschland von 1949 bis 1990 (2010)

42 *Dagmar Kolbe:* Strafbarkeit im Vorfeld und im Umfeld der Teilnahme (§§ 88a, 110, 111, 130a und 140 StGB). Reformdiskussion und Gesetzgebung seit dem 19. Jahrhundert (2011)

43 *Sami Bdeiwi:* Beischlaf zwischen Verwandten (§ 173 StGB). Reform und Gesetzgebung seit 1870 (2014)

44 *Michaela Arnold:* Verfall, Einziehung und Unbrauchbarmachung (§§ 73 bis 76a StGB). Reformdiskussion und Gesetzgebung seit dem 19. Jahrhundert (2015)

45 *Andrea Schurig:* „Republikflucht" (§§ 213, 214 StGB/DDR). Gesetzgeberische Entwicklung, Einfluss des MfS und Gerichtspraxis am Beispiel von Sachsen (2016)
46 *Sandra Knaudt:* Das Strafrecht im Großherzogtum Hessen im 19. Jahrhundert bis zum Reichsstrafgesetzbuch (2017)

Abteilung 4: Leben und Werk. Biographien und Werkanalysen

1 *Mario A. Cattaneo:* Karl Grolmans strafrechtlicher Humanismus (1998)
2 *Gerit Thulfaut:* Kriminalpolitik und Strafrechtstheorie bei Edmund Mezger (2000)
3 *Adolf Laufs:* Persönlichkeit und Recht. Gesammelte Aufsätze (2001)
4 *Hanno Durth:* Der Kampf gegen das Unrecht. Gustav Radbruchs Theorie eines Kulturverfassungsrechts (2001)
5 *Volker Tausch:* Max Güde (1902–1984). Generalbundesanwalt und Rechtspolitiker (2002)
6 *Bernd Schmalhausen:* Josef Neuberger (1902–1977). Ein Leben für eine menschliche Justiz (2002)
7 *Wolf Christian von Arnswald:* Savigny als Strafrechtspraktiker. Ministerium für die Gesetzesrevision (1842–1848), (2003)
8 *Thilo Ramm:* Ferdinand Lassalle. Der Revolutionär und das Recht (2004)
9 *Martin D. Klein:* Demokratisches Denken bei Gustav Radbruch (2007)
10 *Francisco Muñoz Conde:* Edmund Mezger – Beiträge zu einem Juristenleben (2007)
11 *Whitney R. Harris:* Tyrannen vor Gericht. Das Verfahren gegen die deutschen Hauptkriegsverbrecher nach dem Zweiten Weltkrieg in Nürnberg 1945–1946 (2008)
12 *Eric Hilgendorf (Hrsg.):* Die deutschsprachige Strafrechtswissenschaft in Selbstdarstellungen (2010)
13 *Tamara Cipolla:* Friedrich Karl von Strombeck. Leben und Werk – Unter besonderer Berücksichtigung des Entwurfes eines Strafgesetzbuches für ein Norddeutsches Staatsgebiet (2010)
14 *Karoline Peters:* J. D. H. Temme und das preußische Strafverfahren in der Mitte des 19. Jahrhunderts (2010)
15 *Eric Hilgendorf (Hrsg.):* Die ausländische Strafrechtswissenschaft in Selbstdarstellungen. Die internationale Rezeption des deutschen Strafrechts (2016)
16 *Hannes Ludyga:* Otto Kahn-Freund (1900–1979). Ein Arbeitsrechtler in der Weimarer Zeit (2016)

Abteilung 5: Juristisches Zeitgeschehen. Rechtspolitik und Justiz aus zeitgenössischer Perspektive

Mitherausgegeben von Gisela Friedrichsen („Der Spiegel")
und RA Prof. Dr. Franz Salditt

1 *Diether Posser:* Anwalt im Kalten Krieg. Ein Stück deutscher Geschichte in politischen Prozessen 1951–1968. 3. Auflage (1999)

2 *Jörg Arnold (Hrsg.):* Strafrechtliche Auseinandersetzung mit Systemvergangenheit am Beispiel der DDR (2000)
3 *Thomas Vormbaum (Hrsg.):* Vichy vor Gericht: Der Papon-Prozeß (2000)
4 *Heiko Ahlbrecht / Kai Ambos (Hrsg.):* Der Fall Pinochet(s). Auslieferung wegen staatsverstärkter Kriminalität? (1999)
5 *Oliver Franz:* Ausgehverbot für Jugendliche („Juvenile Curfew") in den USA. Reformdiskussion und Gesetzgebung seit dem 19. Jahrhundert (2000)
6 *Gabriele Zwiehoff (Hrsg.):* „Großer Lauschangriff". Die Entstehung des Gesetzes zur Änderung des Grundgesetzes vom 26. März 1998 und des Gesetzes zur Änderung der Strafprozeßordnung vom 4. Mai 1998 in der Presseberichterstattung 1997/98 (2000)
7 *Mario A. Cattaneo:* Strafrechtstotalitarismus. Terrorismus und Willkür (2001)
8 *Gisela Friedrichsen / Gerhard Mauz:* Er oder sie? Der Strafprozeß Böttcher/Weimar. Prozeßberichte 1987 bis 1999 (2001)
9 *Heribert Prantl / Thomas Vormbaum (Hrsg.):* Juristisches Zeitgeschehen 2000 in der Süddeutschen Zeitung (2001)
10 *Helmut Kreicker:* Art. 7 EMRK und die Gewalttaten an der deutsch-deutschen Grenze (2002)
11 *Heribert Prantl / Thomas Vormbaum (Hrsg.):* Juristisches Zeitgeschehen 2001 in der Süddeutschen Zeitung (2002)
12 *Henning Floto:* Der Rechtsstatus des Johanniterordens. Eine rechtsgeschichtliche und rechtsdogmatische Untersuchung zum Rechtsstatus der Balley Brandenburg des ritterlichen Ordens St. Johannis vom Spital zu Jerusalem (2003)
13 *Heribert Prantl / Thomas Vormbaum (Hrsg.):* Juristisches Zeitgeschehen 2002 in der Süddeutschen Zeitung (2003)
14 *Kai Ambos / Jörg Arnold (Hrsg.):* Der Irak-Krieg und das Völkerrecht (2004)
15 *Heribert Prantl / Thomas Vormbaum (Hrsg.)*: Juristisches Zeitgeschehen 2003 in der Süddeutschen Zeitung (2004)
16 *Sascha Rolf Lüder:* Völkerrechtliche Verantwortlichkeit bei Teilnahme an „Peacekeeping"-Missionen der Vereinten Nationen (2004)
17 *Heribert Prantl / Thomas Vormbaum (Hrsg.)*: Juristisches Zeitgeschehen 2004 in der Süddeutschen Zeitung (2005)
18 *Christian Haumann:* Die „gewichtende Arbeitsweise" der Finanzverwaltung. Eine Untersuchung über die Aufgabenerfüllung der Finanzverwaltung bei der Festsetzung der Veranlagungssteuern (2008)
19 *Asmerom Ogbamichael:* Das neue deutsche Geldwäscherecht (2011)
20 *Lars Chr. Barnewitz:* Die Entschädigung der Freimaurerlogen nach 1945 und nach 1989 (2011)
21 *Ralf Gnüchtel:* Jugendschutztatbestände im 13. Abschnitt des StGB (2013)
22 *Helmut Irmen:* Stasi und DDR-Militärjustiz. Der Einfluss des MfS auf Militärjustiz und Militärstrafvollzug in der DDR (2014)
24 *Zekai Dağaşan:* Das Ansehen des Staates im türkischen und deutschen Strafrecht (2015)
25 *Camilla Bertheau:* Politisch unwürdig? Entschädigung von Kommunisten für nationalsozialistische Gewaltmaßnahmen. Bundesdeutsche Gesetzgebung und Rechtsprechung der 50er Jahre (2016)

Abteilung 6: Recht in der Kunst

Mitherausgegeben von Prof. Dr. Gunter Reiß

1 *Heinz Müller-Dietz:* Recht und Kriminalität im literarischen Widerschein. Gesammelte Aufsätze (1999)
2 *Klaus Lüderssen (Hrsg.):* »Die wahre Liberalität ist Anerkennung«. Goethe und die Juris prudenz (1999)
3 *Bertolt Brecht:* Die Dreigroschenoper (1928) / Dreigroschenroman (1934). Mit Kommentaren von Iring Fetscher und Bodo Plachta (2001)
4 *Annette von Droste-Hülshoff:* Die Judenbuche (1842) / Die Vergeltung (1841). Mit Kommentaren von Heinz Holzhauer und Winfried Woesler (2000)
5 *Theodor Fontane:* Unterm Birnbaum (1885). Mit Kommentaren von Hugo Aust und Klaus Lüderssen (2001)
6 *Heinrich von Kleist:* Michael Kohlhaas (1810). Mit Kommentaren von Wolfgang Naucke und Joachim Linder (2000)
7 *Anja Sya:* Literatur und juristisches Erkenntnisinteresse. Joachim Maass' Roman „Der Fall Gouffé“ und sein Verhältnis zu der historischen Vorlage (2001)
8 *Heiner Mückenberger:* Theodor Storm – Dichter und Richter. Eine rechtsgeschichtliche Lebensbeschreibung (2001)
9 *Hermann Weber (Hrsg.):* Annäherung an das Thema „Recht und Literatur“. Recht, Literatur und Kunst in der NJW (1), (2002)
10 *Hermann Weber (Hrsg.):* Juristen als Dichter. Recht, Literatur und Kunst in der NJW (2), (2002)
11 *Hermann Weber (Hrsg.):* Prozesse und Rechtsstreitigkeiten um Recht, Literatur und Kunst. Recht, Literatur und Kunst in der NJW (3), (2002)
12 *Klaus Lüderssen:* Produktive Spiegelungen. 2., erweiterte Auflage (2002)
13 *Lion Feuchtwanger:* Erfolg. Drei Jahre Geschichte einer Provinz. Roman (1929). Mit Kommentaren von Theo Rasehorn und Ernst Ribbat (2002)
14 *Jakob Wassermann:* Der Fall Maurizius. Roman (1928). Mit Kommentaren von Thomas Vormbaum und Regina Schäfer (2003)
15 *Hermann Weber (Hrsg.):* Recht, Staat und Politik im Bild der Dichtung. Recht, Literatur und Kunst in der Neuen Juristischen Wochenschrift (4), (2003)
16 *Hermann Weber (Hrsg.):* Reale und fiktive Kriminalfälle als Gegenstand der Literatur. Recht, Literatur und Kunst in der Neuen Juristischen Wochenschrift (5), (2003)
17 *Karl Kraus:* Sittlichkeit und Kriminalität. (1908). Mit Kommentaren von Helmut Arntzen und Heinz Müller-Dietz (2004)
18 *Hermann Weber (Hrsg.):* Dichter als Juristen. Recht, Literatur und Kunst in der Neuen Juristischen Wochenschrift (6), (2004)
19 *Hermann Weber (Hrsg.):* Recht und Juristen im Bild der Literatur. Recht, Literatur und Kunst in der Neuen Juristischen Wochenschrift (7), (2005)
20 *Heinrich von Kleist:* Der zerbrochne Krug. Ein Lustspiel (1811). Mit Kommentaren von Michael Walter und Regina Schäfer (2005)
21 *Francisco Muñoz Conde / Marta Muñoz Aunión:* „Das Urteil von Nürnberg“. Juristischer und filmwissenschaftlicher Kommentar zum Film von Stanley Kramer (1961), (2006)

22 *Fjodor Dostojewski:* Aufzeichnungen aus einem Totenhaus (1860). Mit Kommentaren von Heinz Müller-Dietz und Dunja Brötz (2005)
23 *Thomas Vormbaum (Hrsg.):* Anton Matthias Sprickmann. Dichter und Jurist. Mit Kommentaren von Walter Gödden, Jörg Löffler und Thomas Vormbaum (2006)
24 *Friedrich Schiller:* Verbrecher aus Infamie (1786). Mit Kommentaren von Heinz Müller-Dietz und Martin Huber (2006)
25 *Franz Kafka:* Der Proceß. Roman (1925). Mit Kommentaren von Detlef Kremer und Jörg Tenckhoff (2006)
26 *Heinrich Heine:* Deutschland. Ein Wintermährchen. Geschrieben im Januar 1844. Mit Kommentaren von Winfried Woesler und Thomas Vormbaum (2006)
27 *Thomas Vormbaum (Hrsg.):* Recht, Rechtswissenschaft und Juristen im Werk Heinrich Heines (2006)
28 *Heinz Müller-Dietz:* Recht und Kriminalität in literarischen Spiegelungen (2007)
29 *Alexander Puschkin:* Pique Dame (1834). Mit Kommentaren von Barbara Aufschnaiter/Dunja Brötz und Friedrich-Christian Schroeder (2007)
30 *Georg Büchner:* Danton's Tod. Dramatische Bilder aus Frankreichs Schreckensherrschaft. Mit Kommentaren von Sven Kramer und Bodo Pieroth (2007)
31 *Daniel Halft:* Die Szene wird zum Tribunal! Eine Studie zu den Beziehungen von Recht und Literatur am Beispiel des Schauspiels „Cyankali" von Friedrich Wolf (2007)
32 *Erich Wulffen:* Kriminalpsychologie und Psychopathologie in Schillers Räubern (1907). Herausgegeben von Jürgen Seul (2007)
33 *Klaus Lüderssen:* Produktive Spiegelungen: Recht in Literatur, Theater und Film. Band II (2007)
34 *Albert Camus:* Der Fall. Roman (1956). Mit Kommentaren von Brigitte Sändig und Sven Grotendiek (2008)
35 *Thomas Vormbaum (Hrsg.):* Pest, Folter und Schandsäule. Der Mailänder Prozess wegen „Pestschmierereien" in Rechtskritik und Literatur. Mit Kommentaren von Ezequiel Malarino und Helmut C. Jacobs (2008)
36 *E.T.A. Hoffmann:* Das Fräulein von Scuderi – Erzählung aus dem Zeitalter Ludwigs des Vierzehnten (1819). Mit Kommentaren von Heinz Müller-Dietz und Marion Bönnighausen (2010)
37 *Leonardo Sciascia:* Der Tag der Eule. Mit Kommentaren von Gisela Schlüter und Daniele Negri (2010)
38 *Franz Werfel:* Eine blaßblaue Frauenschrift. Novelle (1941). Mit Kommentaren von Matthias Pape und Wilhelm Brauneder (2011)
39 *Thomas Mann:* Das Gesetz. Novelle (1944). Mit Kommentaren von Volker Ladenthin und Thomas Vormbaum (2013)
40 *Theodor Storm:* Ein Doppelgänger. Novelle (1886) (2013)
41 *Dorothea Peters:* Der Kriminalrechtsfall ‚Kaspar Hauser' und seine Rezeption in Jakob Wassermanns Caspar-Hauser-Roman (2014)
42 *Jörg Schönert:* Kriminalität erzählen (2015)
43 *Klaus Lüderssen:* Produktive Spiegelungen. Recht im künstlerischen Kontext. Band 3 (2014)
44 *Franz Kafka:* In der Strafkolonie. Erzählung (1919) (2015)
45 *Heinz Müller-Dietz:* Recht und Kriminalität in literarischen Brechungen (2016)

46 *Hermann Weber (Hrsg.):* Das Recht als Rahmen für Literatur und Kunst. Tagung im Nordkolleg Rendsburg vom 4. bis 6. September 2015 (2017)

Abteilung 7: Beiträge zur Anwaltsgeschichte

Mitherausgegeben von Gerhard Jungfer, Dr. Tilmann Krach
und Prof. Dr. Hinrich Rüping

1 *Babette Tondorf:* Strafverteidigung in der Frühphase des reformierten Strafprozesses. Das Hochverratsverfahren gegen die badischen Aufständischen Gustav Struve und Karl Blind (1848/49), (2006)

2 *Hinrich Rüping:* Rechtsanwälte im Bezirk Celle während des Nationalsozialismus (2007)

Abteilung 8: Judaica

1 *Hannes Ludyga:* Philipp Auerbach (1906–1952). „Staatskommissar für rassisch, religiös und politisch Verfolgte" (2005)

2 *Thomas Vormbaum:* Der Judeneid im 19. Jahrhundert, vornehmlich in Preußen. Ein Beitrag zur juristischen Zeitgeschichte (2006)

3 *Hannes Ludyga:* Die Rechtsstellung der Juden in Bayern von 1819 bis 1918. Studie im Spiegel der Verhandlungen der Kammer der Abgeordneten des bayerischen Landtags (2007)

4 *Michele Sarfatti:* Die Juden im faschistischen Italien. Geschichte, Identität, Verfolgung (2014)